AF275200

COLEX

Disfrute gratuitamente **DURANTE UN AÑO** del eBook de esta obra

Fiscalidad del arrendamiento de inmuebles a título individual y empresarial. PASO A PASO

⊚ Acceda a la página web de la editorial **www.colex.es**

⊚ Identifíquese con su usuario y contraseña. En caso de no disponer de una cuenta regístrese.

⊚ Acceda en el menú de usuario a la pestaña «Mis códigos» e introduzca el que aparece a continuación:

RASCAR PARA VISUALIZAR EL CÓDIGO

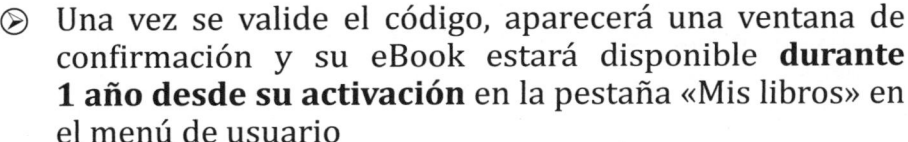

⊚ Una vez se valide el código, aparecerá una ventana de confirmación y su eBook estará disponible **durante 1 año desde su activación** en la pestaña «Mis libros» en el menú de usuario

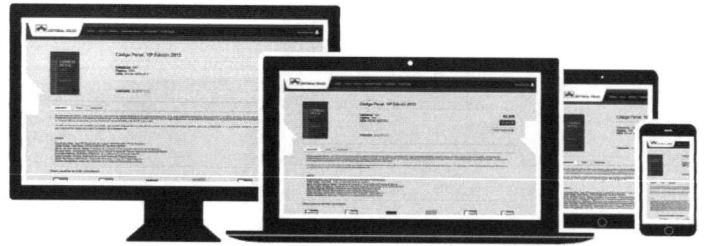

¡Gracias por confiar en Colex!

La obra que acaba de adquirir incluye de forma gratuita la versión electrónica. Acceda a nuestra página web para aprovechar todas las funcionalidades de las que dispone en nuestro lector.

Funcionalidades eBook

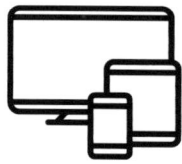

Acceso desde cualquier dispositivo

Idéntica visualización a la edición de papel

Navegación intuitiva

Tamaño del texto adaptable

Puede descargar la APP "Editorial Colex" para acceder a sus libros y a todos los códigos básicos actualizados.

Síguenos en:

FISCALIDAD DEL ARRENDAMIENTO DE INMUEBLES A TÍTULO INDIVIDUAL Y EMPRESARIAL

FISCALIDAD DEL ARRENDAMIENTO DE INMUEBLES A TÍTULO INDIVIDUAL Y EMPRESARIAL

Claves sobre la tributación del arrendamiento de inmuebles, tanto si constituye o no actividad económica: diferencias e implicaciones básicas

EDICIÓN 2024

Obra realizada por el Departamento de Documentación de Iberley

Obra coordinada por

Antonio Durán-Sindreu Buxadé

COLEX 2024

© Editorial Colex, S.L.
Calle Costa Rica, número 5, 3.º B (local comercial)
A Coruña, 15004, A Coruña (Galicia)
info@colex.es
www.colex.es

I.S.B.N.: 978-84-1194-244-7
Depósito legal: C 63-2024

SUMARIO

1.
EL ARRENDAMIENTO
DE INMUEBLES EN EL
ÁMBITO DEL IRPF

En este apartado analizaremos el tratamiento fiscal que en la declaración de la renta puede tener para el arrendador el arrendamiento de inmuebles, e incluso el hecho de tenerlo desocupado.

Analizaremos la tributación cuando el rendimiento obtenido del arrendamiento supone un rendimiento de capital inmobiliario, la tributación cuando la actividad de arrendamiento se catalogue como actividad económica y cómo tributarán cuando el rendimiento se obtenga a través de una comunidad de bienes.

1.1. El arrendamiento de inmuebles como rendimiento del capital inmobiliario

El artículo 21 de la LIRPF señala que tendrán la consideración de rendimientos íntegros del capital la totalidad de las utilidades o contraprestaciones, cualquiera que sea su denominación o naturaleza, dinerarias o en especie, que provengan, directa o indirectamente, de elementos patrimoniales, bienes o derechos, cuya titularidad corresponda al contribuyente y no se hallen afectos a actividades económicas realizadas por este. No obstante, las rentas derivadas de la transmisión de la titularidad de los elementos patrimoniales, aun cuando exista un pacto de reserva de dominio, tributarán como ganancias o pérdidas patrimoniales, salvo que por esta ley se califiquen como rendimientos del capital.

En todo caso, se incluirán como rendimientos del capital aquellos provenientes de los bienes inmuebles, tanto rústicos como urbanos, que no se hallen afectos a actividades económicas realizadas por el contribuyente.

Así, se consideran rendimientos del capital inmobiliario para el titular de bienes inmuebles rústicos y urbanos o de derechos reales que recaigan sobre ellos, los que se deriven del arrendamiento o de la constitución o cesión de derechos o facultades de uso o disfrute sobre los mismos, cualquiera que sea su denominación o naturaleza.

1.1.1. Ingresos íntegros. Especial consideración al IVA y a la repercusión de gastos

A efectos de determinar el rendimiento íntegro obtenido por el arrendamiento de inmuebles se computará el importe íntegro que deba satisfacer el inquilino por todos los conceptos, con la exclusión del IVA (o, en su caso, del IGIC).

Es decir, en aquellos casos en que el arrendamiento esté sujeto a IVA, dicho impuesto no se tendrá en cuenta como rendimiento del capital inmobiliario.

Respecto del IVA, debemos señalar que, según el artículo 4.Uno de la LIVA, se encuentran sujetas al Impuesto sobre el Valor Añadido «las entregas de bienes y prestaciones de servicios realizadas en el ámbito espacial del impuesto por empresarios o profesionales a título oneroso, con carácter habitual u ocasional, en el desarrollo de su actividad empresarial o profesional, incluso si se efectúan en favor de los propios socios, asociados, miembros o partícipes de las entidades que las realicen».

Por lo que se refiere en concreto a las comunidades de bienes, el artículo 84.Tres de la LIVA determina que tendrán la consideración de sujetos pasivos del impuesto «las herencias yacentes, comunidades de bienes y demás entidades que, careciendo de personalidad jurídica, constituyan una unidad económica o un patrimonio separado susceptible de imposición, cuando realicen operaciones sujetas al Impuesto».

Los ordinales 2.º y 3.º del artículo 11.Dos de la LIVA consideran como prestaciones de servicios *«los arrendamientos de bienes, industria o negocio, empresas o establecimientos mercantiles, con o sin opción de compra»* y *«las cesiones del uso o disfrute de bienes»*. Por tanto, el arrendamiento de inmuebles estará sujeto a IVA.

No obstante, el artículo 20.Uno.23.º de la LIVA establece la exención en el impuesto de ciertas operaciones, en los siguientes términos:

> «Uno. Estarán exentas de este impuesto las siguientes operaciones:
> (...)
> 23.º Los arrendamientos que tengan la consideración de servicios con arreglo a lo dispuesto en el artículo 11 de esta Ley y la constitución y transmisión de derechos reales de goce y disfrute, que tengan por objeto los siguientes bienes:
> a) Terrenos, incluidas las construcciones inmobiliarias de carácter agrario utilizadas para la explotación de una finca rústica.
> Se exceptúan las construcciones inmobiliarias dedicadas a actividades de ganadería independiente de la explotación del suelo.
> b) Los edificios o partes de los mismos destinados exclusivamente a viviendas o a su posterior arrendamiento por entidades gestoras de programas públicos de apoyo a la vivienda o por sociedades acogidas al ré-

gimen especial de Entidades dedicadas al arrendamiento de viviendas establecido en el Impuesto sobre Sociedades. La exención se extenderá a los garajes y anexos accesorios a las viviendas y los muebles, arrendados conjuntamente con aquéllos.

La exención no comprenderá:

a´) Los arrendamientos de terrenos para estacionamientos de vehículos.

b´) Los arrendamientos de terrenos para depósito o almacenaje de bienes, mercancías o productos, o para instalar en ellos elementos de una actividad empresarial.

c´) Los arrendamientos de terrenos para exposiciones o para publicidad.

d´) Los arrendamientos con opción de compra de terrenos o viviendas cuya entrega estuviese sujeta y no exenta al impuesto.

e´) Los arrendamientos de apartamentos o viviendas amueblados cuando el arrendador se obligue a la prestación de alguno de los servicios complementarios propios de la industria hotelera, tales como los de restaurante, limpieza, lavado de ropa u otros análogos.

f´) Los arrendamientos de edificios o parte de los mismos para ser subarrendados, con excepción de los realizados de acuerdo con lo dispuesto en la letra b) anterior.

g´) Los arrendamientos de edificios o parte de los mismos asimilados a viviendas de acuerdo con lo dispuesto en la Ley de Arrendamientos Urbanos.

h´) La constitución o transmisión de derechos reales de goce o disfrute sobre los bienes a que se refieren las letras a´), b´), c´), e´) y f´) anteriores.

j´) La constitución o transmisión de derechos reales de superficie».

Por tanto, el arrendamiento de un inmueble destinado para su uso exclusivo como vivienda, o el arrendamiento de un terreno, estará sujeto y exento del IVA, siempre y cuando no se trate de alguno de los supuestos expresamente excluidos por la norma.

En caso de no estar exento, el arrendamiento, en términos generales, tributará al tipo general del 21 %. Sin embargo, existen algunas excepciones. Así, tributarán al 10 %:

— De conformidad con el artículo 91.Uno.2.11.º de la LIVA, los arrendamientos con opción de compra de edificios o partes de los mismos destinados exclusivamente a viviendas, incluidas las plazas de garaje, con un máximo de dos unidades, y anexos en ellos situados que se arrienden conjuntamente.

— Tal y como recoge el artículo 91.Uno.2.12.º de la LIVA, la cesión de los derechos de aprovechamiento por turno de edificios, conjuntos inmobiliarios o sectores de ellos arquitectónicamente diferenciados cuando el inmueble tenga, al menos, 10 alojamientos, de acuerdo con lo establecido en la normativa reguladora de estos servicios.

Y tributarán al 4 %, de conformidad con el artículo 91.Dos.2.2.º de la LIVA, los arrendamientos con opción de compra de edificios o partes de los mismos destinados exclusivamente a viviendas calificadas administrativamente como de protección oficial de régimen especial o de promoción pública, incluidas las plazas de garaje, con un máximo de dos unidades, y anexos en ellos situados que se arrienden conjuntamente.

Como señalábamos, en el caso de que el arrendamiento esté sujeto a IVA, el importe abonado por el inquilino que se corresponda con tal impuesto no se tendrá en cuenta a la hora de calcular del rendimiento íntegro del capital inmobiliario.

Por contra, si se deben contabilizar las demás rentas que abone el inquilino al arrendador por cualquier concepto. Así, si en el contrato se fija que será el propietario quien en primer término se haga cargo del pago de los suministros. Igualmente, si se pacta que el inquilino abone el IBI al arrendador (a pesar de tratarse de un gasto inherente a la titularidad del inmueble), los importes que el inquilino le satisfaga por ese concepto se computarán como rendimiento del capital inmobiliario a los efectos del IRPF del arrendador.

Esto es, cuando se acuerde que los suministros, la comunidad o cualquier otro gasto vinculado al arrendamiento sean satisfechos por el arrendador y este después se los repercuta al arrendatario para que le abone el importe correspondiente, el arrendador deberá incluir esas cantidades que recibe del arrendatario como rendimiento íntegro de capital inmobiliario. Todo ello, eso sí, sin prejuicio de que el arrendador pueda deducirse las cantidades repercutidas al inquilino en la medida en que constituyan gasto deducible del rendimiento de capital inmobiliario.

RESOLUCIONES RELEVANTES

Sentencia del Tribunal Supremo n.º 1467/2021, de 14 de diciembre de 2021, ECLI:ES:TS:2021:4649

Asunto: determinar si las cantidades que el arrendador tiene derecho a percibir tras la interposición de una demanda de desahucio por falta de pago de la renta tienen la calificación de rendimiento inmobiliario o ganancia patrimonial.

«Con arreglo a lo que establece el artículo 93.1 LJCA, en función de todo lo razonado procede declarar lo siguiente: "las cantidades que el arrendador tiene derecho a percibir tras la interposición de una demanda de desahucio por falta de pago de la renta o de cantidades asimiladas a la misma, -demanda a la que acumula la acción de reclamación de las cantidades que se devenguen con posterioridad a la presentación de ésta y hasta la entrega de la posesión efectiva de la finca-, tienen la calificación de rendimiento de capital inmobiliario, a imputar al período impositivo en que sean exigibles por su perceptor».

Sentencia del Tribunal Supremo n.º 1384/2022, de 27 de octubre de 2022, ECLI:ES:TS:2022:3921

Asunto: determinar si a los cotos de caza les resulta de aplicación la exención prevista en el artículo 20.Uno.23.º.a) de la LIVA

«La cesión por un tiempo determinado y mediante precio del aprovechamiento cinegético en el ámbito de una finca, tiene adecuado encaje en el concepto de prestación de servicios mediante cesión de uso o disfrute de un bien, en este caso la caza. La prestación está netamente diferenciada de cualquier otro aprovechamiento de que pueda ser susceptible el terreno, cuyo cesión no se contempla en el contrato, de modo que el propietario conserva todas las facultades para su uso o explotación característicamente inherentes al terreno rústico, esto es, el agrario,

---

ganadero vinculado a la explotación del suelo, forestal, etc., que es precisamente el destino que justifica la exención del art. 20.Uno.23° LIVA, porque la misma beneficia a los "arrendamientos que tengan la consideración de servicios" y a la "constitución y transmisión de derechos reales de goce y disfrute" que tengan por objeto "terrenos", pero, como ya se ha dicho, la cesión del aprovechamiento cinegético es un servicio prestado, que tiene sustantividad propia, y que no tiene por objeto el terreno.

Por otra parte, carece de toda relevancia la ausencia de mención de la cesión del aprovechamiento cinegético en la delimitación negativa de la exención contenida en el art. 20.Uno.23, que menciona entre otros el arrendamiento de terrenos para estacionamientos de vehículos, deposito o almacenamiento de materiales, etc. La delimitación positiva de la exención es suficientemente explícita y su extensión analógica más allá de sus límites supone la vulneración de la prohibición de analogía del art. 14 LGT, y la aplicación indebida del art. 20.Uno.23 LIVA .

SEXTO.- Fijación de la doctrina jurisprudencial y resolución de las cuestiones debatidas en el proceso.

Como consecuencia de lo razonado, la doctrina jurisprudencial que establecemos es que, a los efectos de aplicar la exención relativa a las operaciones de arrendamientos que tengan la consideración de servicios y a la constitución y transmisión de derechos reales de goce y disfrute, actualmente recogida en el art. 20.Uno.23° a) LIVA, el arrendamiento del aprovechamiento cinegético en un terreno no está incluido en la referida exención».

RESOLUCIÓN ADMINISTRATIVA

Consulta vinculante de la Dirección General de Tributos (V2498-14), de 24 de septiembre de 2014

Asunto: el consumo eléctrico lo factura la compañía eléctrica a nombre del arrendador y después este lo repercute a cada inquilino

«Partiendo de la hipótesis de que el arrendamiento no lo realiza el consultante como actividad económica, por no reunir los requisitos previstos en el artículo 27.2 de la Ley 35/2006, de 28 de noviembre, del Impuesto sobre la Renta de las Personas Físicas y de modificación parcial de las leyes de los Impuestos sobre Sociedades, sobre la Renta de no Residentes y sobre el Patrimonio (BOE del día 29), en adelante LIRPF, los rendimientos derivados del arrendamiento de oficinas constituirán rendimientos del capital inmobiliario.

El artículo 22 de la Ley 35/2006, de 28 de noviembre, del Impuesto sobre la Renta de las Personas Físicas y de modificación parcial de las leyes de los Impuestos sobre Sociedades, sobre la Renta de no Residentes y sobre el Patrimonio (BOE de 29 de noviembre), dispone lo siguiente:

"1. Tendrán la consideración de rendimientos íntegros procedentes de la titularidad de bienes inmuebles rústicos y urbanos o de derechos reales que recaigan sobre ellos, todos los que se deriven del arrendamiento o de la constitución o cesión de derechos o facultades de uso o disfrute sobre aquéllos, cualquiera que sea su denominación o naturaleza.

2. Se computará como rendimiento íntegro el importe que por todos los conceptos deba satisfacer el adquirente, cesionario, arrendatario o subarrendatario, incluido, en su caso, el correspondiente a todos aquellos bienes cedidos con el inmueble y excluido el Impuesto sobre el Valor Añadido o, en su caso, el Impuesto General Indirecto Canario."

El artículo 23.1 de la Ley del Impuesto recoge los gastos que, para la determinación del rendimiento neto del capital inmobiliario, podrán deducirse de los rendimientos íntegros.

En desarrollo de dicho artículo, el artículo 13 del Reglamento del Impuesto, aprobado por el Real Decreto 439/2007, de 30 de marzo (BOE del día 31), dispone que "tendrán la consideración de gasto deducible para la determinación del rendimiento neto del capital inmobiliario todos los gastos necesarios para su obtención.

(...)

De acuerdo con lo anteriormente expuesto, el importe de los gastos por consumos eléctricos repercutidos a los inquilinos se computará como rendimiento íntegro del capital inmobiliario, siendo, a su vez, deducibles de los mismos».

1.1.2. Gastos deducibles

El artículo 23 de la LIRPF, así como los artículos 13 y 14 del RIRPF señala qué gastos son deducibles de los rendimientos de capital inmobiliario. Así, se podrán deducir del rendimiento íntegro:

a) Los gastos necesarios para la obtención del rendimiento.

b) La amortización del inmueble y amortización de los muebles cedidos conjuntamente.

Gastos necesarios para la obtención del rendimiento

El artículo 23.1.a) de la LIRPF recoge que son deducibles de los rendimientos de capital inmobiliario todos aquellos **gastos necesarios para la obtención de los rendimientos**. A estos efectos, se entienden por gastos necesarios, entre otros, los siguientes:

– Los **tributos y recargos** no estatales, así como las tasas y recargos estatales, cualquiera que sea su denominación, siempre que incidan sobre los rendimientos computados o sobre el bien o derecho productor de aquellos y no tengan carácter sancionador.

Así, podrá deducirse, por ejemplo, el IBI del inmueble arrendado e, incluso, el recargo por abonar dicho impuesto fuera de plazo, pero no las sanciones tributarias que le pudiesen imponer al arrendador en relación con el inmueble.

Sin embargo, no será deducible, por ejemplo, el Impuesto sobre el Patrimonio que abone el titular por la tenencia del inmueble. En este sentido, la consulta vinculante de la Dirección General de Tributos (V0848-22), de 20 de abril de 2022, señala:

«A ese respecto, el Impuesto sobre el Patrimonio es un tributo estatal cuyo rendimiento está cedido en su totalidad a las Comunidades Autónomas, que podrán asumir competencias normativas sobre el mínimo exento, el tipo de gravamen y las deducciones y bonificaciones de la cuota. Así resulta de lo previsto en el artículo 2.Dos de la Ley 19/1991 de 6 de junio, del Impuesto sobre el Patrimonio (BOE de 7 de junio), y en la Ley 22/2009, de 18 de diciembre, por la que se regula el sistema de financiación de las Comunidades Autónomas de régimen común y Ciudades con Estatuto de Autonomía y se modifican determinadas normas tributarias (BOE de 19 de diciembre).

El alcance de esta cesión se concreta, respecto de cada una de las Comunidades Autónomas, en la ley que regula el régimen de cesión de tributos del Estado a la Comunidad Autónoma correspondiente y de fijación del alcance y condiciones de dicha cesión.

Por otro lado, aunque la enumeración que se realiza de gastos deducibles para la determinación del rendimiento neto del capital inmobiliario, tanto en el artículo 23 LIRPF como en el artículo 13 del RIRPF, no es una lista cerrada ya que se consideran como tales todos los gastos necesarios para la obtención de los rendimientos, no obstante dada la precisión realizada expresamente en ambos preceptos en relación a los tributos, en cuanto a que estos, entre otros requisitos, deben tratarse de "tributos y recargos no estatales", para que puedan ser considerados como gasto deducible, ello nos lleva a excluir expresamente de dicha consideración a los tributos estatales, entre los que se encuentra el Impuesto sobre el Patrimonio.

Por tanto, el consultante a la hora de determinar el rendimiento neto de capital inmobiliario derivado del arrendamiento de bienes inmuebles, no puede deducir como gasto el tanto por ciento de cuota del Impuesto sobre el Patrimonio satisfecho correspondiente a la tenencia de dicho inmueble arrendado».

— Los **intereses de los capitales ajenos** invertidos en la adquisición o mejora del bien, derecho o facultad de uso y disfrute del que procedan los rendimientos, y demás gastos de financiación.

Entre los gastos de financiación se consideran incluidas las primas del seguro de vida contratado con la entidad financiera que concedió el préstamo para la adquisición del inmueble, para ello, la contratación del citado seguro debe figurar entre las condiciones del prestamista para su concesión. En este sentido se ha pronunciado la Dirección General de Tributos en la consulta vinculante (V1653-12), de 30 de julio de 2012.

Respecto de estos gastos, debe tenerse en cuenta el caso de la devolución de intereses cuando se hubiesen aplicado las cláusulas limitativas del interés, popularmente conocidas como «cláusulas suelo». En este sentido, la disposición adicional 45.ª de la LIRPF establece:

«1. No se integrará en la base imponible de este Impuesto la devolución derivada de acuerdos celebrados con entidades financieras, en efectivo o a través de otras medidas de compensación, junto con sus correspondientes intereses indemnizatorios, de las cantidades previamente satisfechas a aquellas en concepto de intereses por la aplicación de cláusulas de limitación de tipos de interés de préstamos.

2. Las cantidades previamente satisfechas por el contribuyente objeto de la devolución prevista en el apartado 1 anterior, tendrán el siguiente tratamiento fiscal:

a) Cuando tales cantidades, en ejercicios anteriores, hubieran formado parte de la base de la deducción por inversión en vivienda habitual o de deducciones establecidas por la Comunidad Autónoma, se perderá el derecho a practicar la deducción en relación con las mismas, debiendo sumar a la cuota líquida estatal y autonómica, devengada en el ejercicio en el que se hubiera celebrado el acuerdo con la entidad financiera, exclusivamente las cantidades indebidamente deducidas en los ejercicios respecto de los que no hubiera prescrito el derecho de la Administración para determinar la deuda tributaria mediante la oportuna liquidación, en los términos previstos en el artículo 59 del Reglamento del Impuesto sobre la Renta de las Personas Físicas, aprobado por el Real Decreto 439/2007, de 30 de marzo, sin inclusión de intereses de demora.

No resultará de aplicación la adición prevista en el párrafo anterior respecto de la parte de las cantidades que se destine directamente por la entidad financiera, tras el acuerdo con el contribuyente afectado, a minorar el principal del préstamo.

b) Cuando tales cantidades hubieran tenido la consideración de gasto deducible en ejercicios anteriores respecto de los que no hubiera prescrito el derecho de la Administración para determinar la deuda tributaria mediante la oportuna liquidación, se perderá tal consideración, debiendo practicarse autoliquidación complementaria correspondiente a tales ejercicios, sin sanción, ni intereses de demora, ni recargo alguno en el plazo comprendido entre la fecha del acuerdo y la finalización del siguiente plazo de presentación de autoliquidación por este Impuesto.

c) Cuando tales cantidades hubieran sido satisfechas por el contribuyente en ejercicios cuyo plazo de presentación de autoliquidación por este Impuesto no hubiera finalizado con anterioridad al acuerdo de devolución de las mismas celebrado con la entidad financiera, así como las cantidades a que se refiere el segundo párrafo de la letra a anterior, no formarán parte de la base de deducción por inversión en vivienda habitual ni de deducción autonómica alguna ni tendrán la consideración de gasto deducible.

3. Lo dispuesto en los apartados anteriores será igualmente de aplicación cuando la devolución de cantidades a que se refiere el apartado 1 anterior hubiera sido consecuencia de la ejecución o cumplimiento de sentencias judiciales o laudos arbitrales».

Por tanto, la devolución de las cantidades abonadas en concepto de intereses por la aplicación de cláusulas suelo, ya sea por acuerdo con la entidad bancaria, ya sea por ejecución de sentencia o laudo arbitral, no se integran en la base imponible del IRPF, es decir no se tributa por ellas. Sin embargo, cuando dichas cantidades se hubiesen deducido del rendimiento de capital inmobiliario como interés de los capitales ajenos invertidos en la adquisición o mejora del bien, derecho o facultad de uso y disfrute del que procedan los rendimientos, deberá realizarse liquidación complementaria de los ejercicios no prescritos en los que se dedujesen dichos intereses, eliminando la parte correspondiente a los intereses devueltos.

A efectos de estas liquidaciones complementarias, exclusivamente en la medida en que se realicen para excluir como gasto deducible esos intereses devueltos, si las mismas se realizan entre la fecha del acuerdo, laudo o sentencia y la finalización del siguiente plazo de presentación de la declaración de la renta, no tendrán sanción, ni intereses de demora, ni recargo alguno.

CUESTIÓN

David ha suscrito, en fecha 15 de septiembre de 2023, un acuerdo con su entidad bancaria por el que le devuelven los intereses cobrados en exceso en virtud de la cláusula suelo que tenía la hipoteca de un inmueble que tiene arrendado. ¿Qué ejercicios tendrá que regularizar? ¿Qué plazo tendrá para regularizar sin que le puedan imponer sanciones, intereses y recargos?

David debe regularizar los ejercicios no prescritos en los que se hubiese deducido gastos por ese concepto. A estos efectos, con carácter general, el plazo de prescripción previsto en el artículo 66 de la Ley 58/2003, de 17 de diciembre, General Tributaria, es de cuatro años. Por lo que, si no se ha producido la interrupción del plazo de prescripción de ningún otro ejercicio, deberá regularizar los ejercicios 2019, 2020, 2021 y 2022.

Para que la Administración tributaria no le pueda imponer sanciones, intereses y recargos, debe presentar las declaraciones complementarias de dichos ejercicios antes de que finalice el período voluntario de la autoliquidación del IRPF del ejercicio 2023. Si bien este aún no ha sido fijado, previsiblemente coincidirá con el de ejercicios anteriores, por lo que finalizaría el 30 de junio de 2023.

En la declaración correspondiente al ejercicio 2023, de ser el caso, ya no deberá consignar las cantidades abonadas en concepto de intereses por la aplicación de cláusulas suelo.

— El importe de las **primas de contratos de seguro**, de responsabilidad civil, incendio, robo, rotura de cristales u otros de naturaleza análoga, sobre los bienes o derechos productores de los rendimientos. Por este concepto, el propietario podrá desgravarse, por ejemplo, el «seguro de hogar» que abone por el inmueble en cuestión.

De igual forma, los seguros de protección de pago del arrendamiento también serán deducibles como gasto, así lo refleja la consulta vinculante de la Dirección General de Tributos (V0391-21), de 25 de febrero de 2021.

— Las cantidades destinadas a **servicios o suministros**.

— Los **saldos de dudoso cobro**, siempre que esta circunstancia quede suficientemente justificada, requisito que se entenderá cumplido:

• Cuando el deudor se halle en situación de concurso

• Cuando entre el momento de la primera gestión de cobro realizada por el contribuyente y el de la finalización del período impositivo hubiesen transcurrido más de seis meses, y no se hubiese producido una renovación de crédito.

Cuando un saldo dudoso fuese cobrado posteriormente a su deducción, se computará como ingreso en el ejercicio en el que se produzca dicho cobro.

— **Los gastos de reparación y conservación del inmueble.** No serán deducibles por este concepto las cantidades destinadas a ampliación o mejora. Tendrán la consideración de gastos de reparación y conservación:

- Los efectuados regularmente con la finalidad de mantener el uso normal de los bienes materiales, como el pintado, revoco o arreglo de instalaciones.

- Los de sustitución de elementos, como instalaciones de calefacción, ascensor, puertas de seguridad u otros.

Así, dentro de este tipo de gastos **se incluyen aquellos que supongan reparación, pero no los de mejora**. Por ejemplo, si la caldera se rompe, sí sería deducible el gasto de reparación de la misma, o en caso de que la reparación no fuese viable, la sustitución por una nueva. Sin embargo, si la caldera funciona y se pretende sustituir por una más eficiente, no será deducible ese gasto, al considerarse una mejora.

> **A TENER EN CUENTA.** El importe total a deducir por los gastos por intereses de capitales ajenos, demás gastos de financiación y por gastos de reparación y conservación no podrá exceder, para cada bien o derecho, de la cuantía de los rendimientos íntegros obtenidos. El exceso se podrá deducir en los cuatro años siguientes, sin que pueda exceder (de forma conjunta con los gastos por estos mismos conceptos correspondientes a cada uno de estos años) de la cuantía de los rendimientos íntegros obtenidos en cada uno de esos ejercicios.

Amortización del inmueble y amortización de los muebles cedidos conjuntamente

El artículo 23.1.b) de la LIRPF establece que serán deducibles las cantidades destinadas a la **amortización del inmueble** y de los **demás bienes cedidos con este**, siempre que respondan a su depreciación efectiva.

En el caso de los **bienes inmuebles**, se entiende que la amortización cumple el requisito de efectividad si no excede del resultado de aplicar el 3 % sobre el mayor de los siguientes valores:

- El coste de adquisición satisfecho.
- El valor catastral, sin incluir el valor del suelo.

> **A TENER EN CUENTA.** Cuando no se conozca el valor del suelo, este se calculará prorrateando el coste de adquisición satisfecho entre los valores catastrales del suelo y de la construcción de cada año.

Respecto de la amortización de los **bienes muebles** que se cedan con el inmueble, que sean susceptibles de utilización en un período superior al año (sería el caso de los muebles, enseres, electrodomésticos, etc.), se entiende cumplido el requisito de depreciación efectiva cuando su amortización anual no exceda del resultado de aplicar a los costes de adquisición satisfechos los coeficientes de amortización determinados de acuerdo con la tabla de amortizaciones simplificada a que se refiere el artículo 30.1.ª del RIRPF. A estos efectos, las amortizaciones del inmovilizado material se practicarán de forma lineal en función de la tabla de amortizaciones simplificada, aprobada por la Orden de 27 de marzo de 1998 por la que se aprueba la Tabla de Amortización Simplificada que deberán aplicar los sujetos pasivos del Impuesto sobre la Renta de las Personas Físicas que ejerzan actividades empresariales o profesionales y determinen su rendimiento neto por la modalidad simplificada del régimen de estimación directa.

La citada tabla de amortización prevé, a los efectos que aquí nos interesan, para los elementos patrimoniales consistentes es «**instalaciones, mobiliario, enseres y resto del inmovilizado material**», un **coeficiente máximo de amortización del 10 %** y un **período máximo de amortización de 20 años.** Dichos elementos patrimoniales deberán amortizarse, excluido su valor residual, dentro de su período de vida útil, entendiéndose por tal el periodo máximo de amortización. En términos generales, los elementos patrimoniales deberán amortizarse, excluido su valor residual, dentro de su período de vida útil, entendiéndose por tal el período máximo de amortización previsto en las tablas, por tanto, estos elementos se pueden amortizar como máximo en 20 años y en un máximo de un 10% anual, hasta agotar su amortización.

En el caso de que los rendimientos procedan de la **titularidad de un derecho o facultad de uso o disfrute** (será el supuesto en que el arrendador es usufructuario del inmueble) podrá amortizarse, con el límite de los rendimientos íntegros, su coste de adquisición satisfecho. En este caso, para la amortización, se aplican las siguientes reglas:

- Cuando el derecho o facultad tuviese plazo de duración determinado, el que resulte de dividir el coste de adquisición satisfecho entre el número de años de duración del mismo.

- Cuando el derecho o facultad fuese vitalicio, el resultado de aplicar al coste de adquisición satisfecho el porcentaje del 3 %.

CUESTIÓN

¿Qué ocurre si el arrendador es en parte titular como propietario del inmueble y en parte como usufructuario vitalicio por herencia?

En este supuesto, el gasto por amortización se calculará de forma diferente para la parte del inmueble de la que es pleno propietario y la parte de la que es usufructuario:

- Respecto del porcentaje del que es propietario el arrendador, para el cálculo del gasto por amortización del inmueble arrendado se aplicará el porcentaje del 3 % sobre el mayor de los siguientes valores:

  o Coste de adquisición satisfecho del porcentaje respecto del que es pleno propietario, incluidos los gastos y tributos inherentes a dicha adquisición (notaría, registro, impuestos, gastos de agencia, etc.), sin incluir en el cómputo el valor del suelo. Cuando no se conozca el valor del suelo, este se calculará prorrateando el coste de adquisición satisfecho entre los valores catastrales del suelo y de la construcción de cada año reflejados en el correspondiente recibo del Impuesto sobre Bienes Inmuebles (IBI).

  o Valor catastral, excluido el valor del suelo, aplicando al mismo el porcentaje respecto del que es pleno propietario.

– En relación con el porcentaje del inmueble respecto del que es usufructuario vitalicio, al haber adquirido este derecho por herencia, la amortización se calculará aplicando el porcentaje del 3 % al coste de adquisición satisfecho, esto es, el importe del Impuesto sobre Sucesiones y Donaciones satisfecho con ocasión de su adquisición más los gastos y tributos inherentes a dicha adquisición.

En este sentido se pronuncia la Dirección General de Tributos en la consulta vinculante (V3012-20), de 6 de octubre de 2020.

RESOLUCIONES ADMINISTRATIVAS

Consulta vinculante de la Dirección General de Tributos (V1263-23), de 12 de mayo de 2023

Asunto: obras de conservación y reparación en inmueble en expectativa de ser arrendado.

«Por tanto, según lo expuesto, en la medida en que los gastos a los que se refiere en su escrito por las obras efectuadas se correspondan con el concepto de gastos de reparación y conservación, previsto en el artículo 13.1 del RIRPF, tendrán la consideración de gastos deducibles de acuerdo con el citado artículo 23 de la LIRPF.

Ahora bien, la deducibilidad de dichos gastos anteriores al arrendamiento está condicionada a la obtención de unos ingresos, es decir, de unos rendimientos íntegros del capital inmobiliario: los procedentes del arrendamiento o de la constitución o cesión de derechos o facultades de uso o disfrute de bienes inmuebles o de derechos reales que recaigan sobre los mismos.

Ello hace necesario, en un supuesto como el que es objeto de consulta, en el que el piso no está alquilado, sino en expectativas de alquiler, la existencia de una correlación entre los gastos de conservación y reparación, y los ingresos derivados del posterior arrendamiento del piso.

Lo anterior comporta que las reparaciones y actuaciones de conservación efectuadas vayan dirigidas exclusivamente a la futura obtención de rendimientos del capital inmobiliario, a través del arrendamiento o de la constitución o cesión de derechos de uso y disfrute, y no al disfrute, siquiera temporal, del piso por su titular.

Como se ha indicado anteriormente, el importe máximo deducible por los gastos de reparación y conservación efectuados en el inmueble, no podrá exceder de la cuantía de los rendimientos íntegros del capital inmobiliario computados en el período impositivo por el arrendamiento del citado piso, el exceso podrá computarse en los cuatro años siguientes, en la forma expuesta.

Si, como ocurre en el caso planteado, en el año en que se efectúan los citados gastos de reparación y conservación en el inmueble, el consultante no obtiene rendimientos del capital inmobiliario derivados del mismo, tales gastos podrán ser deducidos en los cuatro años siguientes, respetando cada año el límite legalmente establecido.

La situación de expectativa de alquiler del piso deberá ser acreditada por los propietarios. Dicha acreditación podrá realizarse por cualquiera de los medios de prueba generalmente admitidos en derecho, cuya valoración no es competencia de este Centro Directivo, sino que corresponderá a los órganos de comprobación de la Agencia Estatal de Administración Tributaria, teniendo en cuenta, que en los procedimientos tributarios habrá que estar a lo dispuesto en el artículo 106 de la Ley 58/2003, de 17 de diciembre, General Tributaria (BOE de 18 de diciembre), en adelante LGT, según el cual serán de aplicación las normas que sobre medios y valoración de prueba se contienen en el Código Civil y en la Ley de Enjuiciamiento Civil».

Consulta vinculante de la Dirección General de Tributos (V0307-21), de 19 de febrero de 2021

Asunto: gastos por suministros en arrendamiento parcial de inmueble.

«Por lo que se refiere a gastos de agua, luz, gas e internet que se correspondan con el arrendamiento parcial de la vivienda durante los días en que ésta ha estado alquilada en parte durante el periodo impositivo, dichos gastos sólo serán deducibles en la medida en que sean soportados y pagados de forma efectiva por el arrendador, de tal forma que si fuera el arrendatario el que los paga y soporta, el propietario no podría deducirse ninguna cantidad. No obstante, hay que tener en cuenta que, si los importes de estos gastos se repercuten al inquilino, los mismos se computarán como rendimiento íntegro del capital inmobiliario, siendo a su vez, deducibles de dicho rendimiento.

Por otro lado, únicamente los gastos proporcionales incurridos correspondientes a esa parte de la propiedad que está alquilada serían considerados deducibles.

En los gastos generales incurridos que no sean susceptibles de individualización, será necesario prorratear los gastos totales teniendo en cuenta cuáles corresponden a la parte de la casa que está alquilada y cuáles corresponden a la parte que no lo está (resto de la vivienda). Esto último dependerá de los pactos contractuales existentes entre arrendador y arrendatario».

Consulta vinculante de la Dirección General de Tributos (V1245-23), de 11 de mayo de 2023

Asunto: límite a la amortización de inmueble.

«De esta forma, a tenor de lo dispuesto en dichos preceptos, el valor de adquisición de los inmuebles queda vinculado a las amortizaciones fiscalmente deducibles en la forma señalada, de tal suerte que, considerando que el valor de adquisición de un bien no puede resultar negativo, la amortización acumulada tendrá como límite precisamente el valor de adquisición, pues no es posible amortizar un bien más allá del mismo.

De lo anterior resulta que, a efectos del gasto fiscalmente deducible por amortización, si bien el artículo 14 del RIRPF establece el límite anual del mismo, en el cómputo global, el límite de la amortización acumulada será el valor de adquisición del inmueble generador de los rendimientos».

Consulta vinculante de la Dirección General de Tributos (V0550-22), de 18 de marzo de 2022

Asunto: implicación de la amortización respecto del valor de adquisición en la venta de un inmueble que previamente ha estado arrendado.

«En virtud de lo dispuesto anteriormente, el valor de adquisición de la vivienda estará constituido por el importe real por el que se adquirió, a lo que se deberá añadir el coste de las inversiones y mejoras en su caso efectuadas, más los gastos y tributos inherentes a la adquisición, con excepción de los intereses, que hubieran sido satisfechos por el adquirente, minorándose este valor, si procediese, en el importe de las amortizaciones fiscalmente deducibles.

En lo que respecta a dichas amortizaciones, el artículo 40 del RIRPF establece lo siguiente:

"1. El valor de adquisición de los elementos patrimoniales transmitidos se minorará en el importe de las amortizaciones fiscalmente deducibles, computándose en todo caso la amortización mínima, con independencia de la efectiva consideración de ésta como gasto.

A estos efectos, se considerará como amortización mínima la resultante del período máximo de amortización o el porcentaje fijo que corresponda, según cada caso.

2. Tratándose de la transmisión de elementos patrimoniales afectos a actividades económicas, se considerará como valor de adquisición el valor contable, teniendo en cuenta las amortizaciones que hubieran sido fiscalmente deducibles, sin perjuicio de la amortización mínima a que se refiere el apartado anterior. Cuando los elementos patrimoniales hubieran sido afectados a la actividad después de su adquisición y con anterioridad al 1 de enero de 1999, se tomará como fecha de adquisición la que corresponda a la afectación".

De acuerdo con este precepto, deberá tenerse en cuenta la amortización mínima, con independencia de su efectiva consideración como gasto, aclarando el precepto que se considerará como amortización mínima la resultante del período máximo de amortización o el porcentaje fijo que corresponda, según cada caso. El porcentaje fijo que proceda, se aplicará en función del número de días en que el inmueble hubiera estado arrendado en cada período impositivo.

En consecuencia, a efectos del cálculo de la ganancia patrimonial que pueda generarse en la transmisión de la vivienda, en la determinación del valor de adquisición el consultante deberá minorar el importe de las amortizaciones fiscalmente deducibles (durante el periodo de arrendamiento) de acuerdo con lo expuesto, sin que deba sumarse ni restarse en ningún caso gastos como los de comunidad, seguro o reparación y conservación de la vivienda al no ser gastos inherentes a la transmisión o adquisición de la misma».

1.1.3. Determinación del rendimiento neto

Para la obtención del rendimiento neto debemos deducir del rendimiento íntegro: los gastos deducibles previstos en el artículo 23.1 de la LIRPF, así como las reducciones previstas en los apartados 2 y 3 del artículo 23 de la LIRPF.

En este punto debemos señalar, respecto de los gastos deducibles, que ya hemos detallado en el apartado correspondiente, que tal y como dispone la sentencia del Tribunal Supremo n.º 270/2021, de 25 de febrero, ECLI:ES:TS:2021:910:

«Según el artículo 23.1 LIRPF, los gastos asociados a dichos bienes inmuebles deben admitirse como deducibles única y exclusivamente por el tiempo en que los mismos estuvieron arrendados y generaron rentas, en la proporción que corresponda».

Reducción por arrendamiento de vivienda

El artículo 23.2 de la LIRPF recoge reducciones para el arrendamiento de inmuebles destinados a vivienda. Dicho artículo ha sido modificado por la Ley 12/2023, de 24 de mayo, por el derecho a la vivienda; sin embargo, dicha regulación no estará vigente hasta el 1 de enero de 2024. La nueva regulación la analizaremos pormenorizadamente en el apartado dedicado a los incentivos fiscales al arrendamiento de vivienda previstos por la ley de vivienda.

En este apartado, analizaremos la reducción vigente actualmente y que continuará aplicándose, aún después de la entrada en vigor de la nueva redacción del artículo 23.2 de la LIRPF, a aquellos arrendamientos de vivienda suscritos con anterioridad. Así, la citada Ley 12/2023, de 24 de mayo, por el derecho a la vivienda, añade una nueva disposición transitoria trigésima octava a la LIRPF, en la que se establece:

> «A los rendimientos netos positivos de capital inmobiliario derivados de contratos de arrendamiento de vivienda que se hubieran celebrado con anterioridad a la entrada en vigor de la Ley 12/2023, de 24 de mayo, por el derecho a la vivienda, les resultará de aplicación la reducción prevista en el apartado 2 del artículo 23 de esta ley en su redacción vigente a 31 de diciembre de 2021».

A TENER EN CUENTA. La disposición final segunda de la Ley 12/2023, de 24 de mayo, modifica el artículo 23.2 de la LIRPF «con efectos para los contratos de arrendamiento de vivienda celebrados a partir de la entrada en vigor de esta ley». A tal respecto, la disposición final novena de la norma precisa que «la presente ley entrará en vigor el día siguiente al de su publicación en el "Boletín Oficial del Estado", excepto la disposición final segunda, que entrará en vigor el 1 de enero del año siguiente al de su publicación en el "Boletín Oficial del Estado"». En esa medida, según la literalidad de ambos preceptos, parece que los incentivos fiscales introducidos por la disposición final segunda de la norma resultarán de aplicación a los contratos de arrendamiento celebrados a partir del 26 de mayo de 2023 (fecha de entrada en vigor general de la Ley de Vivienda) y que dicha disposición final segunda entrará en vigor el 1 de enero de 2024. Sin embargo, la posición acogida por la Agencia tributaria, tanto a través de la nota emitida en mayo de 2023 con respecto a las «Principales novedades tributarias introducidas por la Ley 12/2023, de 24 de mayo, por el derecho a la vivienda» como por medio de la respuesta facilitada en el Informa n.º 146539 (reducción arrendamiento vivienda desde 1.1.2024), consideraría aplicables las nuevas reducciones a los contratos celebrados a partir del 1 de enero de 2024.

La redacción del artículo 23.2 de la LIRPF vigente a 31 de diciembre de 2021 es la siguiente:

> «En los supuestos de arrendamiento de bienes inmuebles destinados a vivienda, el rendimiento neto positivo calculado con arreglo a lo dispuesto en el apartado anterior, se reducirá en un 60 por ciento. Esta reducción sólo resultará aplicable sobre los rendimientos netos positivos que hayan sido calculados por el contribuyente en una autoliquidación presentada antes de que se haya iniciado un procedimiento de verificación de datos, de comprobación limitada o de inspección que incluya en su objeto la comprobación de tales rendimientos.
>
> En ningún caso resultará de aplicación la reducción respecto de la parte de los rendimientos netos positivos derivada de ingresos no incluidos o de gastos indebidamente deducidos en la autoliquidación del contribuyente y que se regularicen en alguno de los procedimientos citados en el párrafo anterior, incluso cuando esas circunstancias hayan sido declaradas o aceptadas por el contribuyente durante la tramitación del procedimiento».

Así, aquellos **arrendadores que hayan celebrado contratos de arrendamiento de vivienda con anterioridad a la entrada en vigor de la Ley de vivienda podrán deducir del rendimiento neto positivo, es decir, de los rendimientos íntegros de capital inmobiliario menos los gastos deducibles y la amortización, el 60 % de dichos rendimientos.** Si al descontar los gastos y amortizaciones a los rendimientos íntegros obtenidos, estos fuesen negativos, dicha reducción no resultará aplicable.

Además, solo se puede aplicar la reducción cuando se refleje en la autoliquidación presentada por el propio contribuyente, sin embargo, no se podrá aplicar, si no se hubiese realizado en la correspondiente autoliquidación, cuando se haya iniciado un procedimiento de verificación de datos, de comprobación limitada o de inspección que tenga por objeto dichos rendimientos de capital inmobiliario. De esta forma, se penaliza a aquellos contribuyentes que no declaren los rendimientos obtenidos por alquileres, o los declaren en menor cuantía, no permitiendo que las cantidades no declaradas en la correspondiente autoliquidación y que se pongan de manifiesto en procedimiento de verificación de datos, comprobación limitada o inspección gocen de esa reducción.

Reducción por rendimientos con generación superior a 2 años y por rendimientos notoriamente irregulares

Por otra parte, para el cálculo del rendimiento neto, también debemos tener presente la previsión del artículo 23.3 de la LIRPF, respecto de aquellos rendimientos de capital inmobiliario cuyo período de generación sea superior a 2 años y para aquellos que se califiquen como obtenidos de forma notoriamente irregular en el tiempo. Para dichos rendimientos, el citado precepto prevé una **reducción del 30 %, cuando se imputen en un único período impositivo.**

Respecto de los rendimientos obtenidos de forma notoriamente irregular en el tiempo, el artículo 15 del RIRPF, considera exclusivamente como tales:

– Importes obtenidos por el traspaso o la cesión del contrato de arrendamiento de locales de negocio.

– Indemnizaciones percibidas del arrendatario, subarrendatario o cesionario por daños o desperfectos en el inmueble.

– Importes obtenidos por la constitución o cesión de derechos de uso o disfrute de carácter vitalicio.

Por tanto, cualquier otro rendimiento diferente a los señalados no podrá ser calificado como obtenido de forma notoriamente irregular en el tiempo.

Por lo que se refiere a los rendimientos con un período de generación superior a dos años que se imputen en un mismo período impositivo, debe tenerse en cuenta lo dispuesto en el artículo 14 de la LIRPF, relativo a la imputación temporal. Así, la regla general para los rendimientos de capital es que se han de imputar al período impositivo en el que sean exigibles por su perceptor. Sin embargo, dicha regla general tiene excepciones contenidas en las reglas especiales del apartado 2 del propio artículo 14 de la LIRPF. Así, para los rendimientos de capital inmobiliario podría resultar de aplicación, en su caso, la regla especial prevista en el artículo 14.2.a) de la LIRPF, que establece:

> «Cuando no se hubiera satisfecho la totalidad o parte de una renta, por encontrarse pendiente de resolución judicial la determinación del derecho a su percepción o su cuantía, los importes no satisfechos se imputarán al período impositivo en que aquélla adquiera firmeza».

Así, en el caso de disputa judicial entre arrendador y arrendatario sobre el derecho a la percepción de la renta de arrendamiento o sobre la cuantía de la misma, se imputarán las cantidades establecidas en la sentencia al ejercicio en que dicha sentencia adquiera firmeza. Por tanto, en este supuesto, si desde que se debió devengar la renta hasta que la sentencia adquiera firmeza han transcurrido más de dos años, se podrá aplicar la reducción del 30 % prevista por el artículo 23.3 de la LIRPF.

Por otra parte, respecto de los saldos de dudoso cobro, el artículo 13 del RIRPF ya prevé que, si esas rentas fuesen cobradas con posterioridad a su deducción, se imputarán al período en que se produzca su cobro. Así, si desde que se dedujeron los saldos de dudoso cobro hasta que se abonen los mismos transcurren más de dos años, se podrá aplicar la reducción del 30 % sobre dichos rendimientos.

En todo caso, la cuantía del rendimiento neto sobre la que se podrá aplicar la reducción del 30 % en caso de rendimientos con un período de generación superior a dos años, o en caso de rendimientos obtenidos de forma notoriamente irregular en el tiempo, no podrá superar el importe de 300.000 euros anuales. Por tanto, en aquellos casos en que los rendimientos obtenidos de forma notoriamente irregular en el tiempo o con un período de generación superior a los dos años que sobrepasen los 300.000 euros, solo se aplicará la reducción sobre los 300.000, debiendo tributar íntegramente por el exceso sobre la citada cantidad.

Imputación de rentas

En este apartado no podemos obviar qué ocurre si tenemos un bien inmueble sin ocupación. El artículo 85 de la LIRPF prevé:

> «1. En el supuesto de los **bienes inmuebles urbanos**, calificados como tales en el artículo 7 del texto refundido de la Ley del Catastro Inmobiliario, aprobado por el Real Decreto Legislativo 1/2004, de 5 de marzo, así como en el caso de los **inmuebles rústicos con construcciones que no resulten indispensables para el desarrollo de explotaciones agrícolas, ganaderas o forestales, no afectos** en ambos casos a actividades económicas, ni generadores de rendimientos del capital, excluida la vivienda habitual y el suelo no edificado, tendrá la consideración de **renta imputada la cantidad que resulte de aplicar el 2 por ciento al valor catastral, determinándose proporcionalmente al número de días que corresponda en cada período impositivo.**

En el caso de inmuebles localizados en municipios en los que los **valores catastrales hayan sido revisados, modificados o determinados mediante un procedimiento de valoración colectiva de carácter general, de conformidad con la normativa catastral, y hayan entrado en vigor en el período impositivo o en el plazo de los diez períodos impositivos anteriores,** el porcentaje será el **1,1 por ciento.**

Si a la fecha de devengo del impuesto el inmueble careciera de valor catastral o éste no hubiera sido notificado al titular, el porcentaje será del 1,1 por ciento y se aplicará sobre el 50 por ciento del mayor de los siguientes valores: el comprobado por la Administración a efectos de otros tributos o el precio, contraprestación o valor de la adquisición.

Cuando se trate de inmuebles en construcción y en los supuestos en que, por razones urbanísticas, el inmueble no sea susceptible de uso, no se estimará renta alguna.

2. Estas rentas se imputarán a los titulares de los bienes inmuebles de acuerdo con el apartado 3 del artículo 11 de esta Ley.

Cuando existan derechos reales de disfrute, la renta computable a estos efectos en el titular del derecho será la que correspondería al propietario.

3. En los supuestos de derechos de aprovechamiento por turno de bienes inmuebles la imputación se efectuará al titular del derecho real, prorrateando el valor catastral en función de la duración anual del periodo de aprovechamiento.

Si a la fecha de devengo del impuesto los inmuebles a que se refiere este apartado carecieran de valor catastral, o éste no hubiera sido notificado al titular, se tomará como base de imputación el precio de adquisición del derecho de aprovechamiento.

No procederá la imputación de renta inmobiliaria a los titulares de derechos de aprovechamiento por turno de bienes inmuebles cuando su duración no exceda de dos semanas por año».

Por tanto, en el caso de inmuebles urbanos o de inmuebles rústicos con construcciones que no resulten indispensables para el desarrollo de explotaciones agrícolas, ganaderas o forestales, no afectos en ambos casos a actividades económicas, ni generadores de rendimientos del capital, excluida la vivienda habitual y el suelo no edificado, el titular se deberá imputar en su declaración de la renta, el 2 % del valor catastral de dicho inmueble (1,1 % si el valor catastral ha sido revisado), por el tiempo que el mismo esté en esa situación. Esta imputación es la que se corresponde en la declaración de IRPF con la casilla «a disposición de sus titulares».

El rendimiento imputado es un rendimiento neto, pues sobre el cálculo fijado por el artículo 85 de la LIRPF no se practicará deducción de gastos ni reducción alguna.

Arrendamiento en caso de parentesco

Para el cálculo del rendimiento neto, tampoco podemos olvidar el supuesto en que el inmueble se arriende a parientes. Para este supuesto, el artículo 24 de la LIRPF prevé:

«Cuando el adquirente, cesionario, arrendatario o subarrendatario del bien inmueble o del derecho real que recaiga sobre el mismo sea el cónyuge o un pariente, incluidos los afines, hasta el tercer grado inclusive, del contribuyente, el rendimiento neto total no podrá ser inferior al que resulte de las reglas del artículo 85 de esta ley».

Por tanto, el rendimiento neto del rendimiento de capital inmobiliario de un arrendamiento de inmueble a un pariente hasta el tercer grado no puede ser inferior al que correspondería en el supuesto de imputación de rentas, en caso de estar vacío dicho inmueble.

En dicho supuesto, el arrendador debe comprobar si el rendimiento obtenido por el alquiler del inmueble a su familiar es inferior al 2 % del valor catastral, o el 1,1 % si el valor ha sido revisado (en la misma proporción de días en que esté arrendado al familiar) o no, y consignar en la correspondiente declaración de IRPF el más alto de ellos.

RESOLUCIONES ADMINISTRATIVAS

Consulta vinculante de la Dirección General de Tributos (V3263-15), de 23 de octubre de 2015

Asunto: cesión de inmueble a hermana a cambio de que abone los gastos de IBI, comunidad y seguro.

«El artículo 23.1 de la LIRPF, recoge los gastos que, para la determinación del rendimiento neto del capital inmobiliario, podrán deducirse de los rendimientos íntegros. En desarrollo de dicho artículo, el artículo 13 del Reglamento del Impuesto, aprobado por el Real Decreto 439/2007, de 30 de marzo (BOE del día 31), dispone que "tendrán la consideración de gasto deducible para la determinación del rendimiento neto del capital inmobiliario todos los gastos necesarios para su obtención."

Entre los gastos a que se refiere el párrafo anterior, están incluidos el Impuesto sobre Bienes Inmuebles, el seguro de la vivienda y las cuotas de la comunidad de propietarios.

De acuerdo con lo anteriormente expuesto, el importe de los citados gastos que asume la cesionaria se computará como rendimiento íntegro del capital inmobiliario de los cedentes, siendo, a su vez, deducibles de los mismos como gasto.

No obstante, al tratarse de un familiar, hay que tener en cuenta lo dispuesto en el artículo 24 de la LIRPF, según el cual:

"Cuando el adquirente, cesionario, arrendatario o subarrendatario del bien inmueble o del derecho real que recaiga sobre el mismo sea el cónyuge o un pariente, incluidos los afines, hasta el tercer grado inclusive, del contribuyente, el rendimiento neto total no podrá ser inferior al que resulta de las reglas del artículo 85 de esta ley."

(...)

En base a lo anteriormente expuesto, al no tratarse de una cesión gratuita, sino que se realiza a cambio de que la cesionaria se haga cargo del pago de determinados gastos de mantenimiento de la misma, los cedentes obtendrían por tal cesión rendimientos del capital inmobiliario, los correspondientes al importe de los citados gastos, que, a su vez, serían deducibles, por lo que tendrían que computar el rendimiento mínimo en caso de parentesco a que se refiere el artículo 24, el 2 por ciento o el 1,1 por ciento, según proceda, del valor catastral de la vivienda».

Consulta vinculante de la Dirección General de Tributos (V2407-22), de 18 de noviembre de 2022

Asunto: aplicación de la reducción por arrendamiento de vivienda al alquiler de habitaciones.

«En este sentido, debe entenderse que se trata de un arrendamiento de un bien inmueble destinado a vivienda, de acuerdo con lo dispuesto en el artículo 2 de la Ley 29/1994, de 24 de noviembre, de Arrendamientos Urbanos (BOE de 25 de noviembre), en adelante LAU, cuando el arrendamiento recaiga "sobre una edificación habitable cuyo destino primordial sea satisfacer la necesidad permanente de vivienda del arrendatario".

Por su parte, el artículo 3 de la LAU dispone que: "Se considera arrendamiento para uso distinto del de vivienda, aquel arrendamiento que recayendo sobre una edificación tenga como destino primordial uno distinto del establecido en el artículo anterior". Y continúa señalando, "en especial, tendrán esta consideración los arrendamientos de fincas urbanas celebrados por temporada, sea ésta de verano o cualquier otra".

Como reiteradamente ha establecido este Centro Directivo (consultas V2457-14, V2797-16, entre otras) el requisito exigido para la aplicación de la reducción por el arrendador es que el destino efectivo del objeto del contrato sea el de vivienda permanente del propio arrendatario.

Al respecto debe señalarse que la concurrencia de los referidos requisitos constituye una cuestión de hecho, ajena por tanto a las competencias de este Centro Directivo, pudiendo efectuarse su acreditación a través de medios de prueba válidos en derecho, conforme establece el artículo 106 de la Ley 58/2003, de 17 de diciembre, General Tributaria, (BOE de 18 de diciembre), correspondiendo la competencia para la valoración de los medios de prueba aportados a los órganos de Gestión e Inspección de la Administración Tributaria».

1.2. El arrendamiento de inmuebles como rendimiento de actividad económica

1.2.1. Concepto y controversia. El requisito de la persona empleada y el volumen mínimo de inmuebles para considerar la existencia de actividad económica

De conformidad con el artículo 27 de la LIRPF, son rendimientos íntegros de actividades económicas aquellos que, procediendo del trabajo personal y del capital conjuntamente, o de uno solo de estos factores, supongan por parte del contribuyente la ordenación por cuenta propia de medios de producción y de recursos humanos o de uno de ambos, con la finalidad de intervenir en la producción o distribución de bienes o servicios.

No obstante, respecto del arrendamiento de inmuebles, el apartado 2 del artículo 27 de la LIRPF dispone:

«2. A efectos de lo dispuesto en el apartado anterior, se entenderá que el arrendamiento de inmuebles se realiza como actividad económica, únicamente cuando para la ordenación de esta se utilice, al menos, una persona empleada con contrato laboral y a jornada completa».

Así las cosas, para que el arrendamiento de bienes inmuebles tenga la consideración de actividad económica a los efectos del IRPF, las circunstancias que han de concurrir son las siguientes:

- Será necesario que para la ordenación del arrendamiento de inmuebles se cuente, como mínimo, con una persona empleada.

- La persona empleada tendrá que estar unida al arrendador mediante una relación laboral, en los términos que se exigen por la normativa laboral. Esto plantea la posibilidad de que el empleado sea un familiar, caso en el que necesariamente tendrá que contar con un contrato de trabajo válido a estos efectos [quedarían excluidos, por ejemplo, los autónomos económicamente dependientes, tal y como prevé la consulta vinculante de la Dirección General de Tributos (V1705-20), de 29 de mayo de 2020].

- El trabajador ha de tener un contrato a jornada completa, entendiéndose por tal la fijada en el convenio que resulte de aplicación o, en su defecto, la jornada ordinaria máxima legal. No concurrirá este requisito en los casos en que se tengan varios trabajadores a jornada parcial, pero que, en su conjunto, sumen una jornada completa. Sin embargo, sí se considerará cumplido este requisito en el caso de reducción de jornada para el cuidado de los hijos o en caso de baja por maternidad e incapacidad temporal (a pesar de que el trabajador temporalmente esté en situación de baja).

- El empleado tendrá que estar dedicado a la ordenación o gestión de la actividad de arrendamiento de inmuebles, no cumpliéndose este requisito cuando el empleado desarrolle exclusivamente otras tareas no relacionadas con la ordenación o gestión de los arrendamientos, como podría ser el caso de tareas de mantenimiento o limpieza.

Hasta el 1 de enero de 2015, se exigía también que tuviese un local destinado exclusivamente a la gestión de la actividad de arrendamiento, si bien dicho requisito fue suprimido por la Ley 26/2014, de 27 de noviembre.

La finalidad del artículo 27 de la LIRPF, y en concreto del apartado 2, es establecer unos requisitos mínimos para que la actividad de arrendamiento de inmuebles pueda entenderse como una actividad empresarial, requisitos que inciden en la necesidad de una infraestructura mínima, de una organización de medios empresariales, para que esta actividad tenga tal carácter. Además, será necesario que la actividad de arrendamiento de inmuebles suponga un volumen y una carga de trabajo suficientes para justificar la necesidad de tener un empleado. Se trata de un requisito exigido tanto por la Dirección General de Tributos como por el Tribunal Económico-Administrativo Central, que lo requieren a mayores de los expresamente contemplados por la norma. Así, por ejemplo, TEAC en la resolución n.º 4305/2009, de 7 de abril de 2010, señala:

> «(...) aunque se disponga de un local y una persona empleada se entenderá que no existe actividad económica si la actividad ejercida no genera una carga de trabajo suficiente como para justificar la existencia de dicho local y empleado al ser los requisitos de local y empleado requisitos mínimos -necesarios pero no siempre suficientes- para que pueda hablarse de la existencia de actividad económica».

En el caso de los alquileres turísticos, es criterio reiterado por la Dirección General de Tributos, como, por ejemplo, en la consulta vinculante (V0743-22), de 5 de abril de 2022, que si el alquiler de la vivienda de uso turístico no se limita a la mera puesta a disposición de parte de los inmuebles durante períodos de tiempo, sino que se complementa con la prestación de servicios propios de la industria hotelera tales como restaurante, limpieza, lavado de ropa y otros análogos, las rentas derivadas de los mismos tendrán la calificación de rendimientos de actividades económicas, de acuerdo con lo previsto en el artículo 27.1 de la LIRPF. Por tanto, si el arrendador de inmuebles de uso turístico presta este tipo de servicios estaríamos ante rendimientos derivados de actividades económicas; mientras que, si no lo hace, estaríamos ante rendimientos del capital inmobiliario, salvo que tuviese a una persona contratada a tiempo completo para ejercer la actividad (es decir, que concurrieran las circunstancias previstas en el apartado 2 del artículo 27 de la LIRPF, en cuyo caso, también se trataría de rendimientos derivados de actividades económicas).

En cuanto al cómputo de la persona empleada a tiempo completo, la Dirección General de Tributos viene exigiendo que, para cumplir el requisito del artículo 27.2 de la LIRPF, la persona debe dedicarse en exclusiva a la actividad económica del contribuyente. Así, por ejemplo, cuando un contribuyente es propietario de inmuebles de su propiedad y otros que son copropiedad, es decir, constituyen comunidad de bienes, y tiene a una persona contratada a tiempo completo para que gestione todos esos alquileres, la Dirección General de Tributos entiende que ni el contribuyente por los bienes que le corresponden a título individual, ni la comunidad de bienes, cumplirán el requisito del 27.2 de la LIRPF, dado que la persona contratada no cumpliría el requisito de «dedicación exclusiva». En este sentido se pronuncia, por ejemplo, en la consulta vinculante (V0712-22), de 1 de abril de 2022.

Por último, respecto de la posibilidad de prescindir de la persona contratada externalizando el servicio, supuesto que se permite, como se analiza en el tema correspondiente, en el Impuesto sobre Sociedades en determinadas circunstancias, la Dirección General de Tributos ha negado tal opción respecto de la actividad económica en el ámbito del IRPF. Así, en su consulta vinculante (V4952-16), de 15 de noviembre de 2016, se señala:

> «En todo caso, debe resaltarse la autonomía del Impuesto sobre Sociedades respecto del Impuesto sobre la renta de las Personas Físicas, y que los requisitos para la consideración como actividad económica del

arrendamiento de inmuebles a efectos del Impuesto sobre la Renta de las Personas Físicas, no son los establecidos en el citado artículo 5 de la LIS, sino los previstos en el artículo 27 de la de la Ley 35/2006, de 28 de noviembre, del Impuesto sobre la Renta de las Personas Físicas y de modificación parcial de las leyes de los Impuestos sobre Sociedades, sobre la Renta de no Residentes y sobre el Patrimonio (BOE de 29 de noviembre), que en su apartado 2 establece que se entenderá que el arrendamiento de inmuebles se realiza como actividad económica, únicamente cuando para la ordenación de esta se utilice, al menos, una persona empleada con contrato laboral y a jornada completa, sin establecerse excepciones o limitaciones a dicho requisito.

En consecuencia, a los efectos del Impuesto sobre la Renta de las Personas Físicas, los rendimientos derivados del arrendamiento de inmuebles únicamente tendrán la consideración de rendimientos de actividades económicas cuando el arrendador cumpla dicho requisito, debiendo reiterar la autonomía de ambos Impuestos al respecto».

RESOLUCIÓN ADMINISTRATIVA

Consulta vinculante de la Dirección General de Tributos (V0858-17), de 6 de abril de 2017

Asunto: incapacidad temporal del empleado contratado a jornada completa a efectos de la consideración del arrendamiento de inmuebles como actividad económica.

«La exigencia de jornada completa debe entenderse cumplida en el caso consultado, ya que se manifiesta que el trabajador ha sido contratado a jornada completa, con independencia de que de forma temporal pueda estar en situación de baja por enfermedad».

1.2.2. Formalidades para la constitución de la actividad económica de arrendamiento de inmuebles y obligaciones periódicas: obligación de alta y de llevanza de libros

Dentro de las obligaciones formales de los autónomos encontramos la obligación de presentar declaración censal de alta en la actividad. Así, antes de iniciar la actividad económica, quienes vayan a desarrollar actividades económicas y/o abonen rentas sujetas a retención e ingreso a cuenta deben solicitar el **alta en el Censo de empresarios, profesionales y retenedores a través del modelo 036 o 037.**

Por otra parte, el artículo 25.1 del Código de comercio señala que:

«Todo empresario deberá llevar una contabilidad ordenada, adecuada a la actividad de su empresa que permita un seguimiento cronológico de todas sus operaciones, así como la elaboración periódica de balances e inventarios. Llevará necesariamente, sin perjuicio de lo establecido en las Leyes o disposiciones especiales, un libro de Inventarios y Cuentas anuales y otro Diario».

Los libros, entre otros requisitos, deberán llevarse con claridad, exactitud, por orden de fechas, sin raspaduras ni tachaduras, reflejando las anotaciones en euros, etc.

En el método de estimación directa será obligatoria la llevanza de la contabilidad conforme al Plan General Contable y normativa de desarrollo.

En el caso de que el rendimiento se determine por estimación directa simplificada, quien se dedique a la actividad económica de arrendamiento deberá llevar:

- Libro registro de ventas e ingresos.
- Libro registro de compras y gastos.
- Libro registro de bienes de inversión.

Además, si son sujetos pasivos del **IVA, deben registrar sus operaciones relativas a dicho impuesto** dentro de los plazos establecidos para la liquidación y pago del mismo. La contabilidad deberá permitir determinar con precisión el importe total del IVA repercutido a sus clientes y el importe total del impuesto soportado en la adquisición de bienes y servicios a sus proveedores. Con carácter general, **los libros registro del IVA** que deben llevar, son los siguientes:

- Libro registro de facturas expedidas.
- Libro registro de facturas recibidas.
- Libro registro de bienes de inversión.
- Libro registro de determinadas operaciones intracomunitarias.

Obligación de facturación

En cuanto a la obligación facturar, se recoge en el artículo 29.2.e) de la LGT, en el artículo 164.Uno.3.º de la LIVA y en el Reglamento por el que se regulan las obligaciones de facturación. Así, los empresarios están obligados a:

- Expedir y entregar factura u otros justificantes por las operaciones que realicen en el desarrollo de su actividad empresarial o profesional y conservar copia o matriz de estos. También deben expedir factura en los supuestos de pagos anticipados, excepto en las entregas intracomunitarias de bienes exentas.

- Conservar las facturas o justificantes recibidos de los empresarios o profesionales por las operaciones de las que sean destinatarios y que se efectúen en desarrollo de esa actividad.

- Existen determinadas excepciones a la obligación de facturar, entre ellas las operaciones exentas del IVA, en virtud del artículo 20 de la LIVA, con excepción de las operaciones a que se refiere el artículo 3.2 del Reglamento por el que se regulan las obligaciones de facturación. Sin embargo, la expedición de factura será obligatoria en las operaciones exentas de este impuesto de acuerdo con los números 2.º, 3.º, 4.º, 5.º, 15.º, 20.º, 22.º, 24.º, 25.º y 28.º del artículo 20.Uno de la LIVA.

Obligación de realizar pagos fraccionados

De conformidad con el artículo 37 de la Ley 58/20003, de 17 de diciembre, General Tributaria (LGT), es obligado a realizar pagos fraccionados el contribuyente a quien la ley de cada tributo impone la obligación de ingresar cantidades a cuenta de la obligación tributaria principal con anterioridad a que esta resulte exigible. Por lo que a los autónomos respecta, el artículo de 99.7 de la LIRPF establece la obligación a los contribuyentes que ejerzan actividades económicas de realizar pagos fraccionados a cuenta del IRPF, autoliquidando e ingresando su importe en las condiciones que reglamentariamente se determinen.

Por su parte, el artículo 109 del RIRPF establece que estarán obligados a realizar **pagos fraccionados**:

«1. Los contribuyentes que ejerzan **actividades económicas** estarán obligados a autoliquidar e ingresar en el Tesoro, en concepto de pago a cuenta del Impuesto sobre la Renta de las Personas Físicas, la cantidad que resulte de lo establecido en los artículos siguientes, sin perjuicio de las excepciones previstas en los apartados siguientes.

2. Los contribuyentes que desarrollen **actividades profesionales** no estarán obligados a efectuar pago fraccionado en relación con las mismas si, en el año natural anterior, al menos el 70 por ciento de los ingresos de la actividad fueron objeto de retención o ingreso a cuenta.

3. Los contribuyentes que desarrollen **actividades agrícolas o ganaderas** no estarán obligados a efectuar pago fraccionado en relación con las mismas si, en el año natural anterior, al menos el 70 por ciento de los ingresos procedentes de la explotación, con excepción de las subvenciones corrientes y de capital y de las indemnizaciones, fueron objeto de retención o ingreso a cuenta.

4. Los contribuyentes que desarrollen **actividades forestales** no estarán obligados a efectuar pago fraccionado en relación con las mismas si, en el año natural anterior, al menos el 70 por ciento de los ingresos procedentes de la actividad, con excepción de las subvenciones corrientes y de capital y de las indemnizaciones, fueron objeto de retención o ingreso a cuenta.

5. A efectos de lo dispuesto en los apartados 2, 3 y 4 anteriores, en caso de inicio de la actividad se tendrá en cuenta el porcentaje de ingresos que hayan sido objeto de retención o ingreso a cuenta durante el período a que se refiere el pago fraccionado».

Deberán realizarse **cuatro pagos fraccionados, trimestrales, en los plazos** siguientes:

- Los tres primeros trimestres entre el 1 y el 20 de los meses de abril, julio y octubre.

- El cuarto trimestre entre el 1 y el 30 del mes de enero del año siguiente.

> **A TENER EN CUENTA.** Si el vencimiento coincide con un día inhábil, el plazo finalizará el primer día hábil siguiente. En caso de domiciliación

> del pago, la presentación ha de realizarse como máximo cinco días antes de la finalización del plazo señalado, es decir, del 1 al 25 de enero y del 1 al 15 de abril, julio y octubre.

El modelo de presentación de los pagos fraccionados para el régimen de estimación directa, ya sea normal o simplificada, es el modelo 130.

Los contribuyentes obligados a realizar pagos fraccionados ingresarán las cantidades que procedan de conformidad con lo establecido en el artículo 110 del RIRPF. En el caso de la actividad económica de arrendamiento de inmuebles, se practicará un pago fraccionado del 20 % del rendimiento neto correspondiente al período de tiempo transcurrido desde el primer día del año hasta el último día del trimestre a que se refiere el pago fraccionado. De la cantidad resultante se deducirán:

- Los pagos fraccionados que, en relación con estas actividades, habría correspondido ingresar en los trimestres anteriores del mismo año si no se hubiera aplicado la minoración prevista en el artículo 110.3.c) del RIRPF.

- Las retenciones y los ingresos a cuenta efectuados desde el primer día del año hasta el fin del trimestre al que se refiere el pago cuando se trate de:

  • Actividades profesionales que determinen su rendimiento neto por el método de estimación directa, en cualquiera de sus modalidades.

  • Arrendamiento de inmuebles urbanos que constituya actividad económica.

  • Cesión del derecho a la explotación de la imagen o del consentimiento o autorización para su utilización que constituya actividad económica, y demás rentas previstas en el artículo 75.2 b) del RIRPF.

- Una minoración en función de los rendimientos netos de actividades económicas del ejercicio anterior de:

  • 25 euros cuando los rendimientos señalados sean superiores a 11.000 euros e inferiores o iguales a 12.000 euros

  • 50 euros cuando los rendimientos señalados sean superiores a 10.000 euros e inferiores o iguales a 11.000 euros.

  • 75 euros cuando los rendimientos señalados sean superiores a 9.000 euros e inferiores o iguales a 10.000 euros.

  • 100 euros cuando los rendimientos señalados sean iguales o inferiores a 9.000 euros.

- El 2 % del rendimiento neto obtenido desde el primer día del año hasta el último día del trimestre al que se refiere el pago fraccionado cuando se den todas las siguientes circunstancias:

  • Destine cantidades para la adquisición o rehabilitación de su vivienda habitual utilizando financiación ajena.

  • Tenga derecho a la deducción por inversión en vivienda habitual regulada en la disposición transitoria decimoctava de la LIRPF.

- Los rendimientos íntegros previsibles del período impositivo sean inferiores a 33.007,2 euros.

El importe de esta deducción en ningún caso puede ser superior a 660,14 euros en cada trimestre. Además, no podrá aplicarse esta deducción del 2 % cuando se dé cualquiera de las siguientes circunstancias:

- Se ejerzan dos o más actividades distintas a efectos del cálculo del pago fraccionado.
- Se perciban rendimientos del trabajo y se haya efectuado a su pagador la comunicación a que se refiere el párrafo segundo del artículo 88.1 del RIRPF.
- Las cantidades se destinen a la ampliación o construcción de vivienda.

Aquellos contribuyentes con derecho a la deducción prevista en el artículo 68.4 de la LIRPF (deducción por rentas obtenidas en Ceuta o Melilla) reducirán el porcentaje del pago fraccionado en un 60 %. Esta misma deducción se la podrán aplicar para 2022 y 2023 los contribuyentes con residencia habitual y efectiva en la isla de La Palma, debiendo entenderse, a estos efectos, que las referencias realizadas a Ceuta y Melilla por el artículo 68.4 de la LIRPF y en su desarrollo reglamentario lo son a la isla de La Palma, de conformidad con la disposición adicional quincuagésima séptima de la LIRPF.

Obligación de retener

Por lo que se refiere a la obligación de retener, el artículo 76.1.b) del RIRPF señala que están obligados a retener, en la medida en que satisfagan rentas objeto de retención en el IRPF, los contribuyentes que ejerzan actividades económicas, cuando satisfagan rentas en el ejercicio de sus actividades.

Por su parte, el artículo 75 del RIRPF dispone que **estarán sujetas a retención las siguientes rentas**:

«a) Los rendimientos del trabajo.
b) Los rendimientos del capital mobiliario.
c) Los rendimientos de las siguientes actividades económicas:
Los rendimientos de actividades profesionales.
Los rendimientos de actividades agrícolas y ganaderas.
Los rendimientos de actividades forestales.
Los rendimientos de las actividades empresariales previstas en el artículo 95.6.2.° de este Reglamento que determinen su rendimiento neto por el método de estimación objetiva.
d) Las siguientes ganancias patrimoniales:
Las obtenidas como consecuencia de las transmisiones o reembolsos de acciones y participaciones representativas del capital o patrimonio de las instituciones de inversión colectiva.
Las derivadas de los aprovechamientos forestales de los vecinos en montes públicos.

Las derivadas de la transmisión de los derechos de suscripción previstas en las letras a) y b) del apartado 1 del artículo 37 de la Ley del Impuesto.

2. También estarán sujetas a retención o ingreso a cuenta las siguientes rentas, independientemente de su calificación:

a) Los rendimientos procedentes del arrendamiento o subarrendamiento de inmuebles urbanos.

A estos efectos, las referencias al arrendamiento se entenderán realizadas también al subarrendamiento.

b) Los rendimientos procedentes de la propiedad intelectual, industrial, de la prestación de asistencia técnica, del arrendamiento de bienes muebles, negocios o minas, del subarrendamiento sobre los bienes anteriores y los procedentes de la cesión del derecho a la explotación del derecho de imagen.

c) Los premios que se entreguen como consecuencia de la participación en juegos, concursos, rifas o combinaciones aleatorias, estén o no vinculados a la oferta, promoción o venta de determinados bienes, productos o servicios.

(...)».

Por tanto, en la medida en que el empresario que realice la actividad económica de arrendamiento de inmuebles satisfaga ese tipo de rentas a contribuyentes del IRPF, estará obligado a practicar la correspondiente retención e ingresarla al Tesoro público.

El obligado a retener deberá presentar, en los primeros **20 días naturales de los meses de abril, julio, octubre y enero**, declaración de las cantidades retenidas y de los ingresos a cuenta que correspondan por el trimestre natural inmediato anterior, e ingresar su importe en el Tesoro público. Esta declaración se realiza a través de los siguientes modelos:

– Modelo 111. Retenciones e ingresos a cuenta. Rendimientos del trabajo y de actividades económicas, premios y determinadas ganancias patrimoniales e imputaciones de Renta. Autoliquidación.

– Modelo 115. Retenciones e ingresos a cuenta. Rentas o rendimientos procedentes del arrendamiento o subarrendamiento de inmuebles urbanos.

– Modelo 117. Retenciones e ingresos a cuenta en Impuesto sobre la renta de las personas físicas, Impuesto sobre sociedades e Impuesto sobre la renta de no residentes. Rentas procedentes de transmisión o reembolso de acciones o participaciones en Instituciones de Inversión Colectiva y de las transmisiones de derechos de suscripción.

– Modelo 123. Retenciones e ingresos a cuenta del Impuesto sobre la Renta de las Personas Físicas, Impuesto sobre Sociedades y del Impuesto sobre la Renta de no Residentes (establecimientos permanentes). Determinados rendimientos del capital mobiliario o determinadas rentas.

– Modelo 124. Retenciones e ingresos a cuenta. Rentas y rendimientos del capital mobiliario derivadas de la transmisión, amortización, reembolso, canje o conversión de cualquier tipo de activo representativos de la captación y utilización de capitales ajenos.

– Modelo 126. Retenciones e ingresos a cuenta. Rendimientos del capital mobiliario obtenidos por la contraprestación derivada de cuentas en toda clase de instituciones financieras.

– Modelo 128. Retenciones e ingresos a cuenta. Rentas o rendimientos del capital mobiliario procedente de operaciones de capitalización y de contratos de seguros de vida o invalidez.

– Modelo 230. Impuesto sobre la Renta de las Personas Físicas e Impuesto sobre la Renta de No Residentes: Retenciones e ingresos a cuenta del gravamen especial sobre los premios de determinadas loterías y apuestas; Impuesto sobre Sociedades: Retenciones e ingresos a cuenta sobre los premios de determinadas loterías y apuestas. Autoliquidación.

Lo más habitual para este tipo de empresario será presentar los modelos 111 y 115, por tratarse de declaraciones respecto de los rendimientos que de forma más usual satisfaga.

Igualmente deberán presentar los modelos informativos anuales en relación con las retenciones:

– Modelo 180. Declaración Informativa. Retenciones e ingresos a cuenta. Rendimientos procedentes del arrendamiento de inmuebles urbanos. Resumen anual

– Modelo 187. Declaración Informativa. Acciones y participaciones representativas del capital o del patrimonio de las instituciones de inversión colectiva y resumen anual de retenciones e ingresos a cuenta de IRPF, IS e IRNR en relación con rentas o ganancias patrimoniales obtenidas como consecuencia de transmisiones o reembolsos de esas acciones y participaciones y derechos de suscripción

– Modelo 188. Declaración Informativa. Retenciones e ingresos a cuenta. Rentas o rendimientos del capital mobiliario procedentes de operaciones de capitalización y de contratos de seguro de vida o invalidez. Resumen anual.

– Modelo 190. Declaración Informativa. Retenciones e ingresos a cuenta. Rendimientos del trabajo y de actividades económicas, premios y determinadas ganancias patrimoniales e imputaciones de rentas. Resumen anual.

– Modelo 193. Declaración Informativa. Retenciones e ingresos a cuenta del IRPF sobre determinados rendimientos del capital mobiliario. Retenciones e ingresos a cuenta del IS e IRNR (establecimientos permanentes) sobre determinadas rentas. Resumen anual.

– Modelo 194. Declaración Informativa. Retenciones e ingresos a cuenta del IRPF, IS e IRNR (establecimientos permanentes) sobre rendimientos del capital mobiliario y rentas derivadas de la transmisión, amortización, reembolso, canje o conversión de cualquier clase de activos representativos de la captación y utilización de capitales ajenos. Resumen anual

- Modelo 196. Declaración Informativa. Resumen anual de retenciones e ingresos a cuenta sobre rendimientos del capital mobiliario y rentas obtenidas por la contraprestación derivada de cuentas en toda clase de instituciones financieras.

- Modelo 270. Resumen anual de retenciones e ingresos a cuenta del gravamen especial sobre los premios de determinadas loterías y apuestas.

- Modelo 296. Declaración Informativa. Retenciones e ingresos a cuenta del Impuesto sobre la Renta de no Residentes (sin establecimiento permanente). Resumen anual.

En el caso de las **declaraciones anuales, lo más habitual es que el autónomo presente el modelo 190.**

El importe de la retención será el resultado de aplicar a la base de retención el tipo de retención que corresponda. A estos efectos, la base de retención será la cuantía total que se satisfaga o abone (con las especialidades previstas en los artículos 93 y 97 del RIRPF respecto de los rendimientos de capital mobiliario y de las ganancias patrimoniales derivadas de las transmisiones o reembolsos de acciones o participaciones de instituciones de inversión colectiva respectivamente, y que en poco o nada influirán a este tipo de actividad).

Con carácter general, la obligación de retener nacerá en el momento en el que se satisfagan o abonen las rentas correspondientes.

Respecto de los rendimientos de trabajo que el autónomo satisfaga a sus trabajadores, se practicarán las siguientes operaciones para el cálculo de la retención:

- Se determinará, de acuerdo con lo previsto en el artículo 83 del RIRPF, la base para calcular el tipo de retención

- Se determinará, de acuerdo con lo previsto en el artículo 84 del RIRPF, el mínimo personal y familiar para calcular el tipo de retención.

- Se determinará, de acuerdo con lo previsto en el artículo 85 del RIRPF, la cuota de retención.

- Se determinará el tipo de retención, en la forma prevista en el artículo 86 del RIRPF.

- Se aplicarán las regularizaciones que procedan conforme al artículo 87 del RIRPF.

No obstante, dada la complejidad de las operaciones, la AEAT pone a disposición del contribuyente una calculadora de retenciones de trabajo para facilitar el cálculo cumplimentado los diferentes apartados en función de los datos proporcionados por el trabajador.

A TENER EN CUENTA. Los contribuyentes deberán comunicar al pagador la situación personal y familiar que influye en el importe excepcionado de retener, en la determinación del tipo de retención o en las regularizaciones de este, que-

---

dando obligado asimismo el pagador a conservar la comunicación debidamente firmada. A estos efectos, la AEAT tiene a disposición de los contribuyentes el modelo 145, modelo para realizar comunicación de datos al pagador de rendimientos del trabajo o de la variación de los datos previamente comunicados. No requiere presentación ante la Administración tributaria.

Además, en el caso de que la actividad económica de arrendamiento de inmuebles se realice en régimen de subarriendo, el empresario deberá practicar la retención por las cantidades que abone al arrendador por el inmueble que luego él subarrienda. En este caso, si para el arrendador del empresario, la renta constituye rendimiento de capital inmobiliario, la retención a practicar será del 19 % sobre todos los conceptos que se satisfagan al arrendador, excluido el IVA, de conformidad con el artículo 100 del RIRPF.

Por otra parte, también será habitual que realice retenciones sobre rendimientos de actividades económicas por aquellas adquisiciones o prestaciones de servicio que realice. Por ejemplo, si contrata a un abogado para reclamar un impagado en su actividad de arrendamiento, deberá practicar retención en la factura que abone a dicho profesional.

1.2.3. Particularidades en cuanto al cálculo del rendimiento neto: gastos deducibles

Métodos de estimación del IRPF

En general, la determinación del rendimiento de las actividades económicas a efectos del Impuesto sobre la Renta de las Personas Físicas puede realizarse de distintos modos:

- Método de **estimación directa**, que puede revestir dos modalidades:
  - Modalidad **normal**.
  - Modalidad **simplificada**.
- Método de **estimación objetiva**.

En el método de **estimación objetiva**, el rendimiento neto de la actividad económica se cuantifica según una serie de signos, índices o módulos generales o referidos al sector de que se trate, determinados por el ministro competente (como serían el número de empleados o superficie del local, etc.), este método se limita a ciertos sectores de actividad, **no estando incluida la actividad económica de arrendamiento de inmuebles.**

Por tanto, **el cálculo del rendimiento por la actividad económica de arrendamiento de inmuebles solo podrá realizarse por el método de estimación directa, ya sea en la modalidad normal o simplificada.** En el régimen de estimación directa, la determinación del rendimiento neto se calcula por la diferencia entre los ingresos computables y los gastos deducibles, con las particularidades que en cada caso procedan y con aplicación de las reducciones previstas en la norma.

No obstante lo anterior, debemos señalar que existe un tercer método de determinación de la base imponible de los impuestos, que tiene un carácter subsidiario y que procede en aquellos casos en los que la Administración tributaria no cuente con los datos necesarios para la fijación completa de la base imponible por una serie de motivos, básicamente referidos a defectos, errores u omisiones documentales o contables. Es el denominado método de **estimación indirecta**, al que se refieren los artículos 50 y 53 de la LGT, y el artículo 193 del Real Decreto 1065/2007, de 27 de julio, por el que se aprueba el Reglamento General de las actuaciones y los procedimientos de gestión e inspección tributaria y de desarrollo de las normas comunes de los procedimientos de aplicación de los tributos (RGAT).

El método de estimación directa es el método de determinación de la base imponible general y de aplicación primaria a estos efectos, tal y como determina el artículo 50 de la LGT:

«1. La base imponible es la magnitud dineraria o de otra naturaleza que resulta de la medición o valoración del hecho imponible.
2. La base imponible podrá determinarse por los siguientes métodos:
a) Estimación directa.
b) Estimación objetiva.
c) Estimación indirecta.
3. Las bases imponibles se determinarán con carácter general a través del método de estimación directa. No obstante, la ley podrá establecer los supuestos en que sea de aplicación el método de estimación objetiva, que tendrá, en todo caso, carácter voluntario para los obligados tributarios.
4. La estimación indirecta tendrá carácter subsidiario respecto de los demás métodos de determinación y se aplicará cuando se produzca alguna de las circunstancias previstas en el artículo 53 de esta ley».

Por su parte, el artículo 30.1 de la LIRPF señala que «la determinación de los rendimientos de actividades económicas se efectuará, con carácter general, por el método de estimación directa, admitiendo dos modalidades, la normal y la simplificada».

El artículo 51 de la LGT determina que:

«El método de estimación directa podrá utilizarse por el contribuyente y por la Administración tributaria de acuerdo con lo dispuesto en la normativa de cada tributo. A estos efectos, la Administración tributaria utilizará las declaraciones o documentos presentados, los datos consignados en libros y registros comprobados administrativamente y los demás documentos, justificantes y datos que tengan relación con los elementos de la obligación tributaria».

La aplicación de este método de estimación para el cálculo del rendimiento neto de la actividad económica del autónomo supone que este se valorará en función del contenido de los registros contables del contribuyente.

Así, en cuanto a la deducibilidad de los gastos, en términos generales, y al margen de ciertas especialidades que veremos a continuación, se seguirán las normas del Impuesto sobre Sociedades. Por tanto, se exigirán los siguientes **requisitos generales:**

- La **correcta imputación temporal del gasto.**
- Su adecuada **contabilización.**
- Su **correlación con los ingresos.**
- Su **justificación documental.**
- La **inexistencia de algún** precepto de la LIS que califique el gasto como no deducible.

En cualquier caso, respecto de la actividad económica no se limita la deducibilidad de los gastos en función de los ingresos obtenidos. Por lo que, a diferencia de lo que ocurre cuando se trata de rendimientos de capital inmobiliario, en los que el importe total a deducir por los gastos no podrá exceder, para cada bien o derecho, de la cuantía de los rendimientos íntegros obtenidos, **la deducción de gastos si podrá ser superior a los rendimientos obtenidos.**

De conformidad con los artículos 30.1 de la LIRPF y 28 del RIRPF, los contribuyentes que ejerzan actividades económicas **determinarán el rendimiento neto de todas sus actividades por la modalidad simplificada** del método de estimación directa, siempre que:

- **No determinen el rendimiento neto de estas actividades por el método de estimación objetiva.**
- **El importe neto de la cifra de negocios (INCN) del conjunto de estas actividades no supere los 600.000 euros anuales en el año inmediato anterior.** El INCN que se establece como límite para la aplicación de la modalidad simplificada tendrá como referencia el año inmediato anterior a aquel en que deba aplicarse esta modalidad. Cuando en el año inmediato anterior no se hubiese ejercido actividad alguna, se determinará el rendimiento neto por esta modalidad, salvo que se renuncie a la misma; y, si en el año inmediato anterior se hubiese iniciado una actividad, el importe neto de la cifra de negocios se elevará al año.
- **No renuncien a esta modalidad.**
- **Ninguna actividad desarrollada por el contribuyente esté en la modalidad normal** del método de estimación directa. Los contribuyentes que determinen el rendimiento neto de alguna de sus actividades económicas por la modalidad normal del método de estimación directa determinarán el rendimiento neto de todas sus actividades por la modalidad normal; pero cuando se inicie durante el año alguna actividad económica por la que se renuncie a esta modalidad, dicha incompatibilidad no surtirá efectos para ese año respecto a las actividades que se venían realizando con anterioridad

En los supuestos de **renuncia o exclusión de la modalidad simplificada** del método de estimación directa, el contribuyente determinará el rendimiento neto de todas sus actividades económicas por la modalidad normal de este método durante los tres años siguientes:

- En principio, la renuncia deberá efectuarse durante el mes de diciembre anterior al inicio del año natural en el que deba surtir efecto y tendrá efectos durante un período mínimo de tres años. Pasado ese plazo, se entenderá prorrogada tácitamente para cada uno de los años siguientes en que pudiera resultar aplicable la modalidad, salvo que se revoque en el plazo indicado. Tanto la renuncia como su revocación podrán presentarse a través de los modelos 036 o 037.

- Será causa determinante de la exclusión de la modalidad simplificada del método de estimación directa haber rebasado el límite establecido para su aplicación. La exclusión producirá efectos desde el inicio del año inmediato posterior a aquel en que se produzca tal circunstancia.

Por contra, **se aplicará el método de estimación directa en su modalidad normal** para determinar el rendimiento neto de todas las actividades económicas que desarrolle el contribuyente, **salvo que el rendimiento neto de todas ellas se determine por el método de estimación objetiva**, siempre que **concurra cualquiera de las siguientes dos condiciones:**

- **El INCN del año anterior, correspondiente al conjunto de las actividades desarrolladas por el contribuyente, supere los 600.000 euros anuales**. Si en el año inmediato anterior se hubiese iniciado una actividad, el importe neto de la cifra de negocios se elevará al año.

- **Se renuncie** a la modalidad simplificada del método de estimación directa.

|| Modalidad normal

Como ya antes se señaló, la determinación del rendimiento neto de la actividad económica por el método de estimación directa en su modalidad normal **se realizará conforme a las normas del Impuesto sobre Sociedades, con las particularidades que recogen los artículos 28 y 30 de la LIRPF**. En tal sentido, conviene tener en cuenta que el artículo 10.3 de la LIS especifica que *«en el método de estimación directa, la base imponible se calculará, corrigiendo, mediante la aplicación de los preceptos establecidos en esta Ley, el resultado contable determinado de acuerdo con las normas previstas en el Código de Comercio, en las demás leyes relativas a dicha determinación y en las disposiciones que se dicten en desarrollo de las citadas normas»*.

Así, el artículo 28 de la LIRPF establece, como reglas generales de cálculo del rendimiento neto:

«1. El rendimiento neto de las actividades económicas se determinará según las normas del Impuesto sobre Sociedades, sin perjuicio de las reglas especiales contenidas en este artículo, en el artículo 30 de esta Ley para la estimación directa, y en el artículo 31 de esta Ley para la estimación objetiva.

A efectos de lo dispuesto en el artículo 108 del texto refundido de la Ley del Impuesto sobre Sociedades, para determinar el importe neto de la cifra de negocios se tendrá en cuenta el conjunto de actividades económicas ejercidas por el contribuyente.

2. Para la determinación del rendimiento neto de las actividades económicas no se incluirán las ganancias o pérdidas patrimoniales derivadas de los elementos patrimoniales afectos a las mismas, que se cuantificarán conforme a lo previsto en la sección 4.ª de este capítulo.

3. La afectación de elementos patrimoniales o la desafectación de activos fijos por el contribuyente no constituirá alteración patrimonial, siempre que los bienes o derechos continúen formando parte de su patrimonio.

Se entenderá que no ha existido afectación si se llevase a cabo la enajenación de los bienes o derechos antes de transcurridos tres años desde ésta.

4. Se atenderá al valor normal en el mercado de los bienes o servicios objeto de la actividad, que el contribuyente ceda o preste a terceros de forma gratuita o destine al uso o consumo propio.

Asimismo, cuando medie contraprestación y ésta sea notoriamente inferior al valor normal en el mercado de los bienes y servicios, se atenderá a este último».

Teniendo esa idea presente, habrá que aplicar las reglas especiales que recoge el artículo 30 de la LIRPF:

- No tendrán la consideración de gasto deducible las **aportaciones a mutualidades de previsión social** del propio empresario o profesional, sin perjuicio de lo previsto en el artículo 51 de la LIRPF (reducciones por aportaciones y contribuciones a sistemas de previsión social).

- El **salario de los autónomos colaboradores** es un gasto deducible de la actividad. Cuando resulte debidamente acreditado, con el oportuno contrato laboral y la afiliación al régimen correspondiente de la Seguridad Social, que el cónyuge o los hijos menores del contribuyente que convivan con él, trabajan habitualmente y con continuidad en las actividades económicas desarrolladas por el mismo, se deducirán, para la determinación de los rendimientos, las retribuciones estipuladas con cada uno de ellos, siempre que no sean superiores a las de mercado correspondientes a su cualificación profesional y trabajo desempeñado. Dichas cantidades se considerarán obtenidas por el cónyuge o los hijos menores en concepto de rendimientos de trabajo a todos los efectos tributarios.

- La **cesión de bienes que se realicen por el cónyuge o los hijos menores** se valorarán a precios de mercado. Cuando el cónyuge o los hijos menores del contribuyente que convivan con él realicen cesiones de bienes o derechos que sirvan al objeto de la actividad económica, se deducirá, para la determinación de los rendimientos del titular de la actividad, la contraprestación estipulada, siempre que no exceda del valor de mercado y, a falta de aquélla, podrá deducirse la correspondiente a este último. La contraprestación o el valor de mercado se considerarán rendimientos del capital del cónyuge o los hijos menores a todos los efectos tributarios.

– Tendrán la consideración de gasto deducible, en determinadas condiciones, las primas de seguro de enfermedad, los gastos de los suministros de la vivienda afectan parcialmente a la actividad económica y los gastos de manutención del propio contribuyente, de conformidad con el artículo 30.2.5.ª de la LIRPF.

Por lo que respecta al gasto de **amortización que podrá aplicar el empresario con actividad económica de arrendamiento de inmuebles en el método de estimación directa normal,** sería el recogido en el artículo 12 de la LIS, cuya tabla establece para la amortización de edificaciones industriales también un coeficiente lineal máximo del 3 % y un período máximo de 68 años; y para edificios comerciales, administrativos, de servicios y viviendas, un coeficiente lineal máximo del 2 % y un período máximo de 100 años. No obstante, si cumplen los requisitos aplicables a las empresas de reducida dimensión, esto es, que el importe neto de la cifra de negocios habida en el período impositivo inmediato anterior sea inferior a 10 millones de euros (artículo 101 de la LIS), podrán aplicar la amortización prevista en el artículo 103 de la LIS:

> «1. Los elementos nuevos del inmovilizado material y de las inversiones inmobiliarias, así como los elementos del inmovilizado intangible, afectos en ambos casos a actividades económicas, puestos a disposición del contribuyente en el período impositivo en el que se cumplan las condiciones del artículo 101 de esta Ley, podrán amortizarse en función del coeficiente que resulte de multiplicar por 2 el coeficiente de amortización lineal máximo previsto en las tablas de amortización oficialmente aprobadas.
> (...)».

Por tanto, **en el caso de cumplir los requisitos exigidos para las entidades de reducida dimensión, el arrendador en estimación directa normal podrá aplicar una amortización máxima del 6 % o del 8 %,** según el tipo de inmueble.

De igual forma, **en el caso de que aumentasen la plantilla, podrán gozar de libertad de amortización**, de conformidad con el artículo 102 de la LIS:

> «1. Los elementos nuevos del inmovilizado material y de las inversiones inmobiliarias, afectos a actividades económicas, puestos a disposición del contribuyente en el período impositivo en el que se cumplan las condiciones del artículo anterior, podrán ser amortizados libremente siempre que, durante los 24 meses siguientes a la fecha del inicio del período impositivo en que los bienes adquiridos entren en funcionamiento, la plantilla media total de la empresa se incremente respecto de la plantilla media de los 12 meses anteriores, y dicho incremento se mantenga durante un período adicional de otros 24 meses.
> La cuantía de la inversión que podrá beneficiarse del régimen de libertad de amortización será la que resulte de multiplicar la cifra de 120.000 euros por el referido incremento calculado con dos decimales.
> Para el cálculo de la plantilla media total de la empresa y de su incremento se tomarán las personas empleadas, en los términos que disponga la legislación laboral, teniendo en cuenta la jornada contratada en relación a la jornada completa.

La libertad de amortización será aplicable desde la entrada en funcionamiento de los elementos que puedan acogerse a ella.

2. El régimen previsto en el apartado anterior también será de aplicación a los elementos encargados en virtud de un contrato de ejecución de obra suscrito en el período impositivo, siempre que su puesta a disposición sea dentro de los 12 meses siguientes a su conclusión.

3. Lo previsto en los dos apartados anteriores será igualmente de aplicación a los elementos del inmovilizado material y de las inversiones inmobiliarias construidos por la propia empresa.

4. En el supuesto de que se incumpliese la obligación de incrementar o mantener la plantilla se deberá proceder a ingresar la cuota íntegra que hubiere correspondido a la cantidad deducida en exceso más los intereses de demora correspondientes.

El ingreso de la cuota íntegra y de los intereses de demora se realizará conjuntamente con la autoliquidación correspondiente al período impositivo en el que se haya incumplido una u otra obligación.

5. Lo previsto en este artículo también será de aplicación a los elementos nuevos del inmovilizado material y de las inversiones inmobiliarias objeto de un contrato de arrendamiento financiero, a condición de que se ejercite la opción de compra».

|| Modalidad simplificada

En principio, la modalidad simplificada del método de estimación directa se rige por las mismas normas aplicables a la modalidad normal, pero con las siguientes especialidades (artículo 30 del RIRPF):

- El conjunto de las provisiones deducibles y los gastos de difícil justificación se cuantificará aplicando el porcentaje del 5 % sobre el rendimiento neto, excluido este concepto, sin que la cuantía resultante pueda superar 2.000 euros anuales. No obstante, no resultará de aplicación dicho porcentaje de deducción cuando el contribuyente opte por la aplicación de la reducción prevista en el artículo 26.1 del RIRPF.

- Las **amortizaciones del inmovilizado material** se practicarán de forma lineal, en función de la tabla de amortizaciones simplificada aprobada por la Orden de 27 de marzo de 1998. Sobre las cuantías de amortización que resulten de estas tablas serán de aplicación las normas del régimen especial de entidades de reducida dimensión previstas en la LIS que afecten a este concepto. Dicha tabla de amortizaciones simplificadas es la siguiente:

Grupo	Elementos patrimoniales	Coeficiente lineal máximo	Período máximo
1	Edificios y otras construcciones	3 %	68 años
2	Instalaciones, mobiliario, enseres y resto de inmovilizado material	10 %	20 años
3	Maquinaria	12 %	18 años
4	Elementos de transporte	16 %	14 años

5	Equipos de tratamiento de la información y sistemas y programas informáticos	26 %	10 años
6	Útiles y herramientas	30 %	8 años
7	Ganado vacuno, porcino, ovino y caprino	16 %	14 años
8	Ganado equino y frutales no cítricos	8 %	25 años
9	Frutales cítricos y viñedos	4 %	50 años
10	Olivar	2 %	100 años

Como vemos, en el caso de que la forma de cálculo sea la de **estimación directa simplificada, el empresario podrá decidir la amortización que quiere realizar sobre el inmueble dentro del margen del 3 % y los 68 años,** a diferencia de la deducción del gasto de amortización en el caso de los rendimientos de capital inmobiliario donde el porcentaje a deducir es fijo del 3%.

|| Deducibilidad de los intereses

El artículo 16 de la LIS establece una limitación a los gastos financieros. Así, tal y como dispone el citado artículo, los gastos financieros netos **serán deducibles con el límite del 30 % del beneficio operativo del ejercicio. En todo caso, serán deducibles gastos financieros netos del período impositivo por importe de 1 millón de euros.** Por tanto, cuando los gastos financieros netos de un período impositivo de un año de duración no superen 1 millón de euros, estos serán deducibles fiscalmente sin sujeción al límite del 30 % del beneficio operativo del ejercicio.

Los gastos financieros netos que no hayan sido objeto de deducción podrán deducirse en los períodos impositivos siguientes, conjuntamente con los del período impositivo correspondiente, y con el límite previsto en este apartado.

A estos efectos, por gastos financieros netos se entenderá el exceso de gastos financieros respecto de los ingresos derivados de la cesión a terceros de capitales propios devengados en el período impositivo, excluidos aquellos gastos no deducibles a que se refieren del artículo 15 g) y h) y el artículo 15 bis de la LIS. Y el beneficio operativo se determinará a partir del resultado de explotación de la cuenta de pérdidas y ganancias del ejercicio determinado de acuerdo con el Código de Comercio y demás normativa contable de desarrollo, eliminando la amortización del inmovilizado, la imputación de subvenciones de inmovilizado no financiero y otras, el deterioro y resultado por enajenaciones de inmovilizado, y adicionando los ingresos financieros de participaciones en instrumentos de patrimonio, siempre que se correspondan con dividendos o participaciones en beneficios de entidades en las que el porcentaje de participación, directo o indirecto, sea al menos el 5 %, excepto que dichas participaciones hayan sido adquiridas con deudas cuyos gastos financieros no resulten deducibles por aplicación de la letra h) del apartado 1 del artículo 15 de la LIS. En ningún caso, formarán parte del beneficio operativo los ingresos, gastos o rentas que no se hubieran integrado en la base imponible de este impuesto.

A TENER EN CUENTA. La redacción de este precepto es la resultante de la modificación introducida en el mismo por parte de la Ley 13/2023, de 24 de mayo, con entrada en vigor el 26/05/2023, pero con efectos para los períodos impositivos que se inicien a partir del 1 de enero de 2024. En concreto, una de las novedades que supuesto esta modificación fue que, en lo relativo a la determinación del beneficio operativo, pasó a establecerse que en ningún caso formarán parte de él los ingresos, gastos o rentas que no se hubieran integrado en la base imponible del IS.

Si los gastos financieros netos del período impositivo no alcanzaran el límite señalado, la diferencia entre el citado límite y los gastos financieros netos del período impositivo se adicionará al límite previsto en el artículo 16.1 de la LIS en los períodos impositivos que concluyan en los cinco años inmediatos y sucesivos, hasta que se deduzca dicha diferencia.

Por tanto, a diferencia de lo que ocurría con los rendimientos de capital inmobiliario, donde los intereses abonados por la adquisición del inmueble tenían como límite (conjunto con los gastos de reparación y conservación del inmueble) los rendimientos positivos generados por dicho inmueble, en el caso de que el arrendamiento constituya actividad económica, los intereses se podrán deducir en un 30 % del beneficio operativo y en todo caso hasta un millón de euros.

Reducciones

El artículo 32.1 de la LIRPF prevé que los **rendimientos netos con un período de generación superior a dos años,** así como aquellos que se califiquen reglamentariamente como obtenidos de forma notoriamente irregular en el tiempo, se **reducirán en un 30 %,** cuando, en ambos casos, se imputen en un único período impositivo. No obstante, la cuantía del rendimiento neto sobre la que se podrá aplicar dicha reducción no puede superar el importe de 300.000 euros anuales.

Por otra parte, el artículo 32.2 de la LIRPF recoge una **reducción del rendimiento neto de las actividades económicas de 2.000 euros cuando se cumplan las siguientes condiciones:**

- El rendimiento neto de la actividad económica deberá determinarse con arreglo al método de estimación directa. No obstante, si se determina con arreglo a la modalidad simplificada del método de estimación directa, la reducción será incompatible con la reducción de gastos de difícil justificación, prevista en el artículo 30.2.4.° de la LIRPF.

- La totalidad de sus entregas de bienes o prestaciones de servicios deben efectuarse a una única persona, física o jurídica, no vinculada en los términos del artículo 18 de la LIS, o que el contribuyente tenga la consideración de trabajador autónomo económicamente dependiente y el cliente del que dependa económicamente no sea una entidad vinculada.

- El conjunto de gastos deducibles correspondientes a todas sus actividades económicas no puede exceder del 30 % de sus rendimientos íntegros declarados.

– Deberán cumplirse durante el período impositivo todas las obligaciones formales y de información, control y verificación que reglamentariamente se determinen.

– Que no perciban rendimientos del trabajo en el período impositivo. No obstante, no se entenderá que se incumple este requisito cuando se perciban durante el período impositivo prestaciones por desempleo o cualesquiera de las prestaciones previstas en el artículo 17.2.a) de la LIRPF, siempre que su importe no sea superior a 4.000 euros anuales.

– Que al menos el 70 % de los ingresos del período impositivo estén sujetos a retención o ingreso a cuenta

– Que no realice actividad económica alguna a través de entidades en régimen de atribución de rentas.

Además, dichas cantidades **se podrán incrementar:**

– Si los rendimientos netos de actividades económicas son inferiores a 19.747,5 euros y no tienen rentas (excluidas las exentas) distintas de actividades económicas superiores a 6.500 euros:

  • Si los rendimientos netos de actividades económicas son iguales o inferiores a 14.047,5 euros: en 6.498 euros anuales.

  • Si los rendimientos netos de actividades económicas están entre 14.047,5 y 19.747,5 euros: en 6.498 euros menos el resultado de multiplicar por 1,14 la diferencia entre el rendimiento de actividades económicas y 14.047,5 euros anuales.

– Si son personas con discapacidad que obtengan rendimientos netos derivados del ejercicio efectivo de estas actividades económicas, en 3.500 euros anuales

Dicha reducción será de 7.750 euros anuales, para las personas con discapacidad que ejerzan de forma efectiva estas actividades económicas y acrediten necesitar ayuda de terceras personas o movilidad reducida, o un grado de discapacidad igual o superior al 65 %.

Cuando no se cumplan los requisitos para aplicar la reducción de 2.000 euros antes expuestos, los **contribuyentes con rentas no exentas inferiores a 12.000 euros**, incluidas las de la propia actividad económica, **podrán reducir el rendimiento neto de las actividades económicas** en las siguientes cuantías:

– Rentas iguales o inferiores a 8.000 euros anuales: 1.620 euros anuales.

– Rentas entre 8.000,01 y 12.000 euros anuales: 1.620 euros menos el resultado de multiplicar por 0,405 la diferencia entre las citadas rentas y 8.000 euros anuales.

En todo caso, esta última reducción, de forma conjunta con la reducción por obtención de rendimientos de trabajo, prevista en el artículo 20 de la LIRPF, no podrá superar los 3.700 euros.

Además, como consecuencia de la aplicación de estas reducciones previstas en el artículo 32.2 de la LIRPF el saldo resultante no podrá ser negativo.

> **A TENER EN CUENTA.** La Ley 31/2022, de 23 de diciembre, de Presupuestos Generales del Estado para el año 2023, modificó el artículo 32.2.1º.a) con efectos desde 1 de enero de 2023 y vigencia indefinida.

Por su parte, el artículo 32.3 de la LIRPF prevé una **reducción por inicio de actividad**. Conforme al citado precepto, los contribuyentes que inicien el ejercicio de una actividad económica y determinen su rendimiento por el método de estimación directa podrán reducir en un **20 % el rendimiento neto positivo, ya minorado, en su caso, por las reducciones antes mencionadas.**

A efectos de esta reducción se entiende que se inicia una actividad económica cuando **no se hubiera ejercido actividad económica alguna en el año anterior a la fecha de inicio de la misma.** A estos efectos no se tendrán en cuenta aquellas actividades en las que se hubiese cesado sin llegar a obtener rendimientos positivos.

La reducción se aplicará en el **primer período impositivo en el que el rendimiento sea positivo y en el siguiente.**

Cuando iniciada una actividad se inicie otra nueva actividad sin haber cesado en la primera, la reducción se aplicará sobre los rendimientos netos obtenidos en el primer período impositivo en que los mismos sean positivos y en el período impositivo siguiente, a contar desde el inicio de la primera actividad.

La **cuantía de los rendimientos netos positivos sobre la que se podrá aplicar la reducción** por inicio de actividad **no podrá superar el importe de 100.000 euros anuales.**

No obstante, el artículo 32.3 de la LIRPF también contiene una limitación; así, no se podrá aplicar esta reducción cuando más del 50 % de los ingresos del período impositivo provengan de una persona o entidad de la que el contribuyente hubiera obtenido rendimientos del trabajo en el año anterior a la fecha de inicio de la actividad.

1.3. El arrendamiento de inmueble a través de una comunidad de bienes

El artículo 392 del Código civil establece:

> «Hay comunidad cuando la propiedad de una cosa o un derecho pertenece pro indiviso a varias personas».

Así, en relación con el arrendamiento, podemos encontrar comunidades de bienes de lo más variopintas: herederos que se han adjudicado un inmueble a partes iguales y arriendan el mismo o continúan con un arrendamiento ya existente a través de la comunidad de bienes; comunidades de propietarios que arriendan un elemento común, como puede ser un espacio para la instalación de antenas de telefonía o el alquiler de la antigua casa del conserje como vivienda; o simplemente copropietarios que por diversos motivos arriendan el inmueble a través de la comunidad de bienes.

1.3.1. El régimen de atribución de rentas

Las comunidades de bienes se configuran como una agrupación de los distintos propietarios que las integran, que son los que se atribuyen las rentas generadas por la actividad y quienes tributarán por ellas, dado que las comunidades de bienes no son contribuyentes del Impuesto sobre Sociedades (salvo en el excepcional supuesto previsto en el artículo 15 bis.12 de la LIS) ni del Impuesto sobre la Renta de las Personas Físicas.

Así, el artículo 8.3 de la LIRPF dispone:

«3. No tendrán la consideración de contribuyente las sociedades civiles no sujetas al Impuesto sobre Sociedades, herencias yacentes, comunidades de bienes y demás entidades a que se refiere el artículo 35.4 de la Ley 58/2003, de 17 de diciembre, General Tributaria. Las rentas correspondientes a las mismas se atribuirán a los socios, herederos, comuneros o partícipes, respectivamente, de acuerdo con lo establecido en la Sección 2.ª del Título X de esta Ley».

Por su parte, el artículo 6 de la LIS señala:

«1. Las rentas correspondientes a las sociedades civiles que no tengan la consideración de contribuyentes de este Impuesto, herencias yacentes, comunidades de bienes y demás entidades a que se refiere el artículo 35.4 de la Ley 58/2003, de 17 de diciembre, General Tributaria, así como las retenciones e ingresos a cuenta que hayan soportado, se atribuirán a los socios, herederos, comuneros o partícipes, respectivamente, de acuerdo con lo establecido en la Sección 2.ª del Título X de la Ley 35/2006, de 28 de noviembre, del Impuesto sobre la Renta de las Personas Físicas y de modificación parcial de las leyes de los Impuestos sobre Sociedades, sobre la Renta de no Residentes y sobre el Patrimonio.
2. Las entidades en régimen de atribución de rentas no tributarán por el Impuesto sobre Sociedades, a excepción de lo dispuesto en el apartado 12 del artículo 15 bis de esta Ley».

En el mismo sentido, el artículo 87.3 de la LIRPF señala que «las entidades en régimen de atribución de rentas no estarán sujetas al Impuesto sobre Sociedades, a excepción de lo dispuesto en el apartado 12 del artículo 15 bis de la Ley del Impuesto sobre Sociedades».

A TENER EN CUENTA. Estos dos preceptos citados fueron modificados por el Real Decreto-ley 18/2022, de 18 de octubre, con efectos desde el 1 de enero de 2022. A fin de evitar ciertas asimetrías híbridas, se introdujo la excepción contenida en los últimos incisos del artículo 6.2 de la LIS y del artículo 87.3 de la LIRPF, según la cual las entidades en régimen de atribución de rentas (como serían las comunidades de bienes) pasan a tributar en el Impuesto sobre Sociedades excepcionalmente por algunas de sus rentas cuando concurran los requisitos que especifica el artículo 15 bis.12 de la LIS (apartado introducido ex novo por esa misma reforma, que renumeró los anteriores apartados 12 y 13 del precepto como 13 y 14, respectivamente). Se trata de un supuesto que, salvo en casos muy excepcionales en los que concurran los concretos requisitos exigidos, no parece que resulte de aplicación con carácter general al régimen de las comunidades de bienes. Aun así, reproducimos dicho artículo 15 bis.12 de la LIS a continuación:

«12. Una entidad en régimen de atribución de rentas en la que una o varias entidades, vinculadas entre sí en el sentido del apartado 13 del artículo 15.bis de esta ley, participen directa o indirectamente en cualquier día del año, en el capital, en los fondos propios, en los resultados o en los derechos de voto en un porcentaje igual o superior al 50 por ciento y sean residentes en países o territorios que califiquen a la entidad en régimen de atribución como contribuyente por un impuesto personal sobre la renta, tributará, en calidad de contribuyente, por las siguientes rentas positivas que corresponda atribuir a todos los partícipes residentes en países o territorios que consideren a la entidad en atribución de rentas como contribuyente por imposición personal sobre la renta:

– Rentas obtenidas en territorio español que estén sujetas y exentas de tributación en el Impuesto sobre la Renta de no Residentes.

– Rentas de fuente extranjera que no estén sujetas o estén exentas de tributación por un impuesto exigido por el país o territorio de la entidad o entidades pagadoras de tales rentas.

El período impositivo coincidirá con el año natural en el que se obtengan tales rentas.

El resto de rentas obtenidas por la entidad en atribución de rentas se atribuirán a los socios, herederos, comuneros o partícipes y tributarán de acuerdo con lo dispuesto en la sección 2.ª del título X de la Ley 35/2006, de 28 de noviembre, del Impuesto sobre la Renta de las Personas Físicas y de modificación parcial de las leyes de los Impuesto sobre Sociedades, sobre la Renta de no Residentes y sobre el Patrimonio».

Por tanto, fuera del supuesto específico y excepcional recogido en el artículo 15 bis.12 de la LIS, **las comunidades de bienes son entidades en régimen de atribución de rentas que no tributarán en el IS ni el IRPF por sí mismas, sino que serán sus partícipes los que tributen de manera personal por las rentas que obtengan a través de ellas.**

1.3.2. Naturaleza del rendimiento

El artículo 86 de la LIRPF señala que «las rentas correspondientes a las entidades en régimen de atribución de rentas se atribuirán a los socios, herederos, comuneros o partícipes, respectivamente, de acuerdo con lo establecido en esta sección 2.ª» y el artículo 88 de la LIRPF añade que «**las rentas de las entidades en régimen de atribución de rentas atribuidas a los socios, herederos, comuneros o partícipes tendrán la naturaleza derivada de la actividad o fuente de donde procedan para cada uno de ellos**».

Así, las rentas de la comunidad de bienes han de atribuirse a cada partícipe y determinarse con arreglo a las normas del IRPF, por lo que la calificación de las derivadas del arrendamiento, con carácter general, será la de rendimientos del capital inmobiliario, de acuerdo con lo dispuesto por el artículo 22 de la LIRPF, a cuyo tenor:

> «1. Tendrán la consideración de rendimientos íntegros procedentes de la titularidad de bienes inmuebles rústicos y urbanos o de derechos reales que recaigan sobre ellos, todos los que se deriven del arrendamiento o de la constitución o cesión de derechos o facultades de uso o disfrute sobre aquéllos, cualquiera que sea su denominación o naturaleza.
>
> 2. Se computará como rendimiento íntegro el importe que por todos los conceptos deba satisfacer el adquirente, cesionario, arrendatario o subarrendatario, incluido, en su caso, el correspondiente a todos aquellos bienes cedidos con el inmueble y excluido el Impuesto sobre el Valor Añadido o, en su caso, el Impuesto General Indirecto Canario».

Sin embargo, la calificación de las rentas obtenidas por el arrendamiento será la de rendimientos de actividades económicas cuando concurran los requisitos que especifica el artículo 27 de la LIRPF:

> «1. Se considerarán rendimientos íntegros de actividades económicas aquellos que, procediendo del trabajo personal y del capital conjuntamente, o de uno solo de estos factores, supongan por parte del contribuyente la ordenación por cuenta propia de medios de producción y de recursos humanos o de uno de ambos, con la finalidad de intervenir en la producción o distribución de bienes o servicios.
>
> En particular, tienen esta consideración los rendimientos de las actividades extractivas, de fabricación, comercio o prestación de servicios, incluidas las de artesanía, agrícolas, forestales, ganaderas, pesqueras, de construcción, mineras, y el ejercicio de profesiones liberales, artísticas y deportivas.
>
> (...)
>
> 2. A efectos de lo dispuesto en el apartado anterior, se entenderá que el arrendamiento de inmuebles se realiza como actividad económica, únicamente cuando para la ordenación de esta se utilice, al menos, una persona empleada con contrato laboral y a jornada completa».

Por tanto, **cuando la comunidad de bienes arriende bienes inmuebles, sin que dicha actividad pueda catalogarse como actividad económica (por no reunir los requisitos del artículo 27.2 de la LIRPF), los miembros de dicha comunidad tributarán por atribución de las rentas que le correspondan como rendimientos de capital inmobiliario. Si, por contra, se trata de una actividad económica, por cumplir con los requisitos del artículo 27.2 de la LIRPF, entonces los miembros de la comunidad de bienes tributarán por la atribución de rentas en su IRPF como rendimientos de actividad económica.**

En este punto, debemos tener presente que la Dirección General de Tributos considera que **no se cumple el requisito del artículo 27.2 de la LIRPF**

cuando la persona con la que se realice el contrato laboral a tiempo completo sea uno de los comuneros. En este sentido se pronuncia en la consulta vinculante (V2227-21), de 4 de agosto de 2021:

> «Por lo que se refiere al requisito de que el arrendador tenga, al menos, una persona empleada con contrato laboral y a jornada completa, éste sólo se entenderá cumplido si dicho contrato es calificado como laboral por la normativa laboral vigente, cuestión ajena al ámbito tributario, y es a jornada completa. No obstante, en cualquier caso dicho requisito implica que el arrendador -o los arrendadores copropietarios de los inmuebles, en caso de existencia de una comunidad de bienes- utilicen, al menos, una persona empleada con contrato laboral y a jornada completa en la gestión de la actividad, sin que pueda entenderse cumplido por las tareas de gestión realizadas por ellos mismos.
>
> Dicho requisito no se cumpliría en el caso consultado, ya que se manifiesta que no se va a contratar a un tercero para la gestión de la actividad de arrendamiento, por lo que en la actividad de arrendamiento realizada por la consultante no existiría esa infraestructura mínima requerida por el artículo 27.2 de la Ley del Impuesto para considerar que la actividad de arrendamiento se realiza como una actividad económica».

La **determinación de las rentas que se han de atribuir a cada uno de los propietarios** se realizará de conformidad con las reglas que especifica el artículo 89 de la LIRPF:

– **La renta atribuible se determinará conforme a las normas del IRPF y no serán aplicables las reducciones previstas en los artículos 23.2, 23.3, 26.2 y 32 de la LIRPF,** con las siguientes **especialidades:**

  • La renta atribuible se determinará con arreglo a la normativa del Impuesto sobre Sociedades cuando todos los miembros de la comunidad de bienes sean sujetos pasivos de dicho impuesto o contribuyentes por el Impuesto sobre la Renta de no Residentes con establecimiento permanente.

  • La determinación de la renta atribuible a los contribuyentes del Impuesto sobre la Renta de no Residentes sin establecimiento permanente se llevará a cabo según lo previsto en el capítulo IV del Real decreto legislativo 5/2004, de 5 de marzo, por el que se aprueba el texto refundido de la Ley del Impuesto sobre la Renta de no Residentes.

  • Para el cálculo de la renta atribuible a los miembros de la comunidad de bienes, que sean sujetos pasivos del Impuesto sobre Sociedades o contribuyentes por el Impuesto sobre la Renta de no Residentes con establecimiento permanente o sin establecimiento permanente que no sean personas físicas, procedente de ganancias patrimoniales derivadas de la transmisión de elementos no afectos al desarrollo de actividades económicas, no resultará de aplicación lo establecido en la disposición transitoria novena de la LIRPF (que regula el régimen transitorio aplicable a las ganancias patrimoniales derivadas de elementos patrimoniales adquiridos con anterioridad a 31 de diciembre de 1994).

- La parte de renta atribuible a los comuneros, contribuyentes por el IRPF o por el IS, que formen parte de una entidad en régimen de atribución de rentas constituida en el extranjero, se determinará de acuerdo con lo señalado en la regla anterior.

- Cuando la entidad en régimen de atribución de rentas obtenga rentas de fuente extranjera que procedan de un país con el que España no tenga suscrito un convenio para evitar la doble imposición con cláusula de intercambio de información, no se computarán las rentas negativas que excedan de las positivas obtenidas en el mismo país y procedan de la misma fuente. El exceso se computará en los cuatro años siguientes de acuerdo con lo señalado en esta regla.

Si las rentas tienen la consideración, a efectos del IRPF, de rendimientos del capital inmobiliario, se imputarán temporalmente en el período impositivo en el que sean exigibles a su perceptor de conformidad con el artículo 14.1.a) de la LIRPF. Si, por el contrario, tienen la consideración de rendimientos de actividades económicas, se imputarán conforme a lo dispuesto en la normativa del Impuesto sobre Sociedades, sin perjuicio de las especialidades que reglamentariamente puedan establecerse, tal y como dispone el artículo 14.1.b) de la LIRPF.

La atribución de rentas a cada partícipe que integra la comunidad de bienes se efectuará según las normas o pactos aplicables en cada caso y, si estos no constaran a la Administración tributaria en forma fehaciente, se atribuirán por partes iguales.

Las rentas que obtenga la comunidad de bienes estarán, en su caso, sujetas a retención o ingreso a cuenta del IRPF conforme a las normas de dicho impuesto, deduciéndose las retenciones que puedan efectuarse de la imposición personal de cada comunero en la misma proporción en que se le atribuyan los rendimientos. Así, el artículo 89.2 de la LIRPF dispone:

> «2. Estarán sujetas a retención o ingreso a cuenta, con arreglo a las normas de este Impuesto, las rentas que se satisfagan o abonen a las entidades en régimen de atribución de rentas, con independencia de que todos o alguno de sus miembros sea contribuyente por este Impuesto, sujeto pasivo del Impuesto sobre Sociedades o contribuyente por el Impuesto sobre la Renta de no Residentes. Dicha retención o ingreso a cuenta se deducirá en la imposición personal del socio, heredero, comunero o partícipe, en la misma proporción en que se atribuyan las rentas».

Por lo tanto, para determinar si existe o no obligación de retener o ingresar a cuenta, será necesario acudir al artículo 99 de la LIRPF y a su desarrollo reglamentario a través de los artículos 75 y 76 del RIRPF. En base a ellos, y a grandes rasgos, puede decirse que existirá tal obligación cuando las rentas procedan del arrendamiento o subarrendamiento de muebles o inmuebles urbanos y se abonen por arrendatarios obligados a practicar retención o ingreso a cuenta según el artículo 76.1 del RIRPF (como, por ejemplo, personas jurídicas, entidades en régimen de atribución de rentas o contribuyentes que lo hagan en el ejercicio de una actividad económica), siempre que no se trate de alguno de los supuestos excluidos por el artículo 75.3.g) del RIRPF.

Debemos señalar, además, que la consideración de las comunidades de bienes como entidades en régimen de atribución de rentas por cuyos rendimientos tributan los miembros que las integran supone para estas comunidades la obligación de presentar una declaración informativa, con el contenido reglamentariamente establecido, relativa a las rentas a atribuir a sus partícipes, sean o no residentes en territorio español, tal y como reconoce el artículo 90 de la LIRPF; no estando obligadas a ello las entidades que no ejerzan actividades económicas y cuyas rentas no excedan de 3.000 euros. Asimismo, deberán notificar a los propietarios que en ella se integren la renta total de la entidad y la renta atribuible a cada uno de ellos. Dichas obligaciones de información se encuentran desarrolladas en el artículo 70 del RIRPF, que especifica lo siguiente:

«1. Las entidades en régimen de atribución de rentas mediante las que se ejerza una actividad económica, o cuyas rentas excedan de 3.000 euros anuales, deberán presentar anualmente una declaración informativa en la que, además de sus datos identificativos y, en su caso, los de su representante, deberá constar la siguiente información:

a) Identificación, domicilio fiscal y número de identificación fiscal de sus socios, herederos, comuneros o partícipes, residentes o no en territorio español, incluyéndose las variaciones en la composición de la entidad a lo largo de cada período impositivo.

En el caso de que alguno de los miembros de la entidad no sea residente en territorio español, identificación de quien ostente la representación fiscal del mismo de acuerdo con lo establecido en el artículo 10 del texto refundido de la Ley del Impuesto sobre la Renta de no Residentes, aprobado por el Real Decreto Legislativo 5/2004, de 5 de marzo.

Tratándose de entidades en régimen de atribución de rentas constituidas en el extranjero, se deberá identificar, en los términos señalados en este artículo, a los miembros de la entidad contribuyentes por este Impuesto o sujetos pasivos del Impuesto sobre Sociedades, así como a los miembros de la entidad contribuyentes por el Impuesto sobre la Renta de no Residentes respecto de las rentas obtenidas por la entidad sujetas a dicho Impuesto.

b) Importe total de las rentas obtenidas por la entidad y de la renta atribuible a cada uno de sus miembros, especificándose, en su caso:

1.° Ingresos íntegros y gastos deducibles por cada fuente de renta.

2.° Importe de las rentas de fuente extranjera, señalando el país de procedencia, con indicación de los rendimientos íntegros y gastos.

3.° En el supuesto a que se refiere el apartado 5 del artículo 89 de la Ley del Impuesto, identificación de la institución de inversión colectiva cuyas acciones o participaciones se han adquirido o suscrito, fecha de adquisición o suscripción y valor de adquisición de las acciones o participaciones, así como identificación de la persona o entidad, residente o no residente, cesionaria de los capitales propios.

c) Bases de las deducciones.

d) Importe de las retenciones e ingresos a cuenta soportados por la entidad y los atribuibles a cada uno de sus miembros.

e) Importe neto de la cifra de negocios de acuerdo con el artículo 191 del texto refundido de la Ley de Sociedades Anónimas, aprobado por el Real Decreto Legislativo 1564/1989, de 22 de diciembre.

2. Las entidades en régimen de atribución de rentas deberán notificar por escrito a sus miembros la información a que se refieren los párrafos b), c) y d) del apartado anterior. La notificación deberá ponerse a disposición de los miembros de la entidad en el plazo de un mes desde la finalización del plazo de presentación de la declaración a que se refiere el apartado 1 anterior.

3. El Ministro de Economía y Hacienda establecerá el modelo, el plazo, el lugar y la forma de presentación de la declaración informativa a que se refiere este artículo».

Por lo tanto, la comunidad de bienes que obtenga rendimientos por el arrendamiento de inmuebles tendrá que determinar la renta total de la entidad y la atribuible a cada uno de los titulares que la conforman y que cumplimentar dos obligaciones:

– Presentar, cuando la comunidad de bienes obtenga rentas superiores a 3.000 euros anuales, la declaración informativa a que se refiere el primer apartado del artículo ahora reproducido, que se realiza por medio del modelo 184 «Declaración Informativa. Entidades en régimen de atribución de rentas. Declaración anual», aprobado por la Orden HAP/2250/2015, de 23 de octubre. Se trata de un modelo de presentación anual, entre el 1 de enero y del 31 de enero.

– Remitir por escrito a los distintos propietarios, dentro de un mes desde la finalización del plazo de presentación de la declaración anterior, un certificado en el que les informe de los rendimientos obtenidos por la comunidad de bienes, de los que se le hayan atribuido a cada uno, de las bases de las deducciones que puedan aplicarse y de las retenciones e ingresos a cuenta atribuibles a su favor.

RESOLUCIONES ADMINISTRATIVAS

Consulta vinculante de la Dirección General de Tributos (V2970-21), de 23 de noviembre de 2021

Asunto: tributación en IRPF de un propietario que arrienda inmuebles que le pertenecen a título individual y otros que le pertenecen *pro indiviso.*

«(...) la actividad individual desarrollada por cada consultante sobre los bienes de su propiedad constituirá una actividad empresarial cuando se cumplan los requisitos anteriores respecto de dicha actividad.

Por su parte, las actividades de arrendamiento desarrolladas por las comunidades de bienes en los que los consultantes sean comuneros, a su vez sólo se calificarán de actividades económicas cuando concurran las circunstancias del referido artículo 27.2 de la Ley del Impuesto sobre la Renta de las Personas Físicas en cada una de dichas comunidades.

En definitiva, no existe posibilidad de afectar a su actividad individual de arrendamiento los bienes que posee en régimen de copropiedad y viceversa. Estos últimos bienes generarán o no rendimientos de actividad empresarial sólo si la comunidad de bienes integrada por sus copropietarios cumple los requisitos del artículo 27.2 de la Ley del Impuesto sobre la Renta de las Personas Físicas.

De acuerdo con lo manifestado por los consultantes, el empleado contratado se dedicaría a la gestión de los arrendamientos correspondientes a todos los inmuebles, tanto los correspondientes a las comunidades de bienes existentes, como los que pertenecen de forma individual a los consultantes, por lo que no se cumpliría el requisito de dedicación exclusiva, y por tanto, las actividades de arrendamiento correspondientes a la comunidad de bienes y a los inmuebles de titularidad individual no tendrían la naturaleza de actividades económicas.

Por lo que respecta a la individualización de los rendimientos obtenidos por el arrendamiento de los inmuebles, el artículo 11.3 de la LIRPF, establece:

"3. Los rendimientos del capital se atribuirán a los contribuyentes que sean titulares de los elementos patrimoniales, bienes o derechos, de que provengan dichos rendimientos según las normas sobre titularidad jurídica aplicables en cada caso y en función de las pruebas aportadas por aquéllos o de las descubiertas por la Administración.

En su caso, serán de aplicación las normas sobre titularidad jurídica de los bienes y derechos contenidas en las disposiciones reguladoras del régimen económico del matrimonio, así como en los preceptos de la legislación civil aplicables en cada caso a las relaciones patrimoniales entre los miembros de la familia.

La titularidad de los bienes y derechos que conforme a las disposiciones o pactos reguladores del correspondiente régimen económico matrimonial, sean comunes a ambos cónyuges, se atribuirá por mitad a cada uno de ellos, salvo que se justifique otra cuota de participación."

Cuando no resulte debidamente acreditada la titularidad de los bienes o derechos, la Administración tributaria tendrá derecho a considerar como titular a quien figure como tal en un registro fiscal u otros de carácter público."

De acuerdo con dicho artículo y el citado artículo 8 de LIRPF, los consultantes se atribuirán en su totalidad los rendimientos derivados de los inmuebles que sean de su exclusiva titularidad, atribuyéndose los rendimientos obtenidos por las distintas comunidades de bienes de las que sean miembros en función de su porcentaje de participación».

Consulta vinculante de la Dirección General de Tributos (V2923-21), de 19 de noviembre de 2021

Asunto: ingresos a cuenta del IRPF de los miembros de una comunidad de bienes que realiza actividad económica de arrendamiento.

«A su vez el artículo 112 del Reglamento del Impuesto sobre la Renta de las Personas Físicas, aprobado por el Real Decreto 439/2007, de 30 de marzo (BOE de 31 de marzo), regula el pago fraccionado de las entidades en régimen de atribución de rentas, y dispone que:

"El pago fraccionado correspondiente a los rendimientos de actividades económicas obtenidos por entidades en régimen de atribución de rentas se efectuará por cada uno de los socios, comuneros o partícipes, en proporción a su participación en el beneficio de la entidad.".

Dado que la comunidad de bienes realiza una actividad económica, los comuneros deberán efectuar el pago fraccionado por el Impuesto sobre la Renta de las Personas Físicas, y cumplimentar el modelo 130, de pago fraccionado de empresarios y profesionales en estimación directa, aprobado por la Orden EHA/672/2007, de 19 de marzo, por la que se aprueban los modelos 130 y 131 para la autoliquidación de los pagos fraccionados a cuenta del Impuesto sobre la Renta de las Personas Físicas correspondientes, respectivamente, a actividades económicas en estimación directa y a actividades económicas en estimación objetiva, el modelo 310 de declaración ordinaria para la autoliquidación del régimen simplificado del Impuesto sobre el Valor Añadido, se determinan el lugar y forma de presentación de los mismos y se modifica en materia de domiciliación bancaria la Orden EHA/3398/2006, de 26 de octubre (BOE de 22 de marzo)».

1.4. Incentivos fiscales al arrendamiento de inmuebles (Ley de la Vivienda)

La Ley 12/2023, de 24 de mayo, por el derecho a la vivienda, tiene entre sus objetivos los siguientes:

- Establecer una regulación básica de los derechos y deberes de los ciudadanos en relación con la vivienda, así como de los asociados a la propiedad de vivienda, aplicable a todo el territorio nacional.

- Facilitar el acceso a una vivienda digna y adecuada a las personas que tienen dificultades para acceder a una vivienda en condiciones de mercado, prestando especial atención a jóvenes y colectivos vulnerables y favoreciendo la existencia de una oferta a precios asequibles y adaptada a las realidades de los ámbitos urbanos y rurales.

- Dotar de instrumentos efectivos para asegurar la funcionalidad, la seguridad, la accesibilidad universal y la habitabilidad de las viviendas, garantizando así la dignidad y la salud de las personas que las habitan.

- Definir los aspectos fundamentales de la planificación y programación estatales en materia de vivienda, con objeto de favorecer el ejercicio del derecho constitucional en todo el territorio.

- Regular el régimen jurídico básico de los parques públicos de vivienda, asegurando su desarrollo, protección y eficiencia para atender a aquellos sectores de la población con mayores dificultades de acceso.

- Favorecer el desarrollo de tipologías de vivienda adecuadas a las diferentes formas de convivencia y de habitación, favoreciendo la adaptación a las dinámicas y actuales exigencias de los hogares.

- Mejorar la protección en las operaciones de compra y arrendamiento de vivienda, introduciendo unos mínimos de información necesaria para dar seguridad y garantías en el proceso.

Dentro de estos objetivos, la nueva Ley 12/2023, de 24 de mayo, por el derecho a la vivienda, modifica, además de otras normas, la Ley 35/2006, de 28 de noviembre, del Impuesto sobre la Renta de las Personas Físicas y de modificación parcial de las leyes de los Impuestos sobre Sociedades, sobre la Renta de no Residentes y sobre el Patrimonio para establecer una mejora de la regulación del IRPF para estimular el alquiler de vivienda habitual a precios asequibles.

De igual forma, la Ley 12/2023, de 24 de mayo, modifica el Real Decreto Legislativo 2/2004, de 5 de marzo, por el que se aprueba el texto refundido de la Ley Reguladora de las Haciendas Locales, modulando el recargo a los inmuebles de uso residencial desocupados con carácter permanente en el Impuesto sobre Bienes Inmuebles.

> **A TENER EN CUENTA.** El Pleno del Tribunal Constitucional ha admitido a trámite los recursos de inconstitucionalidad contra diversos preceptos, entre ellos el artículo 18 relativo a la declaración de zonas de mercado residencial tensionado, de la Ley 12/2023, de 24 de mayo, por el derecho a la vivienda.

1.4.1. Incentivos fiscales en el ámbito del IRPF

Como señalábamos, la Ley 12/2023, de 24 de mayo, por el derecho a la vivienda ha modificado la deducción que se pueden practicar los propietarios de los inmuebles que dediquen los mismos al arrendamiento de vivienda.

Respecto del arrendamiento de vivienda, el artículo 2 de la Ley 29/1994, de 24 de noviembre, de Arrendamientos Urbanos, establece:

> «1. Se considera arrendamiento de vivienda aquel arrendamiento que recae sobre una edificación habitable cuyo destino primordial sea satisfacer la necesidad permanente de vivienda del arrendatario.
> 2. Las normas reguladoras del arrendamiento de vivienda se aplicarán también al mobiliario, los trasteros, las plazas de garaje y cualesquiera otras dependencias, espacios arrendados o servicios cedidos como accesorios de la finca por el mismo arrendador».

Así, no serán objeto de esta reducción aquellos arrendamientos de temporada, como podrían ser los del curso escolar o estivales.

En cuanto a los contratos celebrados **a partir de la entrada en vigor de la nueva norma**, los arrendadores podrán deducirse de sus rendimientos positivos de capital inmobiliario, una vez realizada la oportuna deducción de gastos y aplicada la amortización, los siguientes porcentajes:

> **A TENER EN CUENTA.** La disposición final segunda de la Ley 12/2023, de 24 de mayo, modifica el artículo 23.2 de la LIRPF «con efectos para los contratos de arrendamiento de vivienda celebrados a partir de la entrada en vigor de esta ley». A tal respecto, la disposición final novena de la norma precisa que «la presente ley entrará en vigor el día siguiente al de su publicación en el "Boletín Oficial del Estado", excepto la disposición final segunda, que entrará en vigor el 1 de enero del año siguiente al de su publicación en el "Boletín Oficial del Estado"». En esa medida, según la literalidad de ambos preceptos, parece que los incentivos fiscales introducidos por la disposición final segunda de la norma resultarán de aplicación a los contratos de arrendamiento celebrados a partir del 26 de mayo de 2023 (fecha de entrada en vigor general de la Ley de Vivienda) y que dicha disposición final segunda entrará en vigor el 1 de enero de 2024. Sin embargo, la posición acogida por la Agencia tributaria, tanto a través de la nota

emitida en mayo de 2023 con respecto a las «Principales novedades tributarias introducidas por la Ley 12/2023, de 24 de mayo, por el derecho a la vivienda» como por medio de la respuesta facilitada en el Informa n.º 146539 (reducción arrendamiento vivienda desde 1.1.2024), consideraría aplicables las nuevas reducciones a los contratos celebrados a partir del 1 de enero de 2024.

– **Reducción del 90 %:** cuando se hubiera formalizado por el mismo arrendador un **nuevo contrato de arrendamiento sobre una vivienda situada en una zona de mercado residencial tensionado,** en el que la **renta inicial se hubiera rebajado en más de un 5 %** en relación con la última renta del anterior contrato de arrendamiento de la misma vivienda, una vez aplicada, en su caso, la cláusula de actualización anual del contrato anterior.

– **Reducción del 70 %:** cuando no se cumpla lo anterior y concurra **alguna** de las siguientes circunstancias:

  • El contribuyente hubiera **alquilado por primera vez la vivienda,** siempre que esta se encuentre situada en una zona de mercado residencial tensionado y el **arrendatario tenga una edad comprendida entre 18 y 35 años.** Existiendo varios arrendatarios de una misma vivienda, la reducción se aplicará sobre la parte del rendimiento neto que proporcionalmente corresponda a los arrendatarios que cumplan los requisitos previstos en este punto.

  • Cuando el **arrendatario sea una Administración pública o entidad sin fines lucrativos** a las que sea de aplicación el régimen especial regulado en el título II de la Ley 49/2002, de 23 de diciembre, de régimen fiscal de las entidades sin fines lucrativos y de los incentivos fiscales al mecenazgo, que **destine la vivienda al alquiler social con una renta mensual inferior a la establecida en el programa de ayudas al alquiler del plan estatal de vivienda, o al alojamiento de personas en situación de vulnerabilidad económica** a que se refiere la Ley 19/2021, de 20 de diciembre, por la que se establece el ingreso mínimo vital, o cuando la vivienda esté acogida a algún programa público de vivienda o calificación en virtud del cual la Administración competente establezca una limitación en la renta del alquiler.

– **Reducción del 60 %:** no cumpliendo los requisitos anteriores, la **vivienda** hubiera sido **objeto de una actuación de rehabilitación** en los términos previstos en el apartado 1 del artículo 41 del RIRPF, que hubiera finalizado en los dos años anteriores a la fecha de la celebración del contrato de arrendamiento.

– **Reducción del 50 %:** para cualquier **otro caso.**

CUESTIONES

¿Cuándo deberán cumplirse los requisitos previstos?

En el momento de celebrar el contrato de arrendamiento. La reducción será aplicable mientras se cumplan aquellos.

¿Cuál será el ámbito de aplicación de las reducciones?

Serán aplicables solamente a los rendimientos netos positivos que hayan sido calculados por el contribuyente en una autoliquidación presentada antes del inicio de un procedimiento de verificación de datos, de comprobación limitada o de inspección que incluya en su objeto la comprobación de tales rendimientos.

Se excluye, en todo caso, la aplicación de las reducciones a la parte de los rendimientos netos positivos derivada de ingresos no incluidos o de gastos indebidamente deducidos en la autoliquidación del contribuyente y que se regularicen en alguno de los procedimientos citados en el párrafo anterior, incluso cuando esas circunstancias hayan sido declaradas o aceptadas por el contribuyente durante la tramitación del procedimiento.

De igual forma, tampoco se aplicarán las reducciones en relación con aquellos contratos de arrendamiento que incumplan lo previsto en el artículo 17.6 de la LAU. Es decir, no se aplicará las reducciones en los contratos sujetos a la Ley 12/2003, de 24 de mayo, cuando el inmueble se ubique en zona de mercado tensionado y la renta pactada al inicio del nuevo contrato exceda de la última renta vigente en los cinco últimos años en la misma vivienda (actualizado por la cláusula de actualización anual), o cuando se repercutan al arrendatario cuotas o gastos que en el anterior contrato estaban incluidas en la renta, o cuando el incremento de la renta supere el 10 % de la renta vigente en los últimos cinco años en el caso de las excepciones previstas en el artículo 17.6 de la LAU.

CUESTIÓN

¿Cuándo podrá incrementarse, más allá de lo que proceda de la aplicación de la cláusula de actualización anual de la renta del contrato anterior, en un máximo del 10 % sobre la última renta de contrato de arrendamiento de vivienda habitual que hubiese estado vigente en los últimos cinco años en la misma vivienda?

De conformidad con el artículo 17.6 de la LAU, cuando se acredite alguno de los siguientes supuestos:

a) Cuando la vivienda hubiera sido objeto de una actuación de rehabilitación en los términos previstos en el apartado 1 del artículo 41 del RIRPF, que hubiera finalizado en los dos años anteriores a la fecha de la celebración del nuevo contrato de arrendamiento.

b) Cuando en los dos años anteriores a la fecha de la celebración del nuevo contrato de arrendamiento se hubieran finalizado actuaciones de rehabilitación o mejora de la vivienda en la que se haya acreditado un ahorro de energía primaria no renovable del 30 %, a través de sendos certificados de eficiencia energética de la vivienda, uno posterior a la actuación y otro anterior que se hubiese registrado como máximo dos años antes de la fecha de la referida actuación.

c) Cuando en los dos años anteriores a la fecha de la celebración del nuevo contrato de arrendamiento se hubieran finalizado actuaciones de mejora de la accesibilidad, debidamente acreditadas.

d) Cuando el contrato de arrendamiento se firme por un período de 10 o más años, o bien, se establezca un derecho de prórroga al que pueda acogerse voluntariamente el arrendatario, que le permita de manera potestativa prorrogar el contrato en los mismos términos y condiciones durante un período de 10 o más años.

Mercado tensionado será aquel en el que concurra la existencia de un especial riesgo de abastecimiento insuficiente de vivienda para la población residente, incluyendo las dinámicas de formación de nuevos hogares, en condiciones que la hagan asequible, por producirse una de las circunstancias siguientes:

– Que la carga media del coste de la hipoteca o del alquiler en el presupuesto personal o de la unidad de convivencia, más los gastos y suministros básicos, supere el 30 % de los ingresos medios o de la renta media de los hogares.

– Que el precio de compra o alquiler de la vivienda haya experimentado en los cinco años anteriores a la declaración como área de mercado de vivienda tensionado, un porcentaje de crecimiento acumulado al menos tres puntos porcentuales superior al porcentaje de crecimiento acumulado del índice de precios de consumo de la comunidad autónoma correspondiente.

Cuando se acrediten las anteriores circunstancias a través de datos objetivos y fundamentada en la existencia de un especial riesgo de abastecimiento insuficiente de vivienda para la población residente, las Administraciones competentes en materia de vivienda podrán declarar, de acuerdo con los criterios y procedimientos establecidos en su normativa reguladora y en el ámbito de sus respectivas competencias, zonas de mercado residencial tensionado.

A TENER EN CUENTA. Para la aplicación de estas medidas, con carácter trimestral el Ministerio de Transportes, Movilidad y Agenda Urbana aprobará una resolución que recoja la relación de zonas de mercado residencial tensionado que hayan sido declaradas en virtud del procedimiento establecido en el artículo 18 de la Ley 12/2023, de 24 de mayo, por el derecho a la vivienda.

1.4.2. Incentivos fiscales en el ámbito de otros tributos: recargo en el IBI a los inmuebles desocupados con carácter permanente

La Ley 12/2023, de 24 de mayo, por el derecho a la vivienda, modifica el Real Decreto Legislativo 2/2004, de 5 de marzo, por el que se aprueba el texto refundido de la Ley Reguladora de las Haciendas Locales (TRLRHL), concretamente el artículo 72.4 en relación con el recargo por inmuebles urbanos de uso residencial desocupados con carácter permanente.

El artículo 72 del TRLRHL, prevé que el tipo de gravamen mínimo y supletorio en el Impuesto sobre Bienes Inmuebles (IBI) será el 0,4 % cuando se trate de bienes inmuebles urbanos y el 0,3 % cuando se trate de bienes inmuebles rústicos, y el máximo que podrán fijar las haciendas locales será el 1,10 % para los urbanos y 0,90 % para los rústicos. De igual forma, establece que el tipo de gravamen aplicable a los bienes inmuebles de características especiales, que tendrá carácter supletorio, será del 0,6 %. No obstante, los ayuntamientos podrán establecer para cada grupo de bienes inmuebles de características especiales existentes en el municipio, un tipo diferenciado entre el 0,4 % y el 1,3 %.

Además, los ayuntamientos respectivos podrán incrementar los tipos fijados en el apartado 1 con los puntos porcentuales que para cada caso se indican, cuando concurra alguna de las circunstancias siguientes. En el supuesto de que sean varias, se podrá optar por hacer uso del incremento previsto para una sola, algunas o todas ellas:

Puntos porcentuales	Bienes urbanos	Bienes rústicos
A) Municipios que sean capital de provincia o comunidad autónoma	0,07	0,06
B) Municipios en los que se preste servicio de transporte público colectivo de superficie	0,07	0,05
C) Municipios cuyos ayuntamientos presten más servicios de aquellos a los que están obligados según lo dispuesto en el artículo 26 de la Ley 7/1985, de 2 de abril	0,06	0,06
D) Municipios en los que los terrenos de naturaleza rústica representan más del 80 por ciento de la superficie total del término	0,00	0,15

Dentro de los límites de los tipos de gravamen que resulten aplicables, los ayuntamientos podrán establecer, **para los bienes inmuebles urbanos, excluidos los de uso residencial, tipos diferenciados** atendiendo a los usos establecidos en la normativa catastral para la valoración de las construcciones.

En el caso de inmuebles de uso residencial que se encuentren desocupados con carácter permanente, los ayuntamientos podrán exigir un recargo del 50 % de la cuota líquida del IBI.

A estos efectos, se entiende por **inmueble desocupado con carácter permanente** aquel que permanezca desocupado, de forma continuada y sin causa justificada, por un plazo superior a dos años, conforme a los requisitos, medios de prueba y procedimiento que establezca la ordenanza fiscal, y pertenezcan a titulares de cuatro o más inmuebles de uso residencial.

El recargo podrá ser de hasta el 100 % de la cuota líquida del IBI cuando el período de **desocupación sea superior a tres años,** pudiendo modularse en función del periodo de tiempo de desocupación.

Además, los ayuntamientos podrán incrementar el porcentaje de recargo que corresponda en hasta 50 puntos porcentuales adicionales en caso de inmuebles pertenecientes a titulares de dos o más inmuebles de uso residencial que se encuentren desocupados en el mismo término municipal.

No obstante, se consideran causas justificadas de desocupación y, por tanto, no se aplicarán los citados recargos, los siguientes supuestos:

- El traslado temporal por razones laborales o de formación.
- El cambio de domicilio por situación de dependencia o razones de salud o emergencia social.
- Inmuebles destinados a usos de vivienda de segunda residencia con un máximo de cuatro años de desocupación continuada.

- Inmuebles sujetos a actuaciones de obra o rehabilitación, u otras circunstancias que imposibiliten su ocupación efectiva.

- Que la vivienda esté siendo objeto de un litigio o causa pendiente de resolución judicial o administrativa que impida el uso y disposición de la misma.

- Que se trate de inmuebles cuyos titulares, en condiciones de mercado, ofrezcan en venta, con un máximo de un año en esta situación, o en alquiler, con un máximo de seis meses en esta situación.

- En el caso de inmuebles de titularidad de alguna Administración pública, se considerará también como causa justificada ser objeto el inmueble de un procedimiento de venta o de puesta en explotación mediante arrendamiento

El recargo se devengará el 31 de diciembre y se liquidará anualmente por los ayuntamientos, una vez constatada la desocupación del inmueble en tal fecha, juntamente con el acto administrativo por el que esta se declare.

A TENER EN CUENTA. La declaración municipal como inmueble desocupado con carácter permanente exigirá la previa audiencia del sujeto pasivo y la acreditación por el Ayuntamiento de los indicios de desocupación, a regular en dicha ordenanza, dentro de los cuales podrán figurar los relativos a los datos del padrón municipal, así como los consumos de servicios de suministro.

CUESTIONES

1. ¿Qué sucede cuando los inmuebles tienen atribuidos varios usos?

En este caso se aplicará el tipo correspondiente al uso de la edificación o dependencia principal.

2. ¿Cuál es el límite máximo de aplicación de los referidos tipos?

Pues que solo podrán aplicarse al 10 % de los bienes inmuebles urbanos del término municipal que, para cada uso, tenga mayor valor catastral, a cuyo efecto la ordenanza fiscal del impuesto señalará el correspondiente umbral de valor para todos o cada uno de los usos, a partir del cual serán de aplicación los tipos incrementados.

2.
EL ARRENDAMIENTO DE INMUEBLES EN EL ÁMBITO DEL IS

Sin duda, son muchas las sociedades mercantiles o entidades contribuyentes por el Impuesto sobre Sociedades que se dedican, en todo o en parte, al alquiler de inmuebles. Ahora bien, y al igual que sucedía en los supuestos del arrendador persona física, ello **no siempre supondrá el ejercicio de una actividad económica**.

Y es que, no en vano, conforme al artículo 5.1 de la Ley 27/2014, de 27 de noviembre, del Impuesto sobre Sociedades (en adelante, LIS), en general, se entenderá por actividad económica la ordenación por cuenta propia de los medios de producción y de recursos humanos o de uno de ambos con la finalidad de intervenir en la producción o distribución de bienes o servicios. Sin embargo, para los simples supuestos de arrendamiento de inmuebles, el precepto contiene una previsión específica, análoga a la que en el ámbito del IRPF recoge el artículo 27.2 de la LIRPF: «**en el caso de arrendamiento de inmuebles, se entenderá que existe actividad económica, únicamente cuando para su ordenación se utilice, al menos, una persona empleada con contrato laboral y jornada completa**». De ahí que en este ámbito sean frecuentes las controversias entre Administración tributaria y contribuyente a la hora de determinar si, en un determinado supuesto de hecho, el arrendamiento de inmuebles constituye o no una auténtica actividad económica.

Por otra parte, ligado a la tenencia o arrendamiento de inmuebles por parte de sociedades, se encuentra el concepto de **entidad o sociedad «patrimonial»**, que hace referencia a aquellas entidades que no realizan una auténtica actividad económica, sino que su objeto es la **mera tenencia o gestión de bienes** (tanto inmuebles, como serían aquellos a los que ahora nos referimos; como muebles, por ejemplo, si se trata de valores). Con ellas, generalmente, se persigue la separación del patrimonio personal del empresarial y la obtención de determinadas ventajas fiscales.

2.1. Las sociedades patrimoniales

Las sociedades patrimoniales, entendidas como aquellas cuyo objeto es la tenencia o gestión de un determinado patrimonio mobiliario o inmobiliario, cuentan con un **particular tratamiento a efectos fiscales**, como luego se verá.

En esa medida, uno de los motivos más habituales que dan lugar a su constitución es la **búsqueda del ahorro fiscal**, habida cuenta de que, por ejemplo, los tipos impositivos son inferiores en el IS que en el IRPF o de que la sociedad patrimonial no tributará en el IS por los inmuebles improductivos (mientras que la persona física sí que ha de hacerlo en el IRPF, excluida la vivienda habitual). Con todo, conviene tener presente que esta figura **no solo conlleva beneficios, sino que también presenta inconvenientes e incluso puede, en determinados casos, suponer una tributación menos ventajosa.**

Otra de las razones que normalmente dan lugar al nacimiento de sociedades patrimoniales sería la **voluntad de separar el patrimonio personal y el empresarial** y, muy especialmente, la de **proteger el patrimonio familiar o facilitar su transmisión.** Por ello, es frecuente su proliferación en el ámbito de la empresa familiar. Por ejemplo, varios hermanos pueden articular por esta vía el alquiler de una serie de inmuebles comunes o una empresa familiar puede separar el patrimonio dedicado al arrendamiento del resto de su patrimonio empresarial, protegiéndolo frente a embargos que, en su caso, pudieran acordarse.

Ahora bien, como contrapartida de todo ello (y al margen de otros inconvenientes que la figura supone, a los que luego se hará referencia), las sociedades patrimoniales suelen estar en el punto de mira de la Administración tributaria, que extrema los controles para evitar que se utilicen con el fin de eludir el pago de impuestos.

Pasemos ahora a ver en qué consiste una sociedad patrimonial y cuáles son sus principales implicaciones, tanto en el ámbito del IS, como en el del ISD y el IP.

CUESTIÓN

¿La creación de una sociedad patrimonial exige requisitos específicos de constitución?

Más allá de los efectos que, en el ámbito del IS, conlleve la consideración como sociedad patrimonial, en principio, tal circunstancia no tendría efectos sobre la legislación mercantil. Por lo tanto, la sociedad tendrá que crearse con cumplimiento de los requisitos de constitución que, en cada caso, sean necesarios en función del tipo social elegido (sociedad anónima, sociedad limitada, etc.).

2.1.1. Concepto y controversia

¿Qué se considera sociedad patrimonial a los efectos del Impuesto sobre Sociedades?

El concepto de «entidad patrimonial» fue incorporado como **novedad en la Ley del Impuesto sobre Sociedades de 2014**, tal y como justificaba el apartado III de su preámbulo:

> «En la regulación del hecho imponible, se incorpora el concepto de actividad económica, que no presenta diferencias relevantes respecto al

concepto tradicionalmente utilizado en el Impuesto sobre la Renta de las Personas Físicas. Sin embargo, resulta esencial que un Impuesto cuya finalidad primordial es gravar las rentas obtenidas en la realización de actividades económicas, y siendo este el Impuesto que grava por excelencia las rentas de este tipo de actividades, contenga una definición al respecto, adaptada a la propia naturaleza de las personas jurídicas. Asimismo, se introduce el concepto de entidad patrimonial, que toma como punto de partida a las sociedades cuya actividad principal consiste en la gestión de un patrimonio mobiliario o inmobiliario, si bien se acomoda a las necesidades específicas de este Impuesto».

Así las cosas, y a los efectos del Impuesto sobre Sociedades, el artículo 5.2 de la LIS establece expresamente que «se entenderá por entidad patrimonial y que, por tanto, **no realiza una actividad económica, aquella en la que más de la mitad de su activo esté constituido por valores o no esté afecto**, en los términos del apartado anterior, **a una actividad económica**».

El valor del activo, de los valores y de los elementos patrimoniales no afectos a una actividad económica será el que se deduzca de la media de los balances trimestrales del ejercicio de la entidad o, en caso de que sea dominante de un grupo según los criterios establecidos en el artículo 42 del Código de Comercio, con independencia de la residencia y de la obligación de formular cuentas anuales consolidadas, de los balances consolidados. A estos efectos, no se computarán, en su caso, el dinero o derechos de crédito procedentes de la transmisión de elementos patrimoniales afectos a actividades económicas o valores a los que se refiere el párrafo siguiente, que se haya realizado en el período impositivo o en los dos períodos impositivos anteriores.

Además, no se computarán como valores:

- Los poseídos para dar cumplimiento a obligaciones legales y reglamentarias.
- Los que incorporen derechos de crédito nacidos de relaciones contractuales establecidas como consecuencia del desarrollo de actividades económicas.
- Los poseídos por sociedades de valores como consecuencia del ejercicio de la actividad constitutiva de su objeto.
- Los que otorguen, al menos, el 5 % del capital de una entidad y se posean durante un plazo mínimo de un año, con la finalidad de dirigir y gestionar la participación, siempre que se disponga de la correspondiente organización de medios materiales y personales, y la entidad participada no sea patrimonial. Esta condición se determinará teniendo en cuenta a todas las sociedades que formen parte de un grupo de sociedades según los criterios establecidos en el artículo 42 del Código de Comercio, con independencia de la residencia y de la obligación de formular cuentas anuales consolidadas.

En resumen, puede decirse que una entidad patrimonial será aquella **en la que más de la mitad de su activo esté constituido por valores o no esté** afecto a una actividad económica, atendiendo a la media de los balances trimestrales del ejercicio de la entidad.

¿Y qué se entiende por actividad económica a estos efectos? El concepto lo ofrece el artículo 5.1 de la LIS, a cuyo tenor:

> «1. Se entenderá por actividad económica la ordenación por cuenta propia de los medios de producción y de recursos humanos o de uno de ambos con la finalidad de intervenir en la producción o distribución de bienes o servicios.
>
> En el caso de arrendamiento de inmuebles, se entenderá que existe actividad económica, únicamente cuando para su ordenación se utilice, al menos, una persona empleada con contrato laboral y jornada completa.
>
> En el supuesto de entidades que formen parte del mismo grupo de sociedades según los criterios establecidos en el artículo 42 del Código de Comercio, con independencia de la residencia y de la obligación de formular cuentas anuales consolidadas, el concepto de actividad económica se determinará teniendo en cuenta a todas las que formen parte del mismo».

CUESTIÓN

¿De qué tipos puede ser una sociedad patrimonial según su objeto?

En general, puede decirse que los tipos más habituales de sociedad patrimonial serán los siguientes:

- De tenencia de valores mobiliarios (como acciones o participaciones sociales).

- De tenencia de inmuebles, cuando dispone de un patrimonio inmobiliario, pero no lo explota.

- De arrendamiento de inmuebles, en el caso de que se dedique al alquiler de inmuebles que no constituya actividad económica.

Supuesto de las sociedades dedicadas al arrendamiento de inmuebles y su posible consideración como patrimoniales

Entendidas las sociedades patrimoniales en los términos expuestos en el epígrafe anterior, si se dedican al arrendamiento de inmuebles y tienen su patrimonio afecto a dicha actividad, la pregunta resulta obvia: ¿tendrán la consideración de entidades patrimoniales a los efectos del IS?

Pues bien, considerando el artículo 5.2 de la LIS, en aquellos supuestos en los que la sociedad se dedique al arrendamiento de inmuebles, para que la misma tenga la **condición de patrimonial** será necesario que más de la mitad de su patrimonio no se encuentre afecto a una actividad económica. Por lo que, **si la sociedad tiene afecto su patrimonio al arrendamiento, será necesario que dicho arrendamiento no se lleve a cabo como actividad económica**. O, lo que es lo mismo, que **no se cuente con ningún empleado con contrato laboral y jornada completa** para su ordenación (según exige el artículo 5.1 de la LIS).

Por lo tanto, parece que en el ámbito del Impuesto sobre Sociedades se adopta un concepto de arrendamiento de inmuebles como actividad económica que apenas presenta diferentes con respecto al que contiene la LIRPF, más allá de la adaptación específica al funcionamiento societario a través de la posibilidad de que el requisito del empleado pueda cumplirse a nivel de grupo. Es decir, bastaría con que se cumpla ese requisito dentro del grupo de sociedades, sin necesidad de que cada una de las empresas que lo integran tengan que contratar a su propio empleado.

Ahora bien, lo cierto es que **la doctrina administrativa y la jurisprudencia han señalado en algunas ocasiones que la existencia de un empleado en los términos indicados sería un requisito necesario para que el arrendamiento se considere como actividad económica a efectos del IS, pero no suficiente.** Se exigiría, además, la **acreditación de que existe una carga de trabajo bastante, que justifique su contratación.** En tal sentido se pronuncia, por ejemplo, la sentencia del Tribunal Supremo n.º 2566/2016, de 7 de diciembre de 2016, ECLI:ES:TS:2016:5566; o la **resolución del Tribunal Económico-Administrativo Central n.º 4909/2009, de 28 de mayo de 2013,** que fijó como criterio que «cuando sí es de aplicación la regla (arrendamiento o compraventa con Leyes 18/1991 y 40/1998, o sólo arrendamiento con la ley 35/2006 (art. 27.2) **el local y empleado son requisitos necesarios ("únicamente...")** para que haya actividad económica, aunque no suficientes si **se acreditase que la carga de trabajo que genera la actividad no justifica tener empleado y local y que, por tanto, se tengan para aparentar que hay actividad económica».**

Por otra parte, también conviene tener en cuenta que, **en el ámbito societario, la Dirección General de Tributos ha realizado una interpretación más flexible del requisito de contratación de un empleado con relación laboral y a tiempo completo para la ordenación de la actividad.** Así, ha admitido la existencia de actividad económica conforme al artículo 5.1 de la LIS aún en el caso de que la entidad haya subcontratado la gestión inmobiliaria a empresas especializadas ajenas al grupo por razones de eficiencia o económicas, siempre que la sociedad cuente con un patrimonio inmobiliario relevante cuya ordenación requeriría una persona contratada como mínimo. Son circunstancias que tendrán que valorarse caso por caso, tal y como se hizo, por ejemplo, en sus consultas vinculantes (V3379-15), de 3 de noviembre de 2015; (V2508-18), de 18 de septiembre de 2018 o (V0063-17), de 17 de enero de 2017.

RESOLUCIÓN RELEVANTE

Sentencia de la Audiencia Nacional en recurso n.º 908/2017, de 11 de marzo de 2021, ECLI:ES:AN:2021:1495

Asunto: elementos a considerar para entender que una sociedad arrienda inmuebles como actividad económica.

«2.- En relación con la actividad de arrendamiento, consta que, en efecto, la recurrente no tenía contratado personal al efecto y así se reconoce en la p. 17 del acta. No cumplía, por lo tanto, con los requisitos para que operase la presunción del art 25 LIRPF.

Ahora bien, se añade por el TEAR y tiene razón que, en el presente caso, ni tan siquiera se prueba o acredita la existencia de una organización mínima de medios materiales y personales que tuviesen por objeto el arrendamiento, pues lo que se alquila es " un único inmueble con una carga de trabajo mínima".

En efecto, en la p. 15 del acta consta contrato de cesión de uso de terreno y las correspondientes facturas, pero de la existencia de este contrato no puede inferirse la existencia de una "organización" destinada al arrendamiento de inmuebles. La determinación de cuando el arriendo de un inmueble implica el desempeño de una actividad económica, no siempre es fácil, precisamente por ello el legislador exige pruebas adicionales para llegar a tal conclusión, bien la existencia de un trabajador y una oficina afectas a dicha actividad o bien la existencia de una persona contratada a tiempo completo - art 5 LIS-. En el caso de autos, no sólo no existen los elementos exigidos por la norma, sino que, además, no se acredita la existencia de una " carga de trabajo mínima que suponga la ordenación por cuenta propia de medios y humanos con la finalidad de intervenir en la producción de bienes y servicios". En suma, con la prueba aportada no puede sostener que 5000 SA tuviese una organización de personas y bienes destinada al mercado de arrendamiento, por lo que difícilmente podría transmitir una rama de actividad con este objeto».

RESOLUCIÓN ADMINISTRATIVA

Consulta vinculante de la Dirección General de Tributos (V1928-18), de 29 de junio de 2018

Asunto: posibilidad de considerar una entidad dedicada al arrendamiento de inmuebles como patrimonial de acuerdo con el artículo 5 de la LIS.

«Dado que, según se manifiesta, la entidad consultante no tiene ninguna persona empleada con contrato laboral y a jornada completa, la actividad de arrendamiento de inmuebles que realiza no tendrá, en base a la información facilitada, la consideración de actividad económica a los efectos del artículo 5 de la LIS. En consecuencia, los inmuebles arrendados se considerarán no afectos a una actividad económica a efectos de determinar si la entidad consultante tiene la consideración de entidad patrimonial de acuerdo con el artículo 5 de la LIS».

2.1.2. Particularidades

El hecho de **que una sociedad tenga la consideración de entidad patrimonial implica una serie de consecuencias a nivel fiscal**. Por ejemplo, no podrá aplicar el tipo reducido del IS previsto para entidades de nueva creación ni otros incentivos o medidas cuya aplicación se limite a entidades que lleven a cabo una auténtica actividad económica. Y, es que, no en vano, la operativa consistente en arrendar inmuebles a través de una sociedad patrimonial no solo supone ventajas, sino también determinados inconvenientes que conviene conocer de antemano.

A continuación, simplemente abordaremos algunas de las **especialidades más destacadas** que les resultan de aplicación, que en algunos casos les resultarán ventajosas y en otros casos no. En particular, los referiremos a las siguientes cuestiones:

– La imposibilidad de aplicar el tipo reducido del IS para entidades de nueva creación y el nuevo tipo general reducido del 23 %.

– La limitación de la posibilidad de compensación de bases imponibles negativas.

- La imposibilidad de aplicar los incentivos fiscales previstos para las entidades de reducida dimensión.

- La deducción de los gastos ligados a la actividad si se cumplen los requisitos generales de deducibilidad.

- La no imputación de rentas por inmuebles improductivos.

- La imposibilidad de aplicar otras medidas previstas para el IRPF.

Pasemos a verlas.

Imposibilidad de aplicar el tipo reducido del IS para entidades de nueva creación y el nuevo tipo general reducido del 23 %

El **artículo 29.1 de la LIS** establece un tipo general del impuesto del 25 %, que será del 23 % para entidades con un importe neto de la cifra de negocios del período impositivo anterior inferior a un millón de euros (determinado conforme a lo previsto en los apartados 2 y 3 del artículo 101 de la LIS). Asimismo, también prevé la aplicación de un tipo del 15 % para las entidades de nueva creación que realicen actividades económicas, que procederá en el primer período impositivo en el que la base imponible resulte positiva y en el siguiente, excepto si, de acuerdo con lo previsto en dicho precepto, deban tributar a un tipo inferior.

A TENER EN CUENTA. Este nuevo tipo general «reducido» del 23 % fue incorporado al artículo 29.1 de la LIS por parte de la Ley 31/2022, de 23 de diciembre, con efectos para los períodos impositivos que se inicien a partir de 1 de enero de 2023 y vigencia indefinida.

Ahora bien, **la norma excluye expresamente la posibilidad de aplicar estos tipos reducidos del 23 % y del 15 % por parte de las entidades que tengan la consideración de patrimoniales** en los términos del artículo 5.2 de la LIS.

Limitación de la posibilidad de compensación de bases imponibles negativas

El artículo 26.4 de la LIS establece lo siguiente con respecto a la compensación de bases imponibles negativas:

«4. No podrán ser objeto de compensación las bases imponibles negativas cuando concurran las siguientes circunstancias:

a) La mayoría del capital social o de los derechos a participar en los resultados de la entidad que hubiere sido adquirida por una persona o entidad o por un conjunto de personas o entidades vinculadas, con posterioridad a la conclusión del período impositivo al que corresponde la base imponible negativa.

b) Las personas o entidades a que se refiere el párrafo anterior hubieran tenido una participación inferior al 25 por ciento en el momento de la conclusión del período impositivo al que corresponde la base imponible negativa.

c) La entidad adquirida se encuentre en alguna de las siguientes circunstancias:

1.º No viniera realizando actividad económica alguna dentro de los 3 meses anteriores a la adquisición;

2.º Realizara una actividad económica en los 2 años posteriores a la adquisición diferente o adicional a la realizada con anterioridad, que determinara, en sí misma, un importe neto de la cifra de negocios en esos años posteriores superior al 50 por ciento del importe medio de la cifra de negocios de la entidad correspondiente a los 2 años anteriores. Se entenderá por actividad diferente o adicional aquella que tenga asignado diferente grupo a la realizada con anterioridad, en la Clasificación Nacional de Actividades Económicas.

3.º Se trate de una entidad patrimonial en los términos establecidos en el apartado 2 del artículo 5 de esta Ley.

4.º La entidad haya sido dada de baja en el índice de entidades por aplicación de lo dispuesto en la letra b) del apartado 1 del artículo 119 de esta Ley».

Por lo tanto, puede decirse que **las entidades patrimoniales no podrán compensar sus bases imponibles negativas** cuando se den **dos circunstancias**:

– Que la mayoría del capital social o de los derechos a participar en los resultados de la entidad que hubiese sido adquirida por una **persona o entidad o por un conjunto de personas o entidades vinculadas**, con posterioridad a la conclusión del período impositivo al que corresponde la base imponible negativa.

– Las personas o entidades a que se refiere el punto anterior hubieran tenido una **participación inferior al 25 %** en el momento de la conclusión del período impositivo al que corresponde la base imponible negativa.

Imposibilidad de aplicar los incentivos fiscales previstos para las entidades de reducida dimensión

Los **artículos 101 y siguientes de la LIS** recogen una serie de incentivos fiscales para las entidades de reducida dimensión, que les permiten, por ejemplo, la libertad de amortización o la amortización acelerada de determinados elementos, cumplidas una serie de condiciones.

Sea como fuere, lo cierto es que dichos incentivos resultarán de aplicación, en general, para aquellas entidades cuyo importe neto de la cifra de negocios habida en el período impositivo inmediato anterior sea inferior a 10 millones de euros. Sin embargo, y del mismo modo que sucedía con los tipos reducidos del 23 % y del 15 % del IS, **el propio precepto excluye su aplicación cuando la entidad tenga la consideración de entidad patrimonial** en los términos del artículo 5.2 de la LIS.

Deducción de los gastos ligados a la actividad si se cumplen los requisitos generales de deducibilidad

En el ámbito del **IRPF**, las rentas procedentes del arrendamiento de inmuebles pueden tributar como rendimientos del capital inmobiliario o como rendimientos de la actividad económica (si concurren los requisitos para el desarrollo de una actividad económica de conformidad con el artículo 27.2 de la LIRPF). **El hecho de que dichos rendimientos tributen por una u otra vía tiene incidencia en lo relativo a la deducibilidad de los gastos relacionados con el inmueble.** Y es que:

– En el caso de los rendimientos del capital inmobiliario, la deducción de determinados gastos se encuentra limitada en los términos del artículo 23 de la LIRPF y los artículos 13 y 14 del RIRPF. Por ejemplo, el importe total de los gastos a deducir por «*los intereses de los capitales ajenos invertidos en la adquisición o mejora del bien, derecho o facultad de uso o disfrute del que procedan los rendimientos, y demás gastos de financiación, así como los gastos de reparación y conservación*» no podrá exceder, para cada bien o derecho, de la cuantía de los rendimientos íntegros obtenidos (aunque el exceso podrá deducirse en los cuatro años siguientes, sin que pueda exceder, conjuntamente con los gastos por estos mismos conceptos correspondientes a cada uno de estos años, de la cuantía de los rendimientos íntegros obtenidos en cada uno de los mismos, para cada bien o derecho). Además, cuando se tribute por esta vía, los gastos del inmueble de carácter anual (tales como la amortización, el IBI, la prima del seguro del hogar, etc.) solo serán deducibles (debido a la necesaria correlación de los gastos con los ingresos) con respecto a la parte del período impositivo en que el inmueble se encuentre alquilada; esto es, se calcularán de forma proporcional al número de días del período impositivo en los que el inmueble esté arrendado.

– Por el contrario, si tales rentas se califican como rendimientos de actividades económicas a efectos del IRPF del arrendador, debe acudirse al artículo 28.1 de la LIRPF, que establece que el rendimiento neto de las actividades económicas se determinará según las normas del Impuesto sobre Sociedades, sin perjuicio de las reglas especiales contenidas en el propio precepto, en el artículo 30 de la LIRPF para la estimación directa y en el artículo 31 de la LIRPF para la estimación objetiva. Y, justamente, esa genérica remisión a las normas del IS de cara a la determinación del rendimiento neto, conduciría al artículo 10 de la LIS, cuyo apartado 3 especifica que «*en el método de estimación directa, la base imponible se calculará, corrigiendo, mediante la aplicación de los preceptos establecidos en esta Ley, el resultado contable determinado de acuerdo con las normas previstas en el Código de Comercio, en las demás leyes relativas a dicha determinación y en las disposiciones que se dicten en desarrollo de las citadas normas*». Por lo tanto, en este caso, los gastos serán deducibles siempre que se cumplan los requisitos generales de deducibilidad de gastos en el IS (correcta imputación temporal y adecuado registro del gasto, correlación con los ingresos, suficiente justificación documental e inexistencia de precepto que excluya la deducibilidad). Y, cumplidos esos requisitos, podrán serlo incluso durante los períodos en que los inmuebles estén vacíos en expectativa de alquiler, siempre que se hallen afectos a la actividad.

Sin embargo, **en el ámbito del IS, se desarrolle el arrendamiento como actividad económica o no por parte de la entidad, la deducción de gastos seguirá siempre el mismo régimen** (análogo a lo que acaba de exponerse para la tributación en IRPF como actividad económica). Por lo tanto, incluso en el supuesto de entidades patrimoniales, los gastos podrán ser objeto de deducción cuando estén correlacionados con la obtención de ingresos, con base en el artículo 10.3 de la LIS que acaba de citarse, siempre que concurran los requisitos generales que posibilitan la deducción de gastos en el impuesto:

- La correcta imputación temporal del gasto.

- Su adecuado registro en la contabilidad.

- Su correlación con los ingresos. Esto es, el gasto debe ser realizado para la obtención de ingresos.

- Su suficiente justificación documental.

- La inexistencia de precepto que excluya la deducibilidad del gasto. A estos efectos, debe acudirse, fundamentalmente, al artículo 15 de la LIS, que enumera los gastos no deducibles (entre los que se encontrarían, por ejemplo, las multas y sanciones o los donativos y liberalidades). Asimismo, también habrá que considerar a tal respecto los artículos 15 bis y 16 de la LIS, que regulan, respectivamente, las asimetrías híbridas (limitando la deducibilidad de determinados gastos realizados con intervención de entidades no residentes) y los límites a la deducibilidad de los gastos financieros.

RESOLUCIÓN ADMINISTRATIVA

Consulta vinculante de la Dirección General de Tributos (V2572-15), de 4 de septiembre de 2015

Asunto: aplicación de las reglas generales del IS para determinar la base imponible de las entidades patrimoniales.

«Para los períodos impositivos iniciados a partir del día 1 de enero de 2015, el apartado 1 del artículo 5 de la LIS incorpora y define de forma expresa el concepto de actividad económica en el ámbito del Impuesto sobre Sociedades, cuyo cumplimiento debe valorarse en todos los preceptos de la LIS que exijan la existencia de tal actividad. El apartado 2 de este artículo establece el concepto de entidad patrimonial, es decir, las que no desarrollan actividades económicas. Supone la exclusión de la aplicación de algunos regímenes e incentivos fiscales. A los efectos de lo previsto en la normativa del Impuesto sobre Sociedades se entiende por entidad patrimonial y, por tanto, que la misma no desarrolla una actividad económica, aquella en la que más de la mitad de su activo esté constituido por valores o no esté afecto a una actividad económica.

En el supuesto planteado no se cuestiona la aplicación de preceptos o regímenes especiales y, en consecuencia, en esta contestación únicamente se hace referencia al régimen general del Impuesto sobre Sociedades, sin perjuicio de que pudieran resultar de aplicación cualesquiera regímenes.

El artículo 10.3 de la LIS establece que "en el método de estimación directa, la base imponible se calculará, corrigiendo, mediante la aplicación de los preceptos establecidos en esta Ley, el resultado contable determinado de acuerdo con las normas previstas en el Código de Comercio, en las demás leyes relativas a dicha determinación y en las disposiciones que se dicten en desarrollo de las citadas normas".

(...)

En todo caso, se deberá acreditar la realidad de las operaciones realizadas por cualquier medio de prueba generalmente admitido en derecho, pues únicamente tendrán la consideración de gastos fiscalmente deducibles a efectos del Impuesto sobre Sociedades los gastos con origen en operaciones reales, correlacionados con la obtención de los ingresos, que estén contabilizados, imputados temporalmente con arreglo al principio de devengo y justificados en los términos del artículo 106 de la LGT, siempre que no se trate de gastos no deducibles de acuerdo con lo establecido en el artículo 15 de la LIS y sin perjuicio de la competencia atribuida a los órganos de la Administración tributaria en materia de comprobación».

La no imputación de rentas por inmuebles improductivos

En el ámbito del IRPF, el **artículo 85 de la LIRPF prevé la imputación de rentas inmobiliarias** en aquellos supuestos en los que una persona física tenga inmuebles urbanos o rústicos con construcciones no indispensables para la explotación agrícola, ganadera o forestal que no estén afectos a actividades económicas ni generen rendimientos del capital (con exclusión de la vivienda habitual y el suelo no edificado). Con carácter general, establece que habrá que imputar por ellos la cantidad que resulte de aplicar el 2 % al valor catastral, en proporción al número de días que corresponda en cada período impositivo.

Ahora bien, **cuando los inmuebles son de titularidad de una entidad (en este caso, patrimonial) y no estén afectos a una actividad económica, resultando improductivos, no existirá tal imputación de rentas.**

Imposibilidad de aplicar otras medidas previstas para el IRPF

Finalmente, cabe señalar que tampoco podrán aplicarse otras ventajas fiscales que la normativa del IRPF establece para aquellos supuestos en los que el arrendamiento no constituye una actividad económica. Por ejemplo, nos referimos a la imposibilidad de beneficiarse de las **reducciones por arrendamiento de viviendas** (artículo 23 de la LIRPF) o de los **coeficientes reductores por antigüedad aplicables a las ganancias patrimoniales** obtenidas con ocasión de la venta de los activos (disposición transitoria novena de la LIRPF).

CUESTIÓN

¿La LIS prevé un régimen tributario especial para las sociedades patrimoniales?

No, actualmente el título VII de la LIS, que es el que regula los regímenes tributarios especiales, no prevé ninguno específico para las sociedades patrimoniales.

Con carácter previo, el anterior Real Decreto Legislativo 4/2004, de 5 de marzo, por el que se aprobaba el texto refundido de la Ley del Impuesto sobre Sociedades

(TRLIS), sí que contemplaba un régimen especial para las sociedades patrimoniales, en su capítulo VI del título VII. Sin embargo, dicho régimen fue derogado antes incluso que el propio TRLIS, por la disposición derogatoria segunda de la LIRPF y con efectos para los períodos impositivos iniciados a partir de 1 de enero de 2007.

2.1.3. Consecuencias fiscales de la patrimonialidad: IP e ISD

Participaciones en sociedades patrimoniales en el Impuesto sobre el Patrimonio

El Impuesto sobre el Patrimonio es un tributo de carácter directo y natu-raleza personal, que grava el patrimonio neto de las personas físicas en los términos de la Ley 19/1991, de 6 de junio, del Impuesto sobre el Patrimonio (en adelante, LIP). Por lo tanto, parece evidente que **una entidad (sea o no patrimonial) no será contribuyente por dicho impuesto, sino que la tribu-tación por el mismo corresponderá, en su caso, al socio o socios personas físicas** que participen en su capital social.

El hecho imponible del impuesto vendrá dado por la **titularidad por parte del sujeto pasivo, en el momento del devengo, de un patrimonio neto**, entendido como el conjunto de bienes y derechos de contenido económico de los que sea titular, con deducción de las cargas y gravámenes que dismi-nuyan su valor, así como de las deudas y obligaciones personales de las que deba responder. Por tanto, y en principio, parece que el contribuyente que, en el momento del devengo del IP (a 31 de diciembre de cada año), sea titular de participaciones en entidades deberá tributar por ellas en este impuesto si está obligado a presentar declaración por él.

A TENER EN CUENTA. Estarán obligados a presentar declaración y autoliquidar el IP los sujetos pasivos cuya cuota tributaria, determinada de acuerdo con las normas reguladoras del impuesto y una vez aplicadas las deducciones o bonifica-ciones que procedieren, resulte a ingresar, o cuando, no dándose esta circunstan-cia, el valor de sus bienes o derechos, determinado de acuerdo con las normas re-guladoras del impuesto, resulte superior a 2.000.000 euros (artículo 37 de la LIP).

Particularidades de la admisión a negociación en mercados organizados

En general, este tipo de activos se integrarán en la base imponible del Impuesto sobre el Patrimonio por el valor que resulte de la aplicación de las reglas recogidas en la normativa del tributo, que serán distintas en función de que estén o no admitidos a negociación en mercados organizados (artícu-los 15 y 16 de la LIP):

Valores negociados en mercados organizados

Las acciones y las participaciones en el capital social o fondos propios de cualquier entidad jurídica negociadas en mercados organizados, salvo las correspondientes a Instituciones de Inversión Colectiva, se computarán según su **valor de negociación media del cuarto trimestre de cada año**. En tal sentido, el Ministerio de Economía y Hacienda publicará anualmente la relación de los valores que se negocien en mercados organizados, con su cotización media correspondiente al cuarto trimestre del año.

Cuando se suscriban nuevas acciones **no admitidas todavía a cotización oficial**, emitidas por entidades jurídicas que coticen en mercados organizados, se tomará como valor de estas acciones el de la última negociación de los títulos antiguos dentro del período de suscripción.

Finalmente, en los supuestos de ampliaciones de capital pendientes de desembolso, la valoración de las acciones se hará de acuerdo con las normas anteriores, como si estuviesen totalmente desembolsadas, incluyendo la parte pendiente de desembolso como deuda del sujeto pasivo.

| Valores no negociados en mercados organizados

Las acciones y participaciones distintas de las incluidas en el apartado anterior se valorarán por el **valor teórico resultante del último balance aprobado**, siempre que este, bien de manera obligatoria o voluntaria, haya sido sometido a revisión y verificación y el informe de auditoría resultara favorable. En el caso de que el balance **no se hubiese auditado o el informe de auditoría no fuese favorable**, la valoración se realizará por el **mayor valor de los tres siguientes**:

- El valor nominal.

- El valor teórico resultante del último balance aprobado.

- El que resulte de capitalizar al tipo del 20 % el promedio de los beneficios de los tres ejercicios sociales cerrados con anterioridad a la fecha del devengo del impuesto. Se computarán como beneficios los dividendos distribuidos y las asignaciones a reservas, excluidas las de regularización o de actualización de balances.

Las entidades deberán suministrar a los socios, asociados o partícipes certificados con las valoraciones correspondientes.

A TENER EN CUENTA. La base imponible del impuesto se reducirá, en concepto de mínimo exento, en el importe que haya aprobado cada comunidad autónoma y, en el caso de que esta no lo haya regulado, en el importe de 700.000 euros que determina el artículo 28.Dos de la LIP. A su vez, también conviene señalar que muchas comunidades autónomas tienen regulados importantes beneficios fiscales en el Impuesto sobre el Patrimonio, que, en algunos casos llegan a la bonificación del 100 % de la cuota.

Con todo, lo cierto es que **el artículo 4 de la LIP declara exentos del impuesto una serie de bienes y derechos**, como las **participaciones en empresas familiares cuando se cumplan una serie de requisitos** (entre los cuales se encuentra, precisamente, el de que la entidad no tenga el carácter de patrimonial en los términos que define la propia norma).

Posibilidad de exención en el IP de las participaciones en entidades: requisitos que han de concurrir y, en su caso, importe de la exención

Así las cosas, el artículo 4.Ocho.Dos de la LIP prevé la exención en el impuesto de la plena propiedad, la nuda propiedad y el derecho de usufructo vitalicio sobre las participaciones en entidades, con o sin cotización en mercados organizados, siempre que concurran tres condiciones:

– Que la **participación del sujeto pasivo en el capital de la entidad sea al menos del 5 % computado de forma individual, o del 20 % conjuntamente** con su cónyuge, ascendientes, descendientes o colaterales de segundo grado, ya tenga su origen el parentesco en la consanguinidad, en la afinidad o en la adopción.

– Que el sujeto pasivo **ejerza efectivamente funciones de dirección en la entidad, percibiendo por ello una remuneración que represente más del 50 % de la totalidad de los rendimientos empresariales, profesionales y de trabajo** personal.

– Que la entidad, sea o no societaria, **no tenga por actividad principal la gestión de un patrimonio** mobiliario o inmobiliario.

Justamente, este último requisito [recogido en la letra a) del precepto] sería el que plantearía problemas para las sociedades patrimoniales dedicadas al arrendamiento de inmuebles, habida cuenta de que el propio precepto especifica que se entenderá que una **entidad gestiona un patrimonio mobiliario o inmobiliario y que, por lo tanto, no realiza una actividad económica** cuando concurran, **durante más de 90 días del ejercicio social,** cualquiera de las condiciones siguientes:

– Que más de la mitad de su activo esté constituido por valores.

– O que **más de la mitad de su activo no esté afecto a actividades económicas.**

A tales efectos, además, la norma establece las siguientes reglas:

– Para determinar si existe actividad económica o si un elemento patrimonial se encuentra afecto a ella, se estará a lo dispuesto en el Impuesto sobre la Renta de las Personas Físicas. Por lo tanto, para establecer si el arrendamiento se lleva a cabo como actividad económica o no, habrá que atender al artículo 27 de la LIRPF y a la hora de determinar los elementos que encuentran, en su caso, afectos a la actividad, al artículo 29 de la LIRPF. Lo que lleva básicamente a dos conclusiones:

• Si el arrendamiento del inmueble se acompaña de la prestación de servicios propios de la industria hotelera (como, por ejemplo, servicios periódicos de limpieza, de cambio de ropa, de restauración, ocio u otros similares), los rendimientos no tributarán como rendimientos del capital mobiliario, sino como rendimientos de actividades económicas conforme al artículo 27.1 de la LIRPF; de modo que el inmueble estará afecto a la actividad económica.

- En el caso de que no se presten esos servicios complementarios, para que exista actividad económica tendrán que cumplirse los requisitos que exige el artículo 27.2 de la LIRPF (utilización para su ordenación de, al menos, una persona empleada con contrato laboral y a jornada completa). También aquí se encontrará afecto a la actividad económica el inmueble arrendado.

– Tanto el valor del activo como el de los elementos patrimoniales no afectos a actividades económicas será el que se deduzca de la contabilidad, siempre que esta refleje fielmente la verdadera situación patrimonial de la sociedad.

– A efectos de determinar la parte del activo que está constituida por valores o elementos patrimoniales no afectos, no se computarán los valores siguientes:

- Los poseídos para dar cumplimiento a obligaciones legales y reglamentarias.

- Los que incorporen derechos de crédito nacidos de relaciones contractuales establecidas como consecuencia del desarrollo de actividades económicas.

- Los poseídos por sociedades de valores como consecuencia del ejercicio de la actividad constitutiva de su objeto.

- Los que otorguen, al menos, el 5 % de los derechos de voto y se posean con la finalidad de dirigir y gestionar la participación siempre que, a estos efectos, se disponga de la correspondiente organización de medios materiales y personales, y la entidad participada no tenga por actividad principal la gestión de un patrimonio mobiliario o inmobiliario en los términos que indica el precepto.

– A efectos de determinar la parte del activo que está constituida por valores o elementos patrimoniales no afectos, no se computarán como valores ni como elementos no afectos a actividades económicas aquellos cuyo precio de adquisición no supere el importe de los beneficios no distribuidos obtenidos por la entidad, siempre que dichos beneficios provengan de la realización de actividades económicas, con el límite del importe de los beneficios obtenidos tanto en el propio año como en los últimos 10 años anteriores. A estos efectos, se asimilan a los beneficios procedentes de actividades económicas los dividendos que procedan de los valores a que se refiere el último inciso del párrafo anterior, cuando los ingresos obtenidos por la entidad participada procedan, al menos en el 90 %, de la realización de actividades económicas.

Por tanto, **si la sociedad tiene la consideración de patrimonial en los términos que especifica este artículo 4.Ocho.Dos de la LIP, las participaciones que en las mismas tenga el socio persona física no podrán aprovecharse de la exención en el Impuesto sobre el Patrimonio.** Eso sí, conviene tener en cuenta que, **incluso en el supuesto de que efectivamente pueda aplicarse la exención, esta puede no alcanzar al valor total de las participaciones.** Si la sociedad tiene una parte de su activo que no se encuentra afecta a una actividad económica (por ejemplo, si desarrolla una actividad económica y, además, arrienda inmuebles sin que dicho arrendamiento constituya actividad económica), la exención no alcanzará al valor total de las participaciones, sino tan solo a una parte.

Así, y según especifica el último párrafo del artículo 4.Ocho.Dos de la LIP, «la exención sólo alcanzará al valor de las participaciones, determinado conforme a las reglas que se establecen en el artículo 16.uno de esta Ley, en la parte que corresponda a la proporción existente entre los activos necesarios para el ejercicio de la actividad empresarial o profesional, minorados en el importe de las deudas derivadas de la misma, y el valor del patrimonio neto de la entidad, aplicándose estas mismas reglas en la valoración de las participaciones de entidades participadas para determinar el valor de las de su entidad tenedora». Lo que arrojaría la siguiente fórmula:

Cuantía exenta =
valor de las participaciones art. 16.Uno LIP x [(valor de los activos afectos
- deudas de la actividad) / valor del patrimonio neto de la entidad]

De cara a la fijación del importe de la exención, por tanto, habrá que **valorar las participaciones conforme a lo previsto en el artículo 16.Uno de la LIP** y que determinar qué parte del activo de la sociedad se encuentra afecto a la actividad económica y qué parte no. A cuyo efecto señala el artículo 6 del Real Decreto 1704/1999, de 5 de noviembre, por el que se determinan los requisitos y condiciones de las actividades empresariales y profesionales y de las participaciones en entidades para la aplicación de las exenciones correspondientes en el Impuesto sobre el Patrimonio (RIP):

«(…)
2. Tanto el valor de los activos como el de las deudas de la entidad, será el que se deduzca de su contabilidad, siempre que ésta refleje fielmente la verdadera situación patrimonial de la entidad, determinándose dichos valores, en defecto de contabilidad, de acuerdo con los criterios del Impuesto sobre el Patrimonio.
3. Para determinar si un elemento patrimonial se encuentra o no afecto a una actividad económica, se estará a lo dispuesto en el artículo 27 de la Ley 40/1998, de 9 de diciembre, del Impuesto sobre la Renta de las Personas Físicas y otras normas tributarias, salvo en lo que se refiere a los activos previstos en el inciso final del párrafo c) del apartado 1 de dicho artículo, que, en su caso, podrán estar afectos a la actividad económica. Nunca se considerarán elementos afectos los destinados exclusivamente al uso personal del sujeto pasivo o de cualquiera de los integrantes del grupo de parentesco a que se refiere el artículo 5 del presente Real Decreto o aquellos que estén cedidos, por precio inferior al de mercado, a personas o entidades vinculadas de acuerdo con lo establecido en el artículo 16 de la Ley del Impuesto sobre Sociedades».

A TENER EN CUENTA. El artículo 27 de la Ley del IRPF de 1998 al que hace referencia este precepto a día de hoy se encuentra derogado, por lo que la remisión debe entenderse realizada al actual artículo 29 de la LIRPF, que encuentra su desarrollo reglamentario en el artículo 22 del RIRPF. Asimismo, la remisión al artículo 16 del antiguo TRLIS debe considerarse hecha al actual artículo 18 de la LIS, que regula las operaciones vinculadas en el marco de dicho impuesto.

En definitiva, a estos efectos, **para establecer si un elemento patrimonial se encuentra o no afecto a una actividad económica habrá que acudir a la normativa del IRPF.** Por otra parte, se puntualiza expresamente que **no se considerarán elementos afectos los destinados exclusivamente al uso personal del sujeto pasivo o de cualquiera de los integrantes del grupo de parentesco a que se refiere el artículo 5 del RIP o aquellos que estén cedidos, por precio inferior al de mercado, a personas o entidades vinculadas** conforme al artículo 18 de la LIS.

CUESTIÓN

Una sociedad participada por un socio único persona física tiene como únicos activos tres inmuebles, de valor equiparable. Su actividad consiste en la gestión de dichos inmuebles, que cede en arrendamiento turístico o para su uso como vivienda habitual, según los casos, sin contar con ningún empleado a jornada completa. Este ejercicio social ha tenido alquilados dos de los inmuebles para su uso turístico con prestación de servicios propios de la industria hotelera, prácticamente de forma ininterrumpida. El otro inmueble se lo ha tenido alquilado a un tercero como vivienda habitual y permanente casi todo el año. ¿La sociedad tendrá la consideración de patrimonial a los efectos de la posible exención de las participaciones del socio en su IP?

No, tendrá la consideración de entidad patrimonial a los efectos del artículo 4.Ocho.Dos de la LIP, dado que la mayoría de su activo se encuentra afecto a la actividad económica de arrendamiento durante todo el año. No en vano, durante todo ese período, el arrendamiento de dos de los tres inmuebles que conforman su activo se realiza como actividad económica, de acuerdo con el artículo 27 de la LIRPF.

Por lo tanto, el socio podría aplicarse la exención del IP con respecto a sus participaciones en la entidad, siempre que cumpla el resto de los requisitos necesarios para ello.

RESOLUCIÓN ADMINISTRATIVA

Consulta vinculante de la Dirección General de Tributos (V1624-23), de 8 de junio de 2023

Asunto: si para la exención en el IP de las participaciones sociales en una entidad *holding* que participe al 100 % en otras entidades dedicadas al arrendamiento basta o no con que solo una de las participadas cuente con un empleado a jornada completa.

«Respecto de este último requisito, es decir, que las entidades participadas no tengan por actividad principal la gestión de un patrimonio mobiliario o inmobiliario, el precepto establece que "[p]ara determinar si existe actividad económica o si un elemento patrimonial se encuentra afecto a ella, se estará a lo dispuesto en el Impuesto sobre la Renta de las Personas Físicas". El artículo 27.2 de la Ley 35/2006, de 28 de noviembre, del Impuesto sobre la Renta de las Personas Físicas (...)

(...)

Como ha señalado este centro directivo en reiteradas resoluciones de la Dirección General de Tributos en respuesta a consultas vinculantes (V0638-13, de 1 de marzo de 2013; V0953-17, de 17 de abril de 2017; V2513-18, de 18 de septiembre de 2018; por todas) para que el arrendamiento de inmuebles constituya actividad económica, debe tener al menos una persona empleada con contrato laboral y a jornada completa; estos requisitos sólo se entenderán cumplidos si dicho contrato es calificado como laboral por la normativa laboral vigente, cuestión ajena al ámbito tributario, y es a jornada completa, con independencia de que la persona empleada sea un familiar.

De acuerdo con el criterio de este centro directivo manifestado, entre otras, en la respuesta a la consulta vinculante V0984-16, de 14 de marzo de 2016, **en el supuesto de sociedades holding con sociedades inmobiliarias participadas, los requisitos del artículo 27.2 de la LIRPF deben cumplirse en cada una de las sociedades participadas que se dediquen al arrendamiento, y ello porque debe analizarse si cada una de las participadas está comprendida en la letra a).**

En este sentido, resulta clarificadora la doctrina del Tribunal Económico-Administrativo Central (resolución de 30 de junio de 2010, RG 00/03979/2009; resolución de 23 de marzo de 2011, RG 00/00075/2009; por todas) que establece: "es necesario que dichos requisitos se cumplan estricta, directa y exclusivamente por cada una de las sociedades cuya exención se pretende, sin que los mismos puedan entenderse cumplidos a través de una tercera sociedad que, con independencia del grado de vinculación que ostente con las referidas sociedades, ejerza la labor de gestión. **A los efectos de ver si la entidad arrendadora (que forma parte de un Grupo) tiene o no empleado, no se aplica la doctrina laboral del Tribunal Supremo de considerar al Grupo de Sociedades como empleador único, por lo que no podrá decirse que la arrendadora tenga empleado porque lo tenga otra entidad del Grupo a la que tiene encomendada la gestión de su patrimonio."**

Por lo tanto, en el presente caso, para que las participaciones en la entidad A y B no se computen como valores, a efectos de determinar si la entidad holding cumple con el requisito previsto en la letra a) del artículo 4.Ocho. Dos de la LIP, es necesario que cada una de estas entidades cumplan a su vez este requisito y realicen una actividad económica. En consecuencia, **para que la actividad de arrendamiento que realizan cada una de ellas sea considerada una actividad económica, deberán cumplir de forma independiente el requisito de tener una persona empleada con contrato laboral y a jornada completa, previsto en el artículo 27.2 de la LIRPF».**

RESOLUCIÓN RELEVANTE

Sentencia del Tribunal Supremo n.º 5/2022, de 10 de enero, ECLI:ES:TS:2022:15

Asunto: posibilidad de que los activos previstos en el inciso final del actual artículo 29.1.c) de la LIRPF puedan considerarse afectos a la actividad en el ámbito del IP de conformidad con el artículo 6.3 del Real Decreto 1704/1999, de 5 de noviembre.

«El artículo 6.3 del Real Decreto 1704/1999, dictado en el válido ejercicio de la potestad reglamentaria del Gobierno, con la habilitación legal específica y dentro de los límites del principio de reserva de ley, como se ha expuesto, dispone ya que: "para determinar si un elemento patrimonial se encuentra o no afecto a una actividad económica, se estará a lo dispuesto en el artículo 27 de la Ley 40/1998, de 9 de diciembre, del Impuesto sobre la Renta de las Personas Físicas y otras normas tributarias, salvo en lo que se refiere a los activos previstos en el inciso final del párrafo c) del apartado 1 de dicho artículo, que, en su caso, podrán estar afectos a la actividad económica (...)".

(...)

En efecto, la previsión reglamentaria permite apartarse de la interpretación literal y formalista de los preceptos reguladores del beneficio fiscal postulada de contrario y tener presente la finalidad perseguida por la norma —ex artículo 12.1 LGT/2003, en conexión con el artículo 3.1 del Código Civil—, tratando de identificar aquellos bienes y derechos afectos que se consideran realmente necesarios para el desarrollo normal de la actividad económica de la empresa siempre, claro está, que se encuentren debidamente reflejados en la contabilidad, lo que aquí no se discute.

Ello posibilita entender, tomando como referencia la expresión "en su caso" del artículo 6.3 del Real Decreto 1704/1999, citado, que, no todos los activos representativos de la participación en fondos propios de una entidad y de la cesión de capitales a terceros han de quedar excluidos de la posibilidad de considerarse "elementos patrimoniales afectos a una actividad económica" pues, como aquí ocurre, pueden existir supuestos en que se trate de bienes necesarios para el desarrollo de la misma, siendo lo determinante, como dice el TEAC, que se trate de elementos patrimoniales realmente "necesarios" para el ejercicio de la actividad debiendo verificarse si se adecúan a las vicisitudes propias del ejercicio periódico de la misma y si sirven a sus fines.

En esa línea, sigue diciendo con acierto el TEAC, no cabe olvidar que en el ámbito de este beneficio fiscal, el legislador quiere, en efecto, excluir aquellos elementos que no estén afectos a dicha actividad, por no considerarlos necesarios para la misma, si bien resulta por otra parte incontrovertible que, del propio concepto de empresa como conjunción de capital y trabajo, se colige que la necesidad de elementos dinerarios con cierta liquidez, como son las participaciones en Fondos FIAMMM, que mantenía en su activo la sociedad, es algo consustancial y necesario para el desarrollo de la actividad empresarial como así lo entendió el obligado tributario en todo momento.

(...)

Lo expuesto le permite afirmar que existían claros indicios de que las inversiones financieras temporales integradas en el activo de la entidad respondían realmente a necesidades derivadas de la vida propia de una compañía mercantil permitiendo unas materializaciones puntuales de ciertos excesos de tesorería que, por sí mismas, no pueden ser consideradas no afectas a la actividad empresarial. Es absolutamente razonable, por tanto, que la tesorería generada por la actividad de la sociedad en determinados momentos pueda invertirse en ese tipo de productos en el ámbito de una razonable gestión financiera. No se trata de atribuir la carga de la prueba de la afección al obligado tributario —ex artículo 105 LGT/2003— que puso de manifiesto en su autoliquidación que existían participaciones o elementos patrimoniales, los activos monetarios indicados, afectos al desarrollo de la actividad empresarial, sino de dejar sentado que... es a la Inspección de la Comunidad Autónoma a la que corresponde acreditar... que no existe tal afectación o que la misma no es total o, si se quiere, que alguna parte de dichas inversiones resultaban superiores a las necesidades de circulante, que se trataba de elementos patrimoniales ociosos o no necesarios para el desarrollo de la actividad».

Sociedades patrimoniales y la transmisión de sus participaciones en el Impuesto sobre Sucesiones y Donaciones

El hecho imponible del Impuesto sobre Sucesiones y Donaciones (ISD) está constituido por la adquisición de bienes y derechos por herencia, legado o cualquier otro título sucesorio, por donación o por cualquier otro negocio jurídico a título gratuito y entre vivos. Así lo determina el artículo 3 de la Ley 29/1987, de 18 de diciembre, del Impuesto sobre Sucesiones y Donaciones (en adelante, LISD).

Por lo tanto, cuando se produzca la **transmisión de acciones o participaciones en entidades patrimoniales**, por causa de muerte de su titular o bien por medio de donación u otro negocio a título gratuito (sin contraprestación), el **adquirente tendrá que tributar por su adquisición en el ISD**. A tales efectos, el artículo 9 de la LISD especifica que, como regla general, se considerará como valor de los bienes y derechos su **valor de mercado**, entendido como el precio más probable por el cual podría venderse, entre partes independientes, un bien libre de cargas. Ahora bien, si el valor declarado por los interesados es superior a dicho valor de mercado, será esa magnitud la que se tome como base imponible.

Con todo, la LISD establece una serie **reducciones en la base imponible para los supuestos de transmisión de participaciones en entidades**, tanto *inter vivos* como *mortis causa*, que se condicionan al cumplimiento de una serie de requisitos. El problema es que, justamente, en ambos casos se **exige como requisito previo la exención de tales participaciones en el Impuesto sobre el Patrimonio del causante o donante**, de acuerdo con el artículo 4.Ocho de la LIP. Por ese motivo, **no será posible la reducción cuando lo que se adquieran sean participaciones de entidades patrimoniales en los términos del artículo 4.Ocho.Dos de la LIP**, por dedicarse como actividad principal a la gestión de un patrimonio mobiliario o inmobiliario según en él se establece.

Sea como fuere, dichas reducciones se establecen en los artículos 20.2.c) y 20.6 de la LISD (para los supuestos de transmisión *mortis causa* e *inter vivos*, respectivamente), a cuyo tenor:

«2. En las adquisiciones "mortis causa", incluidas las de los beneficiarios de pólizas de seguros de vida, si la Comunidad Autónoma no hubiese regulado las reducciones a que se refiere el apartado anterior o no resultase aplicable a los sujetos pasivos la normativa propia de la Comunidad, se aplicarán las siguientes reducciones:

(...)

c) En los **casos en los que en la base imponible de una adquisición "mortis causa" que corresponda a los cónyuges, descendientes o adoptados** de la persona fallecida, estuviese incluido el valor de una empresa individual, de un negocio profesional o **participaciones en entidades, a los que sea de aplicación la exención regulada en el apartado octavo del artículo 4 de la Ley 19/1991, de 6 de junio, del Impuesto sobre el Patrimonio**, o el valor de derechos de usufructo sobre los mismos, o de derechos económicos derivados de la extinción de dicho usufructo, siempre que con motivo del fallecimiento se consolidara el pleno dominio en el cónyuge, descendientes o adoptados, o percibieran éstos los derechos debidos a la finalización del usufructo en forma de participaciones en la empresa, negocio o entidad afectada, para obtener la base liquidable se aplicará en la imponible, con independencia de las reducciones que procedan de acuerdo con los apartados anteriores, otra del 95 por 100 del mencionado valor, siempre que la adquisición se mantenga, durante los diez años siguientes al fallecimiento del causante, salvo que falleciera el adquirente dentro de ese plazo.

En los supuestos del párrafo anterior, cuando no existan descendientes o adoptados, la reducción será de aplicación a las adquisiciones por ascendientes, adoptantes y colaterales, hasta el tercer grado y con los mismos requisitos recogidos anteriormente. En todo caso, el cónyuge supérstite tendrá derecho a la reducción del 95 por 100.

(...)

En el caso de no cumplirse el requisito de permanencia al que se refiere el presente apartado, deberá pagarse la parte del impuesto que se hubiese dejado de ingresar como consecuencia de la reducción practicada y los intereses de demora.

(...)

6. En los **casos de transmisión de participaciones "ínter vivos", en favor del cónyuge, descendientes o adoptados,** de una empresa individual, un negocio profesional o de **participaciones en entidades del donante a los que sea de aplicación la exención regulada en el apartado octavo del artículo 4 de la Ley 19/1991, de 6 de junio, del Impuesto sobre el Patrimonio,** se aplicará una reducción en la base imponible para determinar la liquidable del 95 por 100 del valor de adquisición, siempre que concurran las condiciones siguientes:

a) Que el donante tuviese sesenta y cinco o más años o se encontrase en situación de incapacidad permanente, en grado de absoluta o gran invalidez.

b) Que, si el donante viniere ejerciendo funciones de dirección, dejara de ejercer y de percibir remuneraciones por el ejercicio de dichas funciones desde el momento de la transmisión.

A estos efectos, no se entenderá comprendida entre las funciones de dirección la mera pertenencia al Consejo de Administración de la sociedad.

c) En cuanto al donatario, deberá mantener lo adquirido y tener derecho a la exención en el Impuesto sobre el Patrimonio durante los diez años siguientes a la fecha de la escritura pública de donación, salvo que falleciera dentro de este plazo.

Asimismo, el donatario no podrá realizar actos de disposición y operaciones societarias que, directa o indirectamente, puedan dar lugar a una minoración sustancial del valor de la adquisición. Dicha obligación también resultará de aplicación en los casos de adquisiciones "mortis causa" a que se refiere la letra c) del apartado 2 de este artículo.

En el caso de no cumplirse los requisitos a que se refiere el presente apartado, deberá pagarse la parte del impuesto que se hubiere dejado de ingresar como consecuencia de la reducción practicada y los intereses de demora».

A TENER EN CUENTA. Las distintas comunidades autónomas tienen regulados sus propios beneficios fiscales en el ámbito del Impuesto sobre Sucesiones y Donaciones. En particular, es frecuente que contemplen, además de reducciones por parentesco o discapacidad más o menos amplias, otras que respondan a distintos motivos, así como también, en su caso, deducciones o bonificaciones. En lo que aquí interesa, cabe destacar que suelen prever reducciones por transmisión *inter vivos* o *mortis causa* de participaciones en entidades, análogas a las estatales que acaban de apuntarse, aunque modificando algunos de sus requisitos o el importe de la propia reducción (por ejemplo, pueden fijar diferentes plazos de permanencia que se han de respetar por el adquirente). En esa medida, recomendamos consultar los beneficios fiscales que podrían resultar de aplicación en la comunidad autónoma que, en cada caso, corresponda.

CUESTIÓN

La aplicación de la exención en el IP por la titularidad de participaciones en entidades solo alcanza al valor de las participaciones, determinado conforme a las reglas del artículo 16.Uno de la LIP, en la parte que corresponda a la proporción existente entre los activos afectos al ejercicio de una actividad económica, minorados en el importe de las deudas derivadas de la misma, y el valor del patrimonio neto de la entidad. Así resulta del propio artículo 4.Ocho.Dos de la LIP y del artículo 6.1 del RIP.

¿Las remisiones que, a efectos de la reducción en la base imponible, realiza el artículo 20 de la LISD al artículo 4.Ocho de la LIP, tiene solo el objetivo de determinar las sociedades a las que les resulta de aplicación el beneficio fiscal o, por el contrario, supone la extrapolación al ámbito del ISD de la limitación a la exención que existe en el IP (de modo que solo se consideren objeto de la exención los bienes afectos)?

El Tribunal Económico Administrativo Central se decanta por esta última posibilidad, entendiendo la remisión de un modo amplio y con una interpretación finalista, tal y como puso de manifiesto en su resolución n.º 1485/2016, de 11 de julio de 2019:

«Es cuestión a analizar por tanto la remisión normativa que la Ley del Impuesto sobre Sucesiones hace a la Ley del Impuesto sobre el Patrimonio. En concreto la cuestión controvertida es si el objetivo de la remisión es únicamente determinar las sociedades a las cuales es aplicable el beneficio fiscal, como entienden los recurrentes, o por el contrario si se trata de una remisión que implica la extrapolación al ámbito del Impuesto sobre Sucesiones de la limitación a la exención existente para el Impuesto sobre el Patrimonio, como sostiene la resolución impugnada y que por ello se hayan de considerar objeto de la exención sólo los bienes afectos.

Pues bien este Tribunal Central mantiene el criterio sostenido en resoluciones anteriores (RG 4016/2008, RG 4195/2008 o RG 3212/2008). La remisión que la normativa reguladora del Impuesto sobre Sucesiones efectúa a la Ley del Impuesto sobre el Patrimonio en la transmisión de las participaciones en empresas familiares, determina que el importe del beneficio fiscal se vea limitado de acuerdo con el artículo 4. Ocho de la Ley Impuesto sobre el Patrimonio. Así esta exención se ha de calcular teniendo en cuenta el 95 % (que es el importe de la reducción que fija el artículo 20.2.c) de la Ley Impuesto sobre Sucesiones) sobre el valor proporcional de las participaciones determinado en función de los activos de la entidad afectos a la actividad empresarial. Este criterio es confirmado por sentencia del Tribunal Supremo de 16 de julio de 2015 (Rec. cas. unificación doctrina 171/2014) considerando la Sala que:

"debe aplicarse en el Impuesto de Sucesiones el principio de proporcionalidad presente en el Impuesto sobre el Patrimonio, esto es, la exención se reconoce a los bienes y derechos necesarios para el ejercicio de la actividad, y atender al objetivo perseguido por el legislador para atribuir el beneficio fiscal, cual es favorecer a los bienes y derechos que estén afectos a una actividad económica y la continuidad de dicha situación"».

RESOLUCIONES ADMINISTRATIVAS

Consulta vinculante de la Dirección General de Tributos (V1233-22), de 31 de mayo de 2022

Asunto: imposibilidad de aplicar la reducción del artículo 20.6 de la LISD si a las participaciones del donante no les es de aplicación la exención en el IP.

«(...) la madre del consultante no reúne los requisitos establecidos para la exención en el artículo 4.Ocho.Dos de la Ley 19/1991, ya que no se puede calificar como económica la actividad de arrendamiento de inmuebles de la entidad, dado que no cumple la exigencia de persona contratada a jornada completa para la llevanza de la actividad conforme al artículo 27.2 de la Ley 35/2006, de 28 de noviembre, del Impuesto sobre la Renta de las Personas Físicas y de modificación parcial de las leyes de los Impuestos sobre Sociedades, sobre la Renta de no Residentes y sobre el Patrimonio. Tampoco cumple el requisito de que el sujeto pasivo ejerza efectivamente funciones de dirección en la entidad, percibiendo por ello una remuneración que represente más del 50 por 100 de la totalidad de los rendimientos empresariales, profesionales y de trabajo personal, ni lo cumple ningún miembro del grupo familiar, ya que manifiesta que el cargo es gratuito.

Por lo tanto, al no tener la donante la exención previa en el Impuesto sobre el Patrimonio, a la donación, sin entrar a valorar el resto de las condiciones que establece el artículo 20.6 de la LISD, no le resultará aplicable la reducción del 95 por 100 que establece el artículo 20.6 de la LISD».

Consulta vinculante de la Dirección General de Tributos (V0492-23), de 2 de marzo de 2023

Asunto: incidencia en IP, ISD e IRPF de la donación de padre a hijos de la nuda propiedad de unas participaciones sociales de una entidad dedicada al arrendamiento, con reserva del usufructo vitalicio.

«(...) resulta que:

- El artículo 4. 8 Dos de la Ley 19/1991, contempla la exención del Impuesto sobre el Patrimonio no sólo para la plena propiedad, sino también para los supuestos de nuda propiedad y derecho de usufructo vitalicio sobre las participaciones en entidades cuando concurran determinadas condiciones.

- El apartado 6 del artículo 20 de la Ley 20/1987 se refiere a los casos de transmisión de participaciones «inter vivos», en favor del cónyuge, descendientes o adoptados, de una empresa individual, un negocio profesional o de participaciones en entidades del donante a los que sea de aplicación la exención regulada en el apartado octavo del artículo 4.º de la Ley 19/1991.

- Y, a su vez, el artículo 33.3.c) de la Ley del Impuesto sobre la Renta de las Personas Físicas establece, como se ha dicho anteriormente, que se estimará que no existe ganancia o pérdida patrimonial con ocasión de las transmisiones lucrativas de empresas o participaciones a las que se refiere el apartado 6 del artículo 20 de la Ley 29/1987. Es decir, tal y como ha señalado este Centro Directivo en la consulta V0480-12, de 5 de marzo, se refiere a los requisitos de aplicabilidad del apartado 6 del artículo 20 de la citada Ley 29/1987. Por lo tanto, en la medida en que se cumplan los requisitos de este artículo, con independencia de que el donatario aplique o no la referida reducción, se estimará la inexistencia de ganancia o pérdida patrimonial para el donante como consecuencia de su transmisión, siendo irrelevantes a dichos efectos los requisitos que establezca la normativa autonómica».

2.2. El arrendamiento de inmuebles como actividad económica

El artículo 5.1 de la LIS se refiere al arrendamiento de inmuebles como actividad económica en términos análogos a los del artículo 27 de la LIRPF:

«1. Se entenderá por actividad económica la **ordenación por cuenta propia de los medios de producción y de recursos humanos o de uno de ambos con la finalidad de intervenir en la producción o distribución de bienes o servicios.**

En el caso de **arrendamiento de inmuebles,** se entenderá que existe actividad económica, **únicamente cuando para su ordenación se utilice, al menos, una persona empleada con contrato laboral y jornada completa.**

En el supuesto de entidades que formen parte del mismo grupo de sociedades según los criterios establecidos en el artículo 42 del Código de Comercio, con independencia de la residencia y de la obligación de formular cuentas anuales consolidadas, el concepto de actividad económica se determinará teniendo en cuenta a todas las que formen parte del mismo».

Por tanto, y del mismo modo que en el IRPF, cuando la actividad de arrendamiento de inmuebles se limita a la mera puesta a disposición de dicho bien durante determinado período de tiempo, sin que se presten otros servicios adicionales que impliquen una ordenación por cuenta propia de medios productivos, la norma exige una infraestructura mínima para que tenga la consideración de actividad económica. En principio, según indica el precepto, será necesario que concurran los siguientes requisitos:

- **Existencia, como mínimo, de una persona empleada**.

- **Que cuente con contrato laboral.** Esta condición solo se considerará cumplida cuando el contrato se califique como laboral pro la normativa laboral vigente.

- **A jornada completa**. El trabajador ha de tener un contrato a jornada completa, entendiéndose por tal la fijada en el convenio que resulte de aplicación o, en su defecto, la jornada ordinaria máxima legal. No concurrirá este requisito cuando se cuente con varios trabajadores a jornada parcial que, en su conjunto, sumen una jornada completa. Sin embargo, sí se considerará cumplido en el caso de reducción de jornada para el cuidado de los hijos o en caso de baja por maternidad e incapacidad temporal (a pesar de que el trabajador temporalmente esté en situación de baja).

- **Que se dedique a la ordenación de la actividad de arrendamiento.** El empleado tendrá que estar dedicado a la ordenación o gestión de la actividad de arrendamiento de inmuebles, por lo que no se cumplirá esta condición cuando desarrolle exclusivamente otras tareas no relacionadas con ella, como podría ser el caso de tareas de mantenimiento o limpieza.

Hasta aquí, parece que la configuración del mero arrendamiento de inmuebles como actividad económica no difiere de la aplicable en el ámbito del IRPF. Sin embargo, sí existen algunas diferencias. Por una parte, el propio artículo 5.1 de la LIS, en su último párrafo, en atención a las particularidades de la estructura societaria, especifica que **el requisito del empleado podrá cumplirse a nivel de grupo de empresas**; es decir, sería suficiente con que dicho requisito se cumpla dentro del grupo de sociedades, sin necesidad de que cada una de las entidades que lo integran tenga que contratar a su propio empleado. Por otro lado, en el ámbito del IS, hay que tener en cuenta que **la doctrina administrativa y la jurisprudencia han perfilado los límites de este requisito, matizándolo y añadiendo determinados elementos que han de ser considerados junto a él.**

Así las cosas, tanto una como otra han apuntado en distintas ocasiones que **la existencia de un empleado en los términos indicados sería un requisito necesario** para que el arrendamiento se considere como actividad económica a efectos del IS, **pero no suficiente**. También sería necesaria la acreditación de que existe una **carga de trabajo bastante, que justifique su contratación.** En ese sentido, la sentencia del Tribunal Supremo n.º 2566/2016, de 7 de diciembre de 2016, ECLI:ES:TS:2016:5566:

«Los requisitos de local y empleado -que se refieren a la actividad de arrendamiento o compraventa de inmuebles, no a otras actividades, por concomitantes o semejantes que sean- añaden un dato presuntivo al elemento esencial que establece el artículo 25.1 de la citada Ley del IRPF, el de la ordenación por cuenta propia de medios de producción y de recursos humanos o de uno de ambos, con la finalidad de intervenir en la producción o distribución de bienes o servicios. Si no se da este sustantivo requisito de la ordenación por cuenta propia de medios económicos, organizativos y humanos para intervenir en el mercado, será imposible localizar una actividad económica a efectos fiscales, por lo que será entonces indiferente o irrelevante que se posean los requisitos de local y empleado.

En este asunto, no sólo no cabe atribuir una mínima infraestructura organizativa, material o personal a una entidad cuya única actividad durante el periodo regularizado se ha limitado a la percepción de la renta arrendaticia a dos entidades -dato del que prescinde la Sala de instancia para llegar al resultado final, aunque no lo controvierte-, sino que también resulta sumamente problemática la determinación de que se hubieran dado los requisitos de local y empleado (que la Sala a quo acepta apodícticamente, siguiendo la estela de la resolución del TEAC).

Por otra parte, tales requisitos de local y empleado, aun suponiéndolos concurrentes en la actividad -lo que sólo se acepta a los meros efectos argumentativos- girarían en el vacío si se tiene en cuenta la clara y evidente innecesariedad de su despliegue, atendida la muy escasa entidad de la actividad emprendida, que no cabe reputar empresarial, sobre lo que no se ofrece razonamiento convincente, pues la sentencia, en este punto, se limita a inferir la actividad económica de la existencia de los requisitos de local y empleado, cayendo en una petición de principio o círculo vicioso, en estos términos, transcritos de forma literal.

(...)

Ello determina que la sentencia debe ser casada y anulada, puesto que, aun partiendo dialécticamente del cumplimiento de tales requisitos, su concurrencia no basta para tipificar una actividad como económica y, por ende, excluyente del régimen de las sociedades patrimoniales, puesto que falta un juicio de relación o correspondencia entre la presencia de esos elementos productivos (local y empleado) y la necesidad empresarial a la que, teniendo en cuenta la naturaleza, volumen o características de la actividad desplegada -aquí restringida al mero arrendamiento de los edificios-, aquéllos elementos atenderían, por ser imprescindibles para ello, juicio que brilla por su ausencia».

Asimismo, el Tribunal Económico-Administrativo Central fijó como criterio, en su **resolución n.º 4909/2009, de 28 de mayo de 2013**, que «cuando sí es de aplicación la regla (arrendamiento o compraventa con Leyes 18/1991 y 40/1998, o sólo arrendamiento con la ley 35/2006 (art. 27.2) **el local y empleado son requisitos necesarios ("únicamente...") para que haya actividad económica, aunque no suficientes si se acreditase que la carga de trabajo que genera la actividad no justifica tener empleado y local y que, por tanto, se tengan para aparentar que hay actividad económica**».

Además, en este ámbito **la Dirección General de Tributos también ha realizado una interpretación más flexible del requisito.** Admite la existencia de actividad económica conforme al artículo 5.1 de la LIS incluso en el supuesto de que la entidad haya subcontratado la gestión inmobiliaria a empresas especializadas ajenas al grupo por razones de eficiencia o económicas, siempre que la sociedad cuente con un patrimonio inmobiliario relevante cuya ordenación requeriría una persona contratada como mínimo. Así, por ejemplo, en su consulta vinculante (V3379-15), de 3 de noviembre de 2015, apuntó lo siguiente:

«En el caso concreto del arrendamiento de inmuebles, la LIS establece que dicha actividad tiene la condición de económica cuando para su ordenación se utilice, al menos, una persona empleada con contrato laboral y jornada completa.

No obstante, **la realidad económica pone de manifiesto situaciones empresariales en las que una entidad posee un patrimonio inmobiliario relevante, para cuya gestión se requeriría al menos una persona contratada, realizando la entidad, por tanto, una actividad económica en los términos establecidos en el artículo 5 de la LIS y, sin embargo, ese requisito se ve suplido por la subcontratación de esa gestión a otras sociedades especializadas.**

Esta situación es la que se produce en el presente caso, en la medida en que la entidad tiene externalizada su gestión, estando dicha externalización motivada por razones de índole jurídica y económica, separando los riesgos fiscales u operativos de los labores, convirtiendo los costes fijos en variables y facilitando la gestión y comercialización de los inmuebles que exige contar con un tercero ajeno profesionalmente dedicado a la actividad de gestión inmobiliaria que desarrolle la actividad de arrendamiento y gestión de los inmuebles. En concreto, se han formalizado diversos contratos de contabilidad, administración social y gestión con las entidades T, A y L, así como con la entidad V por parte de la entidad F. Asimismo, la contratación directa de una persona resulta ineficiente económicamente e insuficiente para la actividad desarrollada.

En conclusión, de los datos señalados en la consulta planteada, en este supuesto se deben entender cumplidos los requisitos señalados en el artículo 5.1 de la LIS a los efectos de determinar que la entidad desarrolla una actividad económica, aun cuando los medios materiales y humanos necesarios para intervenir en el mercado no son propios sino subcontratados a una seria de sociedades ajenas al grupo mercantil».

En el mismo sentido se pronuncian también, entre otras, las consultas vinculantes de la Dirección General de Tributos (V2508-18), de 18 de septiembre de 2018, y la (V0063-17), de 17 de enero de 2017.

CUESTIONES

1. Una sociedad dedicada al arrendamiento de inmuebles tiene un único trabajador que se encarga de la ordenación de su actividad, con contrato laboral y jornada completa. En breve, dicho trabajador va a pasar a situación de jubilación activa. ¿Supone esto que deje de cumplirse el requisito del empleado que exige el artículo 5.1 de la LIS para que el arrendamiento constituya actividad económica?

Por lo que se refiere a la jubilación activa, el artículo 214.1 del Real Decreto Legislativo 8/2015, de 30 de octubre, por el que se aprueba el texto refundido de Ley General de la Seguridad Social (en adelante, LGSS), establece:

«1. Sin perjuicio de lo establecido en el artículo 213, el disfrute de la pensión de jubilación, en su modalidad contributiva, será compatible con la realización de cualquier trabajo por cuenta ajena o por cuenta propia del pensionista, en los siguientes términos:

a) El acceso a la pensión deberá haber tenido lugar al menos un año después de haber cumplido la edad que en cada caso resulte de aplicación, según lo establecido en el artículo 205.1.a), sin que, a tales efectos, sean admisibles jubilaciones acogidas a bonificaciones o anticipaciones de la edad de jubilación que pudieran ser de aplicación al interesado.

b) El porcentaje aplicable a la respectiva base reguladora a efectos de determinar la cuantía de la pensión causada ha de alcanzar el 100 por ciento.

c) El trabajo compatible podrá realizarse por cuenta ajena, a tiempo completo o a tiempo parcial, o por cuenta propia».

Así las cosas, y según señala la consulta vinculante de la Dirección General de Tributos (V2355-23), de 30 de agosto de 2023, el disfrute de la pensión de jubilación, en su modalidad contributiva, será compatible con la realización de cualquier trabajo por cuenta ajena del pensionista, pudiendo realizarse el mismo a tiempo completo o a tiempo parcial.

Por lo tanto, si el empleado sigue realizando su trabajo a jornada completa y en virtud de un contrato que se califique como laboral por la normativa laboral, se entendería cumplido el requisito que exige el artículo 5.1 de la LIS para considerar el arrendamiento de inmuebles como actividad económica.

2. ¿La promoción inmobiliaria constituye una actividad económica a efectos del IS?

Sí, dado que implica una ordenación por cuenta propia de medios productivos, la promoción inmobiliaria constituye una actividad económica de conformidad con el artículo 5.1 de la LIS.

En tal sentido, y con respecto a la condición de inmuebles afectos a dicha actividad, la Dirección General de Tributos ha apuntado, por ejemplo, en su consulta vinculante (V2358-23), de 31 de agosto de 2023, lo siguiente:

> «(...) hay que tener en cuenta que la actividad de promoción inmobiliaria suele exigir el transcurso de un plazo más o menos dilatado desde el inicio de las actividades hasta la transmisión de los bienes producidos. Es posible que, una vez terminadas las obras, los solares, pisos o locales promovidos no se enajenen por circunstancias propias del mercado. Pero este hecho no supone que tales bienes dejen de estar afectos a la actividad promotora, ya que la finalidad implícita de esta actividad es la de poner en el mercado inmobiliario los bienes resultantes de un proceso de transformación. En definitiva, la ralentización de las ventas no implica el cese de la actividad, por lo que los inmuebles siguen teniendo la consideración de activos afectos a dicha actividad de promoción en condición de existencias.

> No obstante lo anterior, al igual que en cualquier otra actividad económica, es posible cesar en la actividad de promoción inmobiliaria. Como consecuencia de dicho cese, los inmuebles dejarán de estar afectos a la actividad económica. No obstante, deberá acreditarse por cualquier medio válido en Derecho que realmente se ha cesado en la actividad de promoción inmobiliaria, correspondiendo su valoración a los órganos de comprobación de la Administración tributaria».

RESOLUCIÓN RELEVANTE

Sentencia de la Audiencia Nacional en recurso n.º 603/2019, de 23 de febrero de 2022, ECLI:ES:AN:2022:831

Asunto: a la hora de determinar si el arrendamiento constituye o no actividad económica, no es lo mismo un trabajador infrautilizado que uno no necesario.

«La ausencia real de "carga de trabajo" no puede ser examinada en abstracto, sino que debe ser analizada en cada caso concreto.

En esta línea, en nuestra SAN (2ª) de 15 de febrero de 2019 (Rec. 145/2017), hemos dicho que " las afirmaciones de la Administración se fundan en una escasa carga de trabajo que no justificaría la existencia de empleado y local en la actividad de arrendamiento, pro que no cuantifica ni se basa en parámetros objetivos".

Y es que debe realizarse una precisión a lo razonado por el TEAC. En efecto, una cosa es que el trabajador contratado a tiempo completo, si se nos permite la expresión, esté infrautilizado -que es lo que puede ocurrir en el caso de autos- y otra muy distinta que su contratación, atendiendo al volumen de la actividad, no sea necesaria.

Cobra así sentido el razonamiento del TEAR cuando indica que "el concepto de carga de trabajo no debe estar asociado en modo alguno a circunstancias tales como la de permanencia o no de un trabajador en un determinado centro de trabajo sino, fundamentalmente en sus dos manifestaciones: parque inmobiliario arrendado o en expectativa de arrendarse y el dinamismo que ello conlleve". Elementos que no son analizados por la Inspección».

RESOLUCIÓN ADMINISTRATIVA

Resolución del Tribunal Económico-Administrativo Central n.º 2193/2019, de 23 de marzo de 2021

Asunto: cambio de criterio del TEAC con respecto al arrendamiento de inmuebles como actividad económica en los períodos 2007 a 2014 (desde la desaparición del régimen de entidades patrimoniales en la normativa del IS hasta la entrada en vigor de la LIS que recoge una definición de actividad económica en su artículo 5.2).

«Criterio:

A la vista de la reciente jurisprudencia que se cita en la resolución este TEAC cambia su criterio en los términos siguientes: para el periodo 2007 (la Ley 35/2006 hace desaparecer el régimen de entidades patrimoniales) a 2014 (a partir de 2015 entra en vigor la Ley 27/2014, del Impuesto sobre Sociedades, cuyo artículo 5 contiene una definición de actividad económica) no es procedente que en el Impuesto sobre Sociedades se remita al artículo 27 de la Ley 36/2005, del IRPF, para determinar que, sólo si se cumplen los requisitos de "local y empleado", se puede entender que la actividad de arrendamiento de inmuebles es empresarial o económica.

Una actividad empresarial se define como la ordenación por cuenta propia de medios de producción y recursos humanos, o de uno de ambos, con la finalidad de intervenir en la producción o distribución de bienes y servicios, por lo que habrá que estar al caso concreto de tal forma que factores tales como, entre otros, la existencia o no de local, la existencia o no de empleado o el volumen de trabajo que genere la actividad de arrendamiento de inmuebles determinen si, a la vista del conjunto, existe o no una organización empresarial relativa al arrendamiento de inmuebles.

En el caso que nos ocupa el criterio expuesto sólo tiene repercusión para el ejercicio 2006 ya que la Ley 12/2006 modificó el artículo 27 de la Ley 19/1994, del Régimen Fiscal de Canarias, introduciendo por lo que aquí interesa, una remisión expresa al artículo 27.2 de la Ley 35/2006».

2.2.1. Principales diferencias con la tributación a través del IRPF

En caso de que se proceda al arrendamiento de inmuebles como actividad económica por parte de una persona física, los rendimientos que obtenga tributarán en su IRPF como rendimientos con tal carácter (de actividades económicas), mientras que, si el arrendamiento se realiza con ese mismo carácter por una sociedad, las rentas que esta obtenga tributarán en el IS.

De proceder la tributación por el régimen general del Impuesto sobre Sociedades, lo cierto es que las diferencias con la tributación como rendimiento de actividad económica en IRPF no son muchas:

- En ambos casos, la **deducción de los gastos se regirá por lo previsto en la normativa del Impuesto sobre Sociedades** (en el caso de actividad económica en IRPF, por remisión del artículo 28.1 de la LIRPF). Por lo tanto, y a grandes rasgos, puede decirse que la deducibilidad de los gastos se condiciona al cumplimiento de los **requisitos generales** que, en dicho ámbito, la posibilitan. En concreto, los siguientes:

  - La correcta imputación temporal del gasto.

- Su adecuada contabilización.
- Su correlación con los ingresos.
- Su justificación documental.
- La inexistencia de precepto de la LIS que califique el gasto como no deducible. En ese sentido, habrá que acudir, fundamentalmente, al artículo 15 de la LIS, que enumera los gastos no deducibles (entre los que se encontrarían, por ejemplo, las multas y sanciones o los donativos y liberalidades). Asimismo, también habrá que considerar a tal respecto los artículos 15 bis y 16 de la LIS, que regulan, respectivamente, las asimetrías híbridas (limitando la deducibilidad de determinados gastos realizados con intervención de entidades no residentes) y los límites a la deducibilidad de los gastos financieros.

Y, cumplidos esos requisitos, podrán serlo incluso durante los períodos en que los inmuebles estén vacíos en expectativa de alquiler, siempre que se hallen afectos a la actividad

- Los **inmuebles que la sociedad no tenga alquilados (improductivos), no implicarán que esta deba imputarse determinadas rentas en su Impuesto sobre Sociedades.** De nuevo, esto es algo que también sucede en el caso de que un arrendador persona física tenga un inmueble afecto a la actividad económica de arrendamiento de forma exclusiva, donde no existirá obligación de imputar rentas inmobiliarias por la parte del período impositivo en la que el inmueble se encuentre en expectativa de alquiler. Por el contrario, si el arrendador persona física tributa en IRPF por las rentas derivadas del arrendamiento como rendimiento del capital inmobiliario, sí deberá proceder a la imputación de rentas inmobiliarias en los términos del artículo 85 de la LIRPF.

- Tanto si el arrendador de inmuebles, que lo lleva a cabo como actividad económica, tributa en el IRPF como actividad económica o en el IS sin ser entidad patrimonial, podrá beneficiarse de los **incentivos fiscales para las empresas de reducida dimensión** que se regulan en los artículos 101 y siguientes de la LIS (por supuesto, siempre que cumpla los requisitos para ello).

- Además, en ninguno de los dos supuestos (tributación como rendimientos de actividad económica en IRPF o por arrendamiento con tal carácter en IS) será posible la aplicación de los coeficientes reductores por antigüedad aplicables a las ganancias patrimoniales obtenidas con ocasión de la venta de los activos (disposición transitoria novena de la LIRPF, que, en el ámbito de dicho impuesto, limita su aplicación a la transmisión de elementos patrimoniales no afectos a actividades económicas). Tampoco cabrá, evidentemente, la aplicación de las reducciones por arrendamiento de viviendas que la LIRPF establece en su artículo 23, únicamente con respecto a los rendimientos del capital inmobiliario.

La **principal diferencia**, por tanto, vendría dada por los **tipos impositivos** a aplicar en uno y otro caso (aunque, eso sí, siempre teniendo presente que, en caso de ejercicio de la actividad por medio de una sociedad, si luego se produce un reparto de dividendos o el abono de determinada remuneración a los socios por las funciones o servicios que desarrollen para la entidad, dichos socios tendrán que tributar por las rentas obtenidas en su IRPF):

– En el **Impuesto sobre la Renta de las Personas Físicas**, las rentas procedentes del arrendamiento de inmuebles que tributen como **rendimientos de actividades económicas** forman parte de la **renta general del contribuyente** (artículos 45 y 46 de la LIRPF), por lo que se integrarán y compensará en la base imponible general conforme al artículo 48 de la LIRPF. Una base imponible general que, tras las reducciones de los artículos 51, 53, 54, 55 y la disposición adicional undécima de la LIRPF (reducciones por aportaciones y contribuciones a sistemas de previsión social, por aportaciones y contribuciones a sistemas de previsión social constituidos a favor de personas con discapacidad, por aportaciones a patrimonios protegidos de las personas con discapacidad, por pensiones compensatorias y mutualidad de previsión social de deportistas profesionales), constituirá la base liquidable general del contribuyente y se someterá a tributación según la **escala general del impuesto**.

En el tramo estatal, la parte de la base liquidable general que exceda del importe del mínimo personal y familiar será gravada según la escala del artículo 63 de la LIRPF:

Base liquidable Hasta euros	Cuota íntegra Hasta euros	Resto base liquidable Hasta euros	Tipo aplicable Porcentaje
0,00	0,00	12.450,00	9,50
12.450,00	1.182,75	7.750,00	12,00
20.200,00	2.112,75	15.000,00	15,00
35.200,00	4.362,75	24.800,00	18,50
60.000,00	8.950,75	240.000,00	22,50
300.000,00	62.950,75	En adelante	24,50

En el tramo autonómico, resultará de aplicación la escala que, en cada caso, haya aprobado la comunidad autónoma correspondiente.

– En el **Impuesto sobre Sociedades**, el artículo 29 de la LIS establece los siguientes tipos impositivos

• Un tipo general de gravamen del **25 %**, excepto para las entidades cuyo importe neto de la cifra de negocios del período impositivo inmediato anterior sea inferior a un millón de euros, para quienes será del **23 %** (tipo reducido que no será de aplicación a las entidades patrimoniales).

> **A TENER EN CUENTA**. Este nuevo tipo general «reducido» del 23 % fue incorporado al artículo 29.1 de la LIS por parte de la Ley 31/2022, de 23 de diciembre, con efectos para los períodos impositivos que se inicien a partir de 1 de enero de 2023 y vigencia indefinida.

- En el caso de **entidades de nueva creación que realicen actividades económicas**, tributarán, en el primer período impositivo en que la base imponible resulte positiva y en el siguiente, al tipo del **15 %**, excepto en el caso de entidades patrimoniales o en aquellos en los que el mismo artículo 29 de la LIS establezca que deba aplicarse un tipo inferior. A tales efectos:

  - No se entenderá iniciada una actividad económica en los casos en los que la actividad económica hubiera sido realizada con carácter previo por otras personas o entidades vinculadas en el sentido del artículo 18 de la LIS y transmitida, por cualquier título jurídico, a la entidad de nueva creación; ni tampoco cuando hubiera sido ejercida, durante el año anterior a la constitución de la entidad, por una persona física con una participación, directa o indirecta, en el capital o en los fondos propios de la entidad de nueva creación superior al 50 %.

  - No tendrán la consideración de entidades de nueva creación las que formen parte de un grupo en los términos del artículo 42 del Código de Comercio, con independencia de la residencia y de la obligación de formular cuentas anuales consolidadas.

- Finalmente, el precepto recoge otros tipos específicos que resultarán de aplicación por parte de ciertas entidades. Por ejemplo, señala que las sociedades cooperativas fiscalmente protegidas, tributarán al 20 %, excepto por lo que se refiere a los resultados extracooperativos, que tributarán al tipo general; o que se aplicarán tipos del 1 % a las sociedades de inversión inmobiliaria y fondos de inversión inmobiliaria cuando concurran determinadas condiciones.

A TENER EN CUENTA. En el IRPF, los tipos impositivos no varían en caso de inicio de actividades, pero sí se prevé una reducción por inicio de actividad económica en el artículo 32.3 de la LIRPF, para aquellos contribuyentes que determinen el rendimiento neto de la actividad conforme al método de estimación directa. Con carácter general, esto les permitirá reducir en un 20 % el rendimiento neto positivo declarado, minorado en su caso por las reducciones previstas en los apartados 1 y 2 del mismo precepto, en el primer período impositivo en que el mismo sea positivo y en el período impositivo siguiente. Ahora bien, la cuantía de los rendimientos netos sobre la que se aplicará la reducción no podrá superar los 100.000 euros anuales y no podrá aplicarse en el período impositivo en el que más del 50 % de los ingresos del mismo procedan de una persona o entidad de la que el contribuyente hubiera obtenido rendimientos del trabajo en el año anterior a la fecha de inicio de la actividad.

RESOLUCIÓN ADMINISTRATIVA

Consulta vinculante de la Dirección General de Tributos (V1928-18), de 29 de junio de 2018

Asunto: en caso de entidad dedicada a la actividad principal de promoción inmobiliaria para la venta que también ofrece algunos inmuebles en

arrendamiento con opción de compra, deducibilidad de los gastos correspondientes a los inmuebles durante los períodos de tiempos que están en expectativa de venta o en expectativa de arrendamiento.

«De la información facilitada en el escrito de consulta parece posible deducir que, de conformidad con la normativa contable aplicable, los inmuebles destinados a la venta tendrán la condición de existencias, y los inmuebles destinados al arrendamiento, calificado como operativo, tendrán la consideración de inversiones inmobiliarias. Asimismo, se parte del supuesto de que los gastos a los que se refiere el escrito de consulta tienen la consideración de gastos contables, y no de mayor valor de las existencias o de las inversiones inmobiliarias.

De acuerdo con lo anteriormente comentado, los gastos del ejercicio en los que incurrirá la entidad consultante en el desarrollo de su actividad o actividades en relación con los inmuebles destinados a la venta y los inmuebles destinados al arrendamiento, aunque dentro del ejercicio existan períodos de tiempo en los que los inmuebles estén en expectativa de venta, en expectativa de arrendamiento, o períodos de tiempo en los que los inmuebles no estén efectivamente arrendados, tal y como se manifiesta en la consulta, como pueden ser los de gastos de comunidad, Impuesto sobre Bienes Inmuebles, o posibles reparaciones, tendrán la consideración de gastos fiscalmente deducibles en el período impositivo de que se trate, a efectos del Impuesto sobre Sociedades, siempre que cumplan las condiciones legalmente establecidas, en los términos de inscripción contable, imputación con arreglo a devengo, y justificación documental, en los términos anteriormente señalados.

En lo que se refiere al gasto contable por amortización de los inmuebles calificados como inversiones inmobiliarias, el mismo sería fiscalmente deducible, igualmente aunque dentro del período impositivo existan períodos de tiempo en los que los inmuebles estén en expectativa de arrendamiento, o no estén efectivamente arrendados, tal y como se manifiesta en la consulta, en la medida en que, aparte de lo ya señalado previamente, así resultara de acuerdo con el artículo 12 de la LIS».

2.2.2. Los requisitos de la aportación de inmuebles a una sociedad y sus efectos en el IRPF y plusvalías municipales

Aportación de inmuebles a una sociedad en el IRPF del aportante

En la práctica, es muy frecuente que la **persona física propietaria de uno o varios inmuebles decida aportarlos al patrimonio de una sociedad, recibiendo a cambio participaciones o acciones representativas de una determinada parte de su capital social.** Luego, la sociedad podrá emplearlos, si así lo desea, para el desarrollo de su actividad (por ejemplo, si se trata de un local de negocio), arrendarlos (como actividad económica o no) o destinarlos, en fin, al uso que en cada caso se decida.

Esa aportación es una operación que, desde el punto de vista fiscal, no resulta inocua. Así, y al margen de la incidencia que pueda tener en otros impuestos (como sería el Impuesto sobre Transmisiones Patrimoniales y Actos Jurídicos Documentados), en este punto nos centraremos en las **implicaciones que puede tener en el IRPF del aportante.**

Regla general

Como regla general, en las aportaciones no dinerarias que una persona física efectúe a una sociedad, se producirá una **ganancia o pérdida patrimonial para el aportante**. No en vano, el artículo 33.1 de la LIRPF define como tales «las variaciones en el valor del patrimonio del contribuyente que se pongan de manifiesto con ocasión de cualquier alteración en la composición de aquél, salvo que por esta Ley se califiquen como rendimientos».

En tales supuestos, la ganancia o pérdida patrimonial se determinará de conformidad con el artículo 37.1.d) de la LIRPF, por la **diferencia entre el valor de adquisición de los bienes o derechos aportados y la cantidad mayor** de las siguientes:

- El **valor nominal de las acciones o participaciones sociales recibidas** por la aportación o, en su caso, la parte correspondiente del mismo. A este valor se añadirá el importe de las primas de emisión.

- El **valor de cotización de los títulos recibidos** en el día en que se formalice la aportación o el inmediato anterior.

- El **valor de mercado del bien o derecho aportado**.

El valor de transmisión así calculado se tendrá en cuenta para determinar el valor de adquisición de los títulos recibidos como consecuencia de la aportación no dineraria.

A TENER EN CUENTA. La disposición transitoria novena de la LIRPF regula determinados coeficientes reductores o de abatimiento, que podrán aplicarse a las ganancias patrimoniales derivadas de elementos patrimoniales adquiridos con anterioridad a 31 de diciembre de 1994. Entre otros requisitos, para su aplicación se exige que el elemento objeto de transmisión no se encuentre afecto a una actividad económica o bien que, habiéndolo estado, haya sido desafectado de la actividad económica con más de tres años de antelación a la fecha de transmisión. Por lo tanto, la aplicación de estos coeficientes de abatimiento dependerá de esa circunstancia, lo que, trasladado al ámbito del arrendamiento de inmuebles, supone que, en caso de que se hallase alquilado, dicho alquiler no constituyese actividad económica conforme al artículo 27 de la LIRPF. De proceder este régimen, será necesario distinguir entre la parte de la ganancia patrimonial que se haya generado con anterioridad a 20 de enero de 2006 (a la que le resultarán de aplicación los coeficientes reductores) de la generada con posterioridad a esa fecha (a la que no se le aplicarán).

Régimen de diferimiento de la tributación para determinadas aportaciones no dinerarias o de rama de actividad

Todo lo anterior se entiende sin perjuicio del régimen especial de diferimiento fiscal que se encuentra regulado en el **capítulo VII del título VII de la LIS**, tal y como se desprende del artículo 37.3 de la LIRPF. Dicho régimen de neutralidad fiscal permite diferir la tributación de las rentas latentes en los elementos patrimoniales transmitidos como consecuencia de la realización de determinadas operaciones de reestructuración empresarial, siempre que se cumplan las condiciones exigidas en cada caso y que las operaciones respondan a «motivos económicos válidos» (no la mera ventaja fiscal). En particular, a nivel societario, resulta de aplicación a operaciones de fusión, escisión, aportación de activos, canje de valores y cambio de domicilio social de una sociedad europea o una sociedad cooperativa europea de un Estado miembro a otro de la Unión Europea.

Pues bien, conforme al artículo 87 de la LIS, ese régimen especial también **podrá resultar de aplicación en caso de aportación no dineraria o de aportación de rama de actividad a una sociedad efectuada por quienes sean contribuyentes del IRPF y del IRNR**, en los términos que el propio precepto establece.

Aportación no dineraria especial realizada por una persona física contribuyente del IRPF

Así, por un lado, resultará de aplicación, a **opción del contribuyente**, por parte de quienes sean contribuyentes del IRPF o del IRNR, con respecto a las **aportaciones no dinerarias** en las que concurran los siguientes **requisitos**:

– Que la **entidad que recibe la aportación sea residente en territorio español o realice actividades en este por medio de un establecimiento permanente al que se afecten los bienes** aportados.

– Que, una vez realizada la aportación, el **aportante participe en los fondos propios de la entidad que recibe la aportación en, al menos, el 5 %.**

– Que, en el caso de aportación de acciones o participaciones sociales por contribuyentes del IRPF o del IRNR sin establecimiento permanente en territorio español, se tendrán que cumplir además de los requisitos señalados en los puntos anteriores, los siguientes:

• Que a la entidad de cuyo capital social sean representativos no le sean de aplicación el régimen especial de agrupaciones de interés económico, españolas o europeas, y de uniones temporales de empresas, previstos en la LIS, ni tenga como actividad principal la gestión de un patrimonio mobiliario o inmobiliario en los términos previstos en el artículo 4.Ocho.Dos de la LIP.

• Que representen una participación de, al menos, un 5 % de los fondos propios de la entidad.

• Que se posean de manera ininterrumpida por el aportante durante el año anterior a la fecha del documento público en que se formalice la aportación.

– Que, en el caso de **aportación de elementos patrimoniales distintos de los mencionados en el punto anterior por contribuyentes del IRPF o del IRNR residentes en Estados miembros de la Unión Europea**, dichos elementos estén **afectos a actividades económicas cuya contabilidad se lleve con arreglo a lo dispuesto en el Código de Comercio o legislación equivalente.**

Por lo tanto, para aplicar el régimen especial de neutralidad fiscal por esta vía, será necesario que los inmuebles que se aporten tengan la consideración de elementos afectos a una actividad económica. Es decir, que **la actividad de arrendamiento se viniese desarrollando como actividad económica** por el aportante, de acuerdo con el artículo 27 de la LIRPF. Además, en lo relativo a la necesidad de afectación del bien, será preciso que **el inmueble a aportar estuviese afecto a la actividad económica de arrendamiento durante al menos tres años antes de su aportación a la sociedad**, por aplicación del artículo 28.3 de la LIRPF, a cuyo tenor:

> «3. La afectación de elementos patrimoniales o la desafectación de activos fijos por el contribuyente no constituirá alteración patrimonial, siempre que los bienes o derechos continúen formando parte de su patrimonio.
>
> Se entenderá que no ha existido afectación si se llevase a cabo la enajenación de los bienes o derechos antes de transcurridos tres años desde ésta».

RESOLUCIÓN ADMINISTRATIVA

Consulta vinculante de la Dirección General de Tributos (V1150-21), de 29 de abril de 2021

Asunto: requisitos para aplicar el régimen de neutralidad fiscal en caso de aportación de un inmueble ganancial a una sociedad.

«Adicionalmente, uno de los elementos aportados será un bien inmueble que tiene carácter ganancial. Respecto de este supuesto concreto, la aportación no dineraria por parte de los miembros del matrimonio, individualmente realizada, no podría subsumirse en el presupuesto de hecho recogido en el artículo 87.2 de la LIS dado que ninguna de las transmisiones individualmente considerada tendría por objeto un conjunto de elementos patrimoniales constitutivos cada una de ellas de una rama de actividad. Por el contrario, cada una de las aportaciones, individualmente consideradas determina la aportación de una alícuota de la propiedad de un bien inmueble perteneciente en pro indiviso a los miembros del matrimonio por lo que cada una de las mencionadas aportaciones tendría la consideración de aportación no dineraria especial a efectos de lo previsto en el artículo 87.1 de la LIS.

En consecuencia, la aportación por cada uno de los partícipes de su respectiva participación en la propiedad ganancial del bien aportado podría acogerse al régimen fiscal mencionado, siempre que se cumplan los requisitos señalados en las letras a) (que la entidad que recibe la aportación sea residente en territorio español), b) (que una vez realizada la aportación cada contribuyente participe en los fondos propios de la entidad que recibe la aportación en, al menos, el 5 por ciento) y d) (que suponga la aportación de elementos patrimoniales afectos a actividades económicas cuya contabilidad se lleve con arreglo a lo dispuesto en el Código de Comercio) del artículo 87.1 de la LIS.

En el caso consultado debe tenerse en cuenta que **para que los inmuebles a aportar a la sociedad mercantil se consideren como elementos afectos a una actividad económica, será necesario que la actividad de arrendamiento tenga la naturaleza de actividad económica,** lo que exige el cumplimiento de los requisitos establecidos en el artículo 27.2 de la de la Ley 35/2006, de 28 de noviembre, del Impuesto sobre la Renta de las Personas Físicas y de modificación parcial de las leyes de los Impuestos sobre Sociedades, sobre la Renta de los no Residentes y sobre el Patrimonio, en adelante LIRPF, que dispone que "A efectos de lo dispuesto en el apartado anterior, se entenderá que el arrendamiento de inmuebles se realiza como actividad económica, únicamente cuando para la ordenación de esta se utilice, al menos, una persona empleada con contrato laboral y a jornada completa".

(...)

Por su parte, en el caso de que la actividad de arrendamiento tenga la consideración de actividad económica, debe tenerse en cuenta lo establecido en el artículo 28.3 de la LIRPF para la afectación de elementos patrimoniales:

(...)

En consecuencia, para la aplicación del régimen especial previsto en el Capítulo VII del Título VII de la LIS el inmueble a aportar deberá estar afectos a la actividad económica de arrendamiento durante al menos tres años antes de su aportación a la sociedad».

Aportación de rama de actividad realizada por una persona física contribuyente del IRPF

Asimismo, según el segundo apartado del artículo 87 de la LIS, el régimen de neutralidad fiscal también se aplicará a las **aportaciones de ramas de actividad** que realicen los contribuyentes del IRPF y del IRNR que sean **residentes en Estados miembros de la Unión Europea**, siempre que lleven su **contabilidad** de acuerdo con el Código de Comercio o legislación equivalente. En tal sentido, conviene tener en cuenta que el artículo 76.3 de la LIS define la aportación de rama de actividad como aquella operación por la que se aporta a una entidad de nueva creación o ya existente la totalidad o una o más ramas de actividad, recibiendo a cambio valores representativos del capital social de la entidad adquirente. Entendiéndose, a tales efectos, por rama de actividad «el conjunto de elementos patrimoniales que sean susceptibles de constituir una unidad económica autónoma determinante de una explotación económica, es decir, un conjunto capaz de funcionar por sus propios medios» (artículo 76.4 de la LIS). Además, se precisa que podrán ser atribuidas a la entidad adquirente las deudas contraídas para la organización o el funcionamiento de los elementos que se traspasan.

Según ha reiterado la Dirección General de Tributos, solo aquellas operaciones de aportación no dineraria de ramas de actividad en las que el patrimonio aportado constituya una unidad económica y permita por sí mismo el desarrollo de una explotación económica en sede de la adquirente podrán disfrutar del régimen especial del capítulo VII del título VII de la LIS. Ahora bien, tal concepto fiscal no excluye la exigencia, implícita en el concepto de «rama de actividad», de que la actividad económica que la adquirente desarrollará de manera autónoma exista también previamente en sede de la transmitente, permitiendo así la identificación de un conjunto patrimonial afectado o destinado a la misma [así lo señala, por ejemplo, la reciente consulta vinculante de la Dirección General de Tributos (V1896-23), de 29 de junio de 2023]. En ese mismo sentido se pronuncia también la jurisprudencia del Tribunal Supremo, pudiendo acudirse a tal respecto, y entre otras, a su sentencia n.° 2749/2016, de 22 de diciembre, ECLI:ES:TS:2016:5561.

Aunque pueda parecer evidente porque estamos hablando de «ramas de actividad», de cara a la aplicación del artículo 87.2 de la LIS, conviene hacer referencia a la necesidad de que el inmueble aportado estuviese afecto a una actividad económica; lo que, en el caso del arrendamiento, exigiría el cumplimiento de los requisitos del artículo 27 de la LIRPF. Además, el inmueble a aportar tendrá que haber estado afecto a la actividad económica de arrendamiento durante al menos tres años antes de su aportación a la sociedad (artículo 28.3 de la LIRPF).

RESOLUCIÓN RELEVANTE

Sentencia de la Audiencia Nacional en recurso n.º 615/2019, de 28 de octubre de 2022, ECLI:ES:AN:2022:5185

Asunto: concepto de «rama de actividad».

«En la interpretación del concepto "rama de actividad", debemos recordar la doctrina del Tribunal Supremo, que, entre otras, se recoge en la sentencia de 22 de diciembre de 2016, RC 2804/2015:

"3. La jurisprudencia de esta Sala y Sección se ha pronunciado ya sobre la cuestión aquí controvertida de si para que pueda hablarse de rama de actividad es preciso que los elementos aportados constituyan una explotación económica autónoma de manera efectiva en la entidad transmitente o si basta que sean susceptibles de determinar dicha explotación de forma autónoma en sede de la entidad adquirente de la rama de actividad.

1. En la sentencia de 29 de octubre de 2009 (casa. 7162/2004) la discrepancia entre las partes radicaba en que la recurrente, a diferencia de la Administración, entiende que para que pueda hablarse de rama de actividad no es preciso que los elementos aportados constituyan una explotación económica autónoma de manera efectiva en la entidad transmitente siempre que sean susceptibles de determinar dicha explotación de forma autónoma en sede de la entidad adquirente de la rama de actividad.

(...) solo aquellas aportaciones en las que el patrimonio segregado constituya una unidad económica y permita por sí mismo el desarrollo de una explotación económica en sede de la adquirente podrán disfrutar del régimen especial de exención. Ahora bien, tal concepto fiscal exige que la actividad económica que la adquirente desarrollará de manera autónoma exista también previamente en sede del transmitente permitiendo así la identificación de un conjunto patrimonial afectado o destinado a la misma.

(...)

Si aplicásemos la exención a la simple transmisión de elementos patrimoniales aislados, sin exigir que los mismos constituyan una verdadera rama de actividad en la entidad aportante o transmitente, la exención llegaría a aplicarse a todos los Impuestos indirectos sobre las transmisiones patrimoniales y no sólo a las transmisiones que se produzcan en el marco de verdaderas operaciones de reestructuración empresarial, que es lo que persigue la Directiva considerada. Siguiendo el razonamiento de la parte recurrente, cualquier empresa que adquiera uno o varios elementos patrimoniales aislados, lo hace para incorporarlos a su proceso empresarial, esto es, a su actividad social; de modo que como potencialmente esos elementos patrimoniales aislados pueden llegar a acoplarse a la actividad principal, o a una de las ramas de actividad de la sociedad o empresa adquirente, bastaría con ello para aplicar la exención pretendida; lo que obviamente no constituye el fundamento ni la finalidad de la exención que estamos examinando".

Esta doctrina también ha sido declarada en las sentencias del Tribunal Supremo de 20 de julio de 2014, recurso 3569/2011 y 26 de septiembre de 2014, recurso 844/2012, entre otras.

Es, pues, una cuestión ya resuelta jurisprudencialmente, que la **rama de actividad que se transmita debe existir en la entidad transmitente para poder acogerse al régimen de neutralidad fiscal del Capítulo VIII del Título VIII de la Ley del Impuesto sobre Sociedades aplicable**».

RESOLUCIÓN ADMINISTRATIVA

Consulta vinculante de la Dirección General de Tributos (V0707-21), de 25 de marzo de 2021

Asunto: supuesto de aportación de rama de actividad de arrendamiento de inmuebles a los efectos del artículo 87.2 de la LIS.

«En el caso concreto, la persona física consultante indica que pretende aportar todos los activos y pasivos de la actividad de arrendamiento de bienes inmuebles que desarrolla a título individual como persona física a la sociedad X. De acuerdo con lo manifestado en el escrito de consulta, la actividad de arrendamiento de inmuebles parece disponer de medios materiales y personales para el ejercicio de dicha actividad, contando con un empleado con contrato laboral y a jornada completa para el desarrollo de la actividad por lo que la aportación no dineraria podría subsumirse en el presupuesto de hecho recogido en el artículo 87.2 de la LIS en la medida en que la aportación no dineraria consistiera en un conjunto de medios materiales y humanos necesarios para el desarrollo de la actividad de arrendamiento de inmuebles y esta cumpliera todos los requisitos señalados en este apartado».

Las consecuencias de la aplicación del régimen de neutralidad fiscal

Sea como fuere, en los casos en los que se aplique este régimen de diferimiento, las **ganancias patrimoniales que se pongan de manifiesto con la aportación no dineraria no se integrarán en la base imponible del contribuyente**. De cara a futuras transmisiones, las acciones o participaciones recibidas como consecuencia de una aportación de ramas de actividad o de elementos patrimoniales se valorarán, a efectos fiscales, por el mismo valor fiscal que tenían la rama de actividad o los elementos patrimoniales aportados y tomando como fecha de antigüedad la de adquisición del elemento aportado.

Con todo, conviene tener muy presente que dicho régimen **no podrá aplicarse cuando la operación tenga como principal objetivo el fraude o la evasión fiscal**. En particular, según indica el artículo 89.2 de la LIS, el régimen no se aplicará cuando la operación no se efectúe por **motivos económicos válidos**, tales como la reestructuración o la racionalización de las actividades de las entidades que participan en la operación, sino con la mera finalidad de conseguir una ventaja fiscal.

La realización de estas operaciones deberá ser objeto de **comunicación a la Administración tributaria** por la entidad adquirente de las operaciones, salvo que la misma no sea residente en territorio español, en cuyo caso la comunicación se realizará por la entidad transmitente. En ella, habrá que indicar el tipo de operación que se realiza y si se opta por no aplicar el régimen fiscal especial previsto en el capítulo VII del título VII de la LIS. Si ninguna de las dos entidades (adquirente y transmitente) es residente en territorio español, la comunicación tendrá que ser presentada por los socios, que deberán indicar que la operación se ha acogido a un régimen fiscal similar al establecido en aquel capítulo.

> **A TENER EN CUENTA.** La comunicación deberá efectuarse dentro del plazo de los tres meses siguientes a la fecha de inscripción de la escritura pública en la que se documente la operación. Si la inscripción no fuera necesaria, el plazo se computará desde la fecha en que se otorgue la escritura pública o documento equivalente que corresponda a la operación. Tratándose de operaciones en las que ni la entidad adquirente ni la transmitente sean residentes en territorio español, la comunicación se realizará en el plazo previsto para la presentación de las declaraciones o autoliquidaciones correspondientes a los socios de la entidad transmitente, siempre que sean residentes en territorio español; en caso contrario, se aplicará el plazo de tres meses antes indicado.

CUESTIONES

1. ¿Qué sucederá si no se comunica la realización de las operaciones a las que se aplica el régimen especial de diferimiento conforme al artículo 87 de la LIS?

La falta de presentación en plazo de esta comunicación constituye infracción tributaria grave. La sanción consistirá en multa pecuniaria fija de 10.000 euros por cada operación respecto de la que hubiese de suministrarse información (artículo 89.1 de la LIS, *in fine*).

2. Cuando la persona física realiza la aportación de una rama de actividad, ¿con qué antelación tendrán que cumplirse los requisitos de contabilidad que exige el artículo 87.2 de la LIS?

El artículo 87.2 de la LIS exige que la contabilidad de la actividad económica se lleve con arreglo a lo dispuesto en el Código de Comercio o legislación equivalente. Ahora bien, no señala nada con respecto al plazo temporal de llevanza de contabilidad necesario para acogerse al régimen fiscal especial referido. Se limita a exigir una contabilidad completa y ajustada a las disposiciones mercantiles, a fin de facilitar y de asegurar la realización de la operación desde la perspectiva de las dos partes intervinientes; puesto que, por un lado, toda operación de aportación no dineraria prevista en el artículo 87 de la LIS exige el cumplimiento de una serie de requisitos y cautelas legales establecidos en la normativa mercantil y, por otro lado, la sociedad receptora está obligada no solo a llevar su propia contabilidad de acuerdo con las disposiciones del Código de Comercio y demás legislación mercantil aplicable, sino también, en virtud de lo dispuesto en el artículo 86.1.b) de la LIS, a recoger en su memoria anual el último balance cerrado por la entidad transmitente.

En esa medida, «el requisito relativo a la contabilidad se impone al aportante con el objeto de facilitar la correcta valoración de los elementos aportados, la incorporación de los mismos al patrimonio de la entidad adquirente y el cumplimiento por parte de ésta de todos los derechos y obligaciones contables, mercantiles y de índole tributaria que se refieran o afecten a los bienes y derechos transmitidos. Por ello, bastará que (...) lleve su contabilidad con arreglo a lo dispuesto en el Código de Comercio desde, al menos, el ejercicio anterior al que se realiza la aportación y se disponga de los medios de prueba necesarios para justificar la valoración de las diferentes partidas que figuran en dicha contabilidad» [consulta vinculante de la Dirección General de Tributos (V1774-23), de 20 de junio de 2023].

3. Si los bienes inmuebles aportados a la sociedad son gananciales, ¿a quién correspondería la ganancia o pérdida patrimonial que, en su caso, podría obtenerse?

El artículo 11.5 de la LIRPF, referido a la individualización de rentas, establece que las ganancias o pérdidas patrimoniales se considerarán obtenidas «por los contribuyentes que sean titulares de los bienes, derechos y demás elementos patrimoniales de que provengan según las normas sobre titularidad jurídica establecidas para los rendimientos del capital en el apartado 3» del mismo precepto. Por lo tanto, la ganancia o pérdida patrimonial derivada de la aportación del inmueble ganancial se imputará a ambos cónyuges por mitad.

Además, con respecto a la posible consideración del inmueble como afecto a una actividad económica, según el artículo 29.3 de la LIRPF, la consideración de elementos patrimoniales afectos lo será con independencia de que la titularidad de éstos, en caso de matrimonio, resulte común a ambos cónyuges.

Aportación de inmuebles a una sociedad en la «plusvalía municipal»

El Impuesto sobre el Incremento de Valor de los Terrenos de Naturaleza Urbana o IIVTNU, comúnmente conocido como «plusvalía municipal», es un tributo directo que grava el incremento de valor que experimenten dichos terrenos y que se ponga de manifiesto como consecuencia de la transmisión de su propiedad por cualquier título o de la constitución o transmisión de cualquier derecho real de goce, limitativo del dominio, sobre ellos. Se encuentra regulado en los **artículos 104 y siguientes del Real decreto legislativo 2/2004, de 5 de marzo**, por el que se aprueba el texto refundido de la Ley Reguladora de las Haciendas Locales (LRHL).

En esa medida, para que se produzca su hecho imponible deben darse **dos condiciones simultáneas**, que se desprenden de los apartados 1 y 2 del artículo 104 de la LRHL:

– Que se produzca un **incremento del valor de los terrenos que tengan la consideración de urbanos a los efectos del IBI**, con independencia de que estén o no contemplados como tales en el Catastro o en el padrón de aquel. Asimismo, también estará sujeto el incremento de valor que experimenten los terrenos integrados en los inmuebles clasificados como de características especiales a efectos del IBI. Se excluyen, por tanto, los que tengan la consideración de rústicos en cuanto al IBI.

– Que tal incremento se produzca **como consecuencia de una transmisión de esos terrenos o de la constitución o transmisión de derechos reales sobre los mismos**; transmisión que podrá realizarse tanto a título oneroso como lucrativo.

No existirá sujeción al impuesto en las transmisiones de terrenos con respecto a los cuales se constate «la **inexistencia de incremento de valor por diferencia entre los valores de dichos terrenos en las fechas de transmisión y adquisición**» (artículo 104.5 de la LRHL). Para ello, el sujeto pasivo interesado en acreditar la inexistencia de tal incremento de valor, tendrán que declarar la transmisión y aportar los títulos que documenten la transmisión y la adquisición; aplicándose las reglas que recoge dicho precepto para constatar la inexistencia de incremento de valor. Además, el **artículo 105 de la LRHL establece una serie de exenciones** (por ejemplo, para la transmisión de bienes integrados dentro del perímetro delimitado como conjunto histórico-artístico o declarados individualmente de interés cultural en ciertos supuestos).

Con todo, para las operaciones de aportación a sociedades a las que nos venimos refiriendo, la disposición adicional segunda de la LIS regula el régimen del IIVTNU en operaciones de reestructuración empresarial, estableciendo lo siguiente:

> «No se devengará el Impuesto sobre el Incremento de Valor de los Terrenos de Naturaleza Urbana con ocasión de las transmisiones de terrenos de naturaleza urbana derivadas de operaciones a las que resulte aplicable el régimen especial regulado en Capítulo VII del Título VII de esta Ley, a excepción de las relativas a terrenos que se aporten al amparo de lo previsto en el artículo 87 de esta Ley cuando no se hallen integrados en una rama de actividad.
>
> En la posterior transmisión de los mencionados terrenos se entenderá que el número de años a lo largo de los cuales se ha puesto de manifiesto el incremento de valor no se ha interrumpido por causa de la transmisión derivada de las operaciones previstas en el Capítulo VII del Título VII.
>
> No será de aplicación lo establecido en el artículo 9.2 del Texto Refundido de la Ley Reguladora de las Haciendas Locales, aprobado por el Real Decreto Legislativo 2/2004, de 5 de marzo».

Por lo tanto, la aportación no dineraria de una rama de actividad de arrendamiento a la que se hubiese aplicado el régimen de neutralidad fiscal regulado en el capítulo VII del título VII de la LIS no supondrá el devengo del IIVTNU, salvo en aquellos supuestos en los que se aporte a una sociedad un inmueble de naturaleza urbana no integrado en una rama de actividad y que se haya beneficiado de lo previsto en el artículo 87 de la LIS. O, lo que es lo mismo, **el no devengo del IIVTNU está condicionado a que los inmuebles aportados estén integrados en una rama de actividad.**

RESOLUCIÓN ADMINISTRATIVA

Consulta vinculante de la Dirección General de Tributos (V1988-23), de 7 de julio de 2023

Asunto: requisitos para que no se devengue el IIVTNU en caso de aportación de inmuebles a una sociedad.

«(...) el no devengo y por tanto la no sujeción al IIVTNU está condicionado a que los bienes inmuebles aportados se encuentren integrados en una rama de actividad.

En caso de que no concurran las circunstancias descritas, se producirá el devengo del IIVTNU como consecuencia, en su caso, de las transmisiones de los terrenos de naturaleza urbana, siendo los sujetos pasivos del citado impuesto las personas físicas aportantes».

2.2.3. El régimen especial de las entidades dedicadas al arrendamiento de viviendas

Los artículos 48 y 49 de la LIS, integrados dentro del **capítulo III del título VII de la LIS**, regulan un **régimen tributario especial** para las entidades dedicadas al arrendamiento de vivienda.

Podrán acogerse a él las **sociedades que tengan como actividad económica principal el arrendamiento de viviendas situadas en territorio español que hayan construido, promovido o adquirido.** Siendo compatible dicha actividad con:

- La realización de otras actividades complementarias.

- La transmisión de los inmuebles arrendados una vez transcurrido el período mínimo de mantenimiento de tres años que las viviendas permanezcan arrendadas u ofrecidas en arrendamiento.

> **A TENER EN CUENTA.** A los efectos de este régimen, solo se considerará como arrendamiento de vivienda el que define el artículo 2.1 de la LAU (el que recae sobre una edificación habitable cuyo destino primordial sea satisfacer la necesidad permanente de vivienda del arrendatario), siempre que se cumplan los requisitos y condiciones establecidos en dicha norma para los contratos de arrendamiento de viviendas. Además, se asimilarán a viviendas el mobiliario, los trasteros, las plazas de garaje con el máximo de dos, y cualesquiera otras dependencias, espacios arrendados o servicios cedidos como accesorios de la finca por el mismo arrendador, excluidos los locales de negocio, siempre que unos y otros se arrienden conjuntamente con la vivienda.

Requisitos para su aplicación

Para que pueda aplicarse este régimen especial tendrán que cumplirse las siguientes condiciones (artículo 48.2 de la LIS):

- El **número de viviendas arrendadas u ofrecidas** en arrendamiento por la entidad en cada período impositivo debe ser **en todo momento igual o superior a ocho.**

- Las viviendas tendrán que **permanecer arrendadas u ofrecidas en arrendamiento durante al menos tres años,** que se computarán:

  • En el caso de viviendas que figuren en el patrimonio de la entidad antes del momento de acogerse al régimen, desde la fecha de inicio del período impositivo en el que se comunique la opción por el régimen, siempre que a dicha fecha la vivienda se encontrara arrendada. De lo contrario, se estará a lo dispuesto en el párrafo siguiente.

  • En el caso de viviendas adquiridas o promovidas con posterioridad por la entidad, desde la fecha en que fueron arrendadas por primera vez por ella.

El incumplimiento de este requisito implicará, para cada vivienda, la pérdida de la bonificación que hubiera correspondido. Junto con la cuota del período impositivo en el que se produjo el incumplimiento, deberá ingresarse el importe de las bonificaciones aplicadas en la totalidad de los períodos impositivos en los que hubiera resultado de aplicación este régimen especial, sin perjuicio de los intereses de demora, recargos y sanciones que, en su caso, resulten procedentes.

– Las **actividades de promoción inmobiliaria y de arrendamiento deberán ser objeto de contabilización separada para cada inmueble** adquirido o promovido, con el desglose que resulte necesario para conocer la renta correspondiente a cada vivienda, local o finca registral independiente en que estos se dividan.

– En el caso de entidades que desarrollen **actividades complementarias** a la actividad económica principal de arrendamiento de viviendas, que, al menos el 55 % de las rentas del período impositivo, excluidas las derivadas de la transmisión de los inmuebles arrendados una vez transcurrido el período mínimo de mantenimiento de tres años anterior; o, alternativamente que al menos el 55 % del valor del activo de la entidad sea susceptible de generar rentas que tengan derecho a la aplicación de la bonificación del artículo 49.1 de la LIS.

Opción por el régimen y efectos

La opción por este régimen tendrá que comunicarse a la Administración tributaria, aplicándose el régimen fiscal especial se aplicará en el **período impositivo que finalice con posterioridad a dicha comunicación** y en los sucesivos que concluyan antes de que se comunique a la Administración tributaria la renuncia al mismo. Ahora bien, de cara a la opción por este régimen, existirían dos particularidades:

– Cuando a la entidad le **resulte de aplicación cualquiera de los restantes regímenes especiales** que prevé el título VII de la LIS, excepto el de consolidación fiscal, transparencia fiscal internacional y el de las fusiones, escisiones, aportaciones de activo, canje de valores y el de determinados contratos de arrendamiento financiero, no podrá optar por el régimen para entidades dedicadas al arrendamiento de viviendas.

– Las entidades a las que les sean de aplicación los incentivos fiscales para las **empresas de reducida dimensión** de acuerdo con el artículo 101 de la LIS podrán optar entre aplicar dichos incentivos o aplicar este régimen especial.

El régimen especial del capítulo III del título VII de la LIS supone que **la parte de cuota íntegra que corresponda a las rentas derivadas del arrendamiento de viviendas que cumplan los requisitos para la aplicación del régimen tenga una bonificación del 40 %**. La renta que se bonifica derivada del arrendamiento estará integrada para cada vivienda por el ingreso íntegro obtenido, minorado en los gastos fiscalmente deducibles directamente relacionados con la obtención de dicho ingreso y en la parte de los gastos generales que correspondan proporcionalmente al citado ingreso. En el supuesto de viviendas adquiridas en virtud de los contratos de arrendamiento financiero a los que se refiere el capítulo XII del título VII de la LIS, no se tendrán en cuenta las correcciones derivadas de la aplicación del citado régimen especial para calcular la renta que se bonifica.

> **A TENER EN CUENTA.** Este porcentaje del 40 % de bonificación, previsto en el artículo 49.1 de la LIS, es fruto de la Ley 22/2021, de 28 de diciembre, que lo introdujo con efectos para los períodos impositivos iniciados a partir de 1 de enero de 2022. Con carácter previo, el porcentaje era del 85 %.

Esta bonificación será **incompatible**, en relación con las rentas bonificadas, con la **reserva de capitalización** prevista en el artículo 25 de la LIS.

Por otra parte:

- En el caso de **dividendos o participaciones en beneficios distribuidos con cargo a las rentas a las que haya resultado de aplicación la bonificación**, la exención prevista en el artículo 21 de la LIS (para evitar la doble imposición de dividendos) se aplicará sobre el 50 % de su importe. No serán objeto de eliminación dichos dividendos o participaciones en beneficios cuando la entidad tribute en el régimen de consolidación fiscal. A estos efectos, se considerará que el primer beneficio distribuido procede de rentas no bonificadas.

- En el caso de rentas derivadas de la **transmisión de participaciones en el capital de entidades que hayan aplicado este régimen fiscal especial**, se aplicarán las reglas generales del IS. Sin embargo, si procede la aplicación del artículo 21 de la LIS, la parte de la renta que se corresponda con reservas procedentes de beneficios no distribuidos bonificados tendrá derecho a la exención prevista en el mismo sobre el 50 % de dichas reservas. No serán objeto de eliminación dichas rentas cuando la transmisión corresponda a una operación interna dentro de un grupo fiscal.

RESOLUCIÓN ADMINISTRATIVA

Consulta vinculante de la Dirección General de Tributos (V2299-23), de 31 de julio de 2023

Asunto: compatibilidad entre el régimen de consolidación fiscal y el de las entidades dedicadas al arrendamiento de viviendas.

«Dada la compatibilidad del régimen especial de las entidades dedicadas al arrendamiento de vivienda con el régimen especial de consolidación fiscal, prevista en el apartado 4 del artículo 48 de la LIS, si el grupo de sociedades aplica el régimen de consolidación fiscal y alguna de las sociedades integrantes del grupo cumple los requisitos para poder aplicar el régimen de las entidades dedicadas al arrendamiento de viviendas, ambos regímenes no son incompatibles, y pueden aplicarse simultáneamente. En este sentido, los requisitos para la aplicación del régimen de las entidades dedicadas al arrendamiento de viviendas han de cumplirse por parte de aquellas sociedades del grupo, individualmente consideradas, que tengan la intención de acogerse al mismo, sin que se tengan en cuenta las actividades y rentas del resto de entidades que integran el grupo fiscal.

Así, la bonificación regulada en el régimen especial de arrendamiento de viviendas, prevista en el capítulo III del Título VII de la LIS, no está incluida en el artículo 71 de la LIS, entre las bonificaciones cuyos requisitos deben cumplirse referidos al grupo fiscal.

Por tanto, los requisitos para la aplicación del régimen de las entidades dedicadas al arrendamiento de viviendas han de cumplirse por parte de cada una de las sociedades del grupo que tengan la intención de acogerse al mismo, sin que se tengan en cuenta las actividades, las rentas y los activos del resto de entidades que integran el grupo fiscal.

En virtud de lo anterior, en caso de tributación en el régimen especial de consolidación fiscal, la bonificación del artículo 49 de la LIS, correspondiente a cada una de las sociedades del grupo que haya optado por la aplicación del régimen especial de entidades dedicadas al arrendamiento de vivienda, se aplicará sobre la cuota íntegra del grupo fiscal, determinada según las normas que establece el régimen especial de consolidación fiscal, y se aplicará sobre la parte de dicha cuota íntegra que se corresponda con las rentas positivas derivadas del arrendamiento de viviendas de la sociedad del grupo respecto de todas las rentas positivas que integran la base imponible del período impositivo del grupo.

Para determinar qué parte de la cuota íntegra del grupo fiscal corresponde a dichas rentas, se determinará la proporción que representan las rentas derivadas del arrendamiento de viviendas de la sociedad del grupo acogida al régimen especial de las entidades dedicadas al arrendamiento de viviendas respecto de todas las rentas positivas que integran la base imponible del período impositivo del grupo, por cuanto solamente las rentas positivas generan cuota íntegra.

En este punto debe señalarse que, de acuerdo con lo establecido en el artículo 62 de la LIS, anteriormente transcrito, en la determinación de la base imponible del grupo fiscal se tendrán en cuenta las eliminaciones de resultados por operaciones internas efectuadas en el período impositivo; resultados eliminados que se incorporarán a la base imponible del grupo fiscal cuando se realicen frente a terceros, siguiendo lo dispuesto en el artículo 64 de la LIS.

2. De acuerdo con lo señalado en el apartado segundo del artículo 49 de la LIS, previamente reproducido, las rentas que tienen derecho a la aplicación de la bonificación son las rentas derivadas del arrendamiento de viviendas que cumplan los requisitos correspondientes, que estarán integradas para cada vivienda por el ingreso íntegro obtenido, minorado en los gastos directamente relacionados con la obtención de dicho ingreso y en la parte de los gastos generales que correspondan proporcionalmente al citado ingreso.

Por tanto, en el caso consultado, las participaciones en entidades dedicadas al arrendamiento de viviendas no constituyen activos susceptibles de generar rentas que tengan derecho a la aplicación de la bonificación prevista en el artículo 49 de la LIS».

2.3. Singularidades a tener en cuenta en la fiscalidad del socio: relaciones socio-sociedad y su incidencia en el IRPF del socio

La existencia de una sociedad (sea civil, sea de capital o de otro tipo) supone, *per se*, la existencia de uno o varios socios que participan en su capital social. Y, evidentemente, **las distintas relaciones económicas que entre una y otros se establezcan tendrán sus correspondientes implicaciones en el plano fiscal.**

Una de las manifestaciones más típicas de estas relaciones seguramente vendrá dada por el cobro, por parte del socio, del importe que le corresponda de los beneficios o dividendos que la sociedad distribuya, o por el cobro de primas por la asistencia a juntas. Las cantidades obtenidas por dichos conceptos tributarán, en el caso de los socios personas físicas (que será en el que nos centremos), como **rendimientos del capital mobiliario** en su IRPF, de acuerdo con el artículo 25.1 de la LIRPF.

Sin embargo, es posible que el socio no solo perciba cantidades como consecuencia de su participación en los fondos propios de la entidad, sino que mantenga también otro tipo de relaciones económicas con ella. Por ejemplo, puede ser administrador y percibir una remuneración por el ejercicio de las funciones inherentes a dicho cargo, caso en el que deberá incluir tales retribuciones como rendimientos del trabajo en su IRPF [artículo 17.2.e) de la LIRPF]. O puede desarrollar en la sociedad o para la sociedad otras funciones distintas de las propias del cargo de administrador, en base a alguna relación laboral o mercantil que lo una con ella, y dichas remuneraciones tendrán la consideración de **rendimientos del trabajo o de actividades económicas,** según los casos, a los efectos de su IRPF.

Sea como fuere, en este epígrafe nos centraremos en analizar la incidencia básica en el IRPF del socio persona física de **dos operativas muy frecuentes en el ámbito de las sociedades dedicadas al arrendamiento de inmuebles:**

– La realización de operaciones vinculadas, que, a pesar de ser una cuestión general que afecta transversalmente a cualquier tipo de sociedad, podrá cobrar especial importancia en este ámbito.

– La utilización gratuita de inmuebles o por precio inferior al de mercado.

RESOLUCIÓN ADMINISTRATIVA

Consulta vinculante de la Dirección General de Tributos (V1481-22), de 21 de junio de 2022

Asunto: calificación, a efectos del IRPF del socio, de la retribución que pueda percibir de la sociedad por los servicios que preste en o para la misma (propios del cargo de administrador u otros).

«En lo que respecta a las actividades correspondientes al **cargo de administrador,** la totalidad de las **retribuciones percibidas por el ejercicio de las funciones propias de dicho cargo** deben entenderse comprendidas, a efectos del Impuesto sobre la Renta de las Personas físicas, en los rendimientos del trabajo previstos en la letra e), del apartado 2, del artículo 17 de la LIRPF, (...)

No obstante, en caso de que la sociedad no satisfaga al socio ninguna cantidad por el ejercicio de las funciones propias del cargo de administrador, al ser dicho cargo gratuito, dicho socio no deberá imputarse ninguna retribución en tal concepto en su declaración del Impuesto.

A su vez, en el Impuesto sobre la Renta de las Personas Físicas, para la calificación de los **servicios prestados por el socio a la sociedad distintos de los que, en su caso, derivasen de su condición de administrador**, debe tenerse en cuenta, por un lado, lo establecido en el primer párrafo del artículo 17.1 de la LIRPF, el cual señala que:

"Se considerarán rendimientos íntegros del trabajo todas las contraprestaciones o utilidades, cualquiera que sea su denominación o naturaleza, dinerarias o en especie, que deriven, directa o indirectamente, del trabajo personal o de la relación laboral o estatutaria y no tengan el carácter de rendimientos de actividades económicas.".

Por otra parte, debe igualmente tenerse en cuenta lo dispuesto en el párrafo primero del artículo 27.1 de la LIRPF, que en la nueva redacción dada por el artículo primero. Dieciséis de la Ley 26/2014, de 27 de noviembre, por la que se modifican la Ley 35/2006, de 28 de noviembre, del Impuesto sobre la Renta de las Personas Físicas, el texto refundido de la Ley del Impuesto sobre la Renta de no Residentes, aprobado por el Real Decreto Legislativo 5/2004, de 5 de marzo, y otras normas tributarias (BOE de 28 de noviembre), con vigencia a partir de 1 de enero de 2015, establece que:

"1. Se considerarán rendimientos íntegros de actividades económicas aquellos que, procediendo del trabajo personal y del capital conjuntamente, o de uno solo de estos factores, supongan por parte del contribuyente la ordenación por cuenta propia de medios de producción y de recursos humanos o de uno de ambos, con la finalidad de intervenir en la producción o distribución de bienes o servicios.

En particular, tienen esta consideración los rendimientos de las actividades extractivas, de fabricación, comercio o prestación de servicios, incluidas las de artesanía, agrícolas, forestales, ganaderas, pesqueras, de construcción, mineras, y el ejercicio de profesiones liberales, artísticas y deportivas.

No obstante, tratándose de rendimientos obtenidos por el contribuyente procedentes de una entidad en cuyo capital participe derivados de la realización de actividades incluidas en la Sección Segunda de las Tarifas del Impuesto sobre Actividades Económicas, aprobadas por el Real Decreto Legislativo 1175/1990, de 28 de septiembre, tendrán esta consideración cuando el contribuyente esté incluido, a tal efecto, en el régimen especial de la Seguridad Social de los trabajadores por cuenta propia o autónomos, o en una mutualidad de previsión social que actúe como alternativa al citado régimen especial conforme a lo previsto en la Disposición adicional decimoquinta de la Ley 30/1995, de 8 de noviembre, de ordenación y supervisión de los seguros privados.".

En el presente caso, las actividades que constituyen el objeto de la sociedad y que el socio va a desarrollar no tienen la naturaleza de actividades profesionales en los términos establecidos en el párrafo tercero del artículo 27.1 de la LIRPF antes reproducido, por lo que no le sería de aplicación dicho párrafo.

Teniendo en cuenta lo anterior, con independencia de la naturaleza laboral o no que una al socio con la sociedad, y del régimen de afiliación a la Seguridad Social que corresponda al socio, debe considerarse que los rendimientos satisfechos a este por el desarrollo de las actividades empresariales que constituyen el objeto de la sociedad tienen la naturaleza de rendimientos de trabajo de los establecidos, con carácter general, en el artículo 17.1 de la LIRPF, al no concurrir en aquéllos los requisitos establecidos en los dos primeros párrafos del artículo 27.1 de la LIRPF».

2.3.1. El régimen de operaciones vinculadas: incidencia en el IRPF del socio

Cuando un autónomo o una sociedad interviene en el tráfico económico es frecuente que en su operativa diaria se sirva de la colaboración de determinadas personas con las que puede guardar una determinada relación de parentesco u otra clase. Por ejemplo, y al margen de los ejemplos antes señalados, una sociedad limitada cuyo administrador tenga varios hermanos puede contratar a otro de ellos como empleado o contar con él como autónomo externo que le preste determinados servicios puntuales. La casuística es inmensa y, por tanto, inabarcable. Sin embargo, lo que sí puede concluirse es que este tipo de operaciones suelen dar lugar o, al menos, generar la tentación de fijar una contraprestación inferior a la ordinaria o, incluso, inexistente. Es por ello por lo que se prevén normas específicas al respecto.

En el ámbito del IRPF, el artículo 41 de la LIRPF indica expresamente que la valoración de las operaciones entre personas o entidades vinculadas debe realizarse por **valor normal de mercado**, en los términos que prevé el artículo 18 de la LIS.

A TENER EN CUENTA. En realidad, el artículo 41 de la LIRPF se remite al artículo 16 del texto refundido de la Ley del Impuesto sobre Sociedades, aprobado por el Real Decreto Legislativo 4/2004, de 5 de marzo, por el que se aprueba el texto refundido de la Ley del Impuesto sobre Sociedades (TRLIS). Sin embargo, a día de hoy esta norma ha quedado derogada y la referencia debe entenderse hecha a la norma actual que regula las operaciones vinculadas en el marco del Impuesto sobre Sociedades: el artículo 18 de la Ley 27/2014, de 27 de noviembre, del Impuesto sobre Sociedades.

Ahora bien, ¿qué se entiende por operación vinculada a estos efectos? Según el artículo 18 de la LIS, **se considerarán personas o entidades vinculadas** las siguientes:

- **Una entidad y sus socios o partícipes**.
- Una entidad y sus consejeros o administradores, salvo en lo correspondiente a la retribución por el ejercicio de sus funciones.
- **Una entidad y los cónyuges o personas unidas por relaciones de parentesco, en línea directa o colateral, por consanguinidad o afinidad hasta el tercer grado de los socios o partícipes**, consejeros o administradores.
- Dos entidades que pertenezcan a un grupo.
- Una entidad y los consejeros o administradores de otra entidad, cuando ambas entidades pertenezcan a un grupo.
- Una entidad y otra entidad participada por la primera indirectamente en, al menos, el 25 % del capital social o de los fondos propios.
- **Dos entidades en las cuales los mismos socios, partícipes o sus cónyuges, o personas unidas por relaciones de parentesco, en línea directa o colateral, por consanguinidad o afinidad hasta el tercer**

grado, participen, directa o indirectamente en, al menos, el 25 % del capital social o los fondos propios.

– Una entidad residente en territorio español y sus establecimientos permanentes en el extranjero.

En los supuestos en los que la vinculación se defina en función de la relación de los socios o partícipes con la entidad, la **participación deberá ser igual o superior al 25 %**. La mención a los administradores incluirá a los de derecho y a los de hecho. Por otra parte, existirá un grupo a estos efectos cuando una entidad ostente o pueda ostentar el control de otra u otras según los criterios establecidos en el artículo 42 del Código de Comercio, con independencia de su residencia y de la obligación de formular cuentas anuales consolidadas.

Así las cosas, cuando la sociedad realice operaciones con un socio con una participación igual o superior al 25 %, existirá una operación vinculada, cuya valoración tendrá que efectuarse a valor de mercado.

Reglas básicas a la hora de determinar el valor de mercado

Como tal valor de mercado se considerará, según indica el artículo 18 de la LIS, **aquel que se habría acordado por personas o entidades independientes en condiciones que respeten el principio de libre competencia**. Para la determinación de ese valor de mercado se aplicarán cualquiera de los métodos que enumera el apartado 4 de ese mismo precepto:

– **Método del precio libre comparable**, por el que se compara el precio del bien o servicio en una operación entre partes vinculadas con el precio de un bien o servicio idéntico o de características similares en una operación entre personas o entidades independientes en circunstancias equiparables, efectuando, si fuera preciso, las correcciones necesarias para obtener la equivalencia y considerar las particularidades de la operación.

– **Método del coste incrementado**, por el que se añade al valor de adquisición o coste de producción del bien o servicio el margen habitual en operaciones idénticas o similares con personas o entidades independientes o, en su defecto, el margen que personas o entidades independientes aplican a operaciones equiparables, efectuando, si fuera preciso, las correcciones necesarias para obtener la equivalencia y considerar las particularidades de la operación.

– **Método del precio de reventa**, por el que se sustrae del precio de venta de un bien o servicio el margen que aplica el propio revendedor en operaciones idénticas o similares con personas o entidades independientes o, en su defecto, el margen que personas o entidades independientes aplican a operaciones equiparables, efectuando, si fuera preciso, las correcciones necesarias para obtener la equivalencia y considerar las particularidades de la operación.

– **Método de la distribución del resultado**, por el que se asigna a cada persona o entidad vinculada que realice de forma conjunta una o varias operaciones la parte del resultado común derivado de dicha operación u operaciones, en función de un criterio que refleje adecuadamente las condiciones que habrían suscrito personas o entidades independientes en circunstancias similares.

– **Método del margen neto operacional**, por el que se atribuye a las operaciones realizadas con una persona o entidad vinculada el resultado neto, calculado sobre costes, ventas o la magnitud que resulte más adecuada en función de las características de las operaciones idénticas o similares realizadas entre partes independientes, efectuando, cuando sea preciso, las correcciones necesarias para obtener la equivalencia y considerar las particularidades de las operaciones.

A la hora de elegir el método de valoración a aplicar habrá que tener en cuenta, entre otras circunstancias, la naturaleza de la operación vinculada, la disponibilidad de información fiable y el grado de comparabilidad entre las operaciones vinculadas y no vinculadas. Ahora bien, cuando no sea posible aplicar los métodos anteriores, se podrán utilizar otros métodos y técnicas de valoración generalmente aceptados que respeten el principio de libre competencia.

Por otra parte, a la hora de fijar el valor de estas operaciones, deben destacarse dos reglas específicas que resultan de interés para aquellos supuestos en que la vinculación venga dada por la relación socio-sociedad:

– En caso de **prestaciones de servicios entre personas o entidades vinculadas,** valoradas de acuerdo con lo indicado, se requerirá que los servicios prestados produzcan o puedan producir una ventaja o utilidad a su destinatario. Si se tratase de servicios prestados conjuntamente en favor de varias personas o entidades vinculadas, y siempre que no fuera posible la individualización del servicio recibido o la cuantificación de los elementos determinantes de su remuneración, será posible distribuir la contraprestación total entre las personas o entidades beneficiarias de acuerdo con unas reglas de reparto que atiendan a criterios de racionalidad.

– El contribuyente podrá considerar que el valor convenido coincide con el valor de mercado en el caso de una **prestación de servicios por un socio profesional, persona física, a una entidad vinculada** y se cumplan los siguientes requisitos (artículo 18.6 de la LIS):

  • Que más del 75 % de los ingresos de la entidad procedan del ejercicio de actividades profesionales y cuente con los medios materiales y humanos adecuados para el desarrollo de la actividad.

  • Que la cuantía de las retribuciones correspondientes a la totalidad de los socios-profesionales por la prestación de servicios a la entidad no sea inferior al 75 % del resultado previo a la deducción de las retribuciones correspondientes a la totalidad de los socios-profesionales por la prestación de sus servicios.

  • Que la cuantía de las retribuciones correspondientes a cada uno de los socios-profesionales se determine en función de la contribución efectuada por estos a la buena marcha de la entidad, siendo necesario que consten por escrito los criterios cualitativos y/o cuantitativos aplicables, y no sea inferior a 1,5 veces el salario medio de los asalariados de la entidad que cumplan funciones análogas a las de los socios profesionales de la entidad (en su ausencia, la cuantía de las citadas retribuciones no podrá ser inferior a cinco veces el IPREM). El hecho de que no se cumpla este último requisito relativo al salario medio en relación con alguno de los socios-profesionales, no impedirá la aplicación del criterio indicado a los restantes socios-profesionales.

Facultades de comprobación, correcciones y obligaciones formales

La **Administración tributaria podrá comprobar las operaciones** realizadas entre personas o entidades vinculadas y, en su caso, **efectuará las correcciones que procedan**, sin que tales correcciones puedan suponer una tributación en el impuesto, ni, en su caso, en el IRPF o el IRNR, de una renta superior a la efectivamente derivada de la operación para el conjunto de las personas o entidades que la hubieran realizado.

Cuando en las operaciones vinculadas **se determine que el valor convenido es distinto del valor de mercado**, la **diferencia entre ambos valores tendrá el tratamiento fiscal que corresponda a la naturaleza de las rentas puestas de manifiesto** como consecuencia de la existencia de dicha diferencia. En concreto, si la vinculación viene dada en función en la relación entre los socios o partícipes y la entidad en la que participan, la diferencia tendrá, con carácter general, el siguiente tratamiento (artículo 18.11 de la LIS):

- Cuando la diferencia fuese a favor del socio o partícipe, la parte de la misma que se corresponda con el porcentaje de participación en la entidad se considerará como retribución de fondos propios para la entidad y como participación en beneficios para el socio. La parte de la diferencia que no se corresponda con aquel porcentaje, tendrá para la entidad la consideración de retribución de fondos propios y para el socio o partícipe de utilidad percibida de una entidad por la condición de socio, accionista, asociado o partícipe de acuerdo con lo previsto en el artículo 25.1.d) de la LIRPF.

- Cuando la diferencia fuese a favor de la entidad, la parte de la diferencia que se corresponda con el porcentaje de participación en la misma tendrá la consideración de aportación del socio o partícipe a los fondos propios de la entidad, y aumentará el valor de adquisición de la participación del socio o partícipe. La parte de la diferencia que no se corresponda con el porcentaje de participación en la entidad, tendrá la consideración de renta para la entidad, y de liberalidad para el socio o partícipe. Cuando se trate de contribuyentes del IRNR sin establecimiento permanente, la renta se considerará como ganancia patrimonial de acuerdo con lo previsto en el artículo 13.1.i).4.º de la LIRNR.

> **A TENER EN CUENTA.** Sin embargo, las reglas anteriores no se aplicarán en los casos en los que se proceda a la restitución patrimonial entre las personas o entidades vinculadas conforme al artículo 20 del RIS. Tal restitución no determinará la existencia de renta en las partes afectadas.

Los contribuyentes podrán solicitar a la Administración tributaria que determine la valoración de las operaciones efectuadas entre personas o entidades vinculadas con carácter previo a su realización.

Finalmente, cabe destacar que las personas o entidades vinculadas deberán mantener a disposición de la Administración tributaria, de acuerdo con principios de proporcionalidad y suficiencia, determinada **documentación específica**, a fin de justificar que las operaciones efectuadas se valoraron por su valor de mercado.

CUESTIONES

1. ¿Cómo puede solicitarse a la Administración tributaria que fije la valoración de las operaciones entre partes vinculadas antes de que se realicen?

Según prevé el artículo 18.9 de la LIS, los contribuyentes podrán solicitar a la Administración tributaria que determine la valoración de las operaciones efectuadas entre personas o entidades vinculadas con carácter previo a su realización; debiendo acompañarse a la solicitud una propuesta que se fundamentará en el principio de libre competencia.

El acuerdo de valoración surtirá efectos respecto de las operaciones realizadas con posterioridad a la fecha en que se apruebe y tendrá validez durante los períodos impositivos que se concreten en el propio acuerdo, sin que pueda exceder de los cuatro períodos impositivos siguientes al de la fecha en que se apruebe; también podrá establecerse que sus efectos alcancen a las operaciones de períodos impositivos anteriores, siempre que no hubiese prescrito el derecho de la Administración a determinar la deuda tributaria mediante la oportuna liquidación ni hubiese liquidación firme que recaiga sobre las operaciones objeto de solicitud.

En caso de variación significativa de las circunstancias económicas existentes en el momento de la aprobación del acuerdo, podrá ser modificado para adecuarlo a las nuevas circunstancias económicas.

2. ¿Resulta de aplicación a la retribución que perciban los administradores por el ejercicio de las funciones propias del cargo el artículo 18 de la LIS, que impone la valoración de las operaciones vinculadas por su valor normal de mercado?

Conforme al artículo 18.1 de la LIS, las operaciones efectuadas entre personas o entidades vinculadas se valorarán por su valor de mercado, entendiéndose por tal el que se habría acordado por personas o entidades independientes en condiciones que respeten el principio de libre competencia. A continuación, el apartado 2 de ese mismo precepto determina qué personas o entidades tendrán la consideración de vinculadas a esos efectos, refiriéndose su letra b) a los administradores o consejeros en los siguientes términos:

«2. Se considerarán personas o entidades vinculadas las siguientes:

(...)

b) Una entidad y sus consejeros o administradores, salvo en lo correspondiente a la retribución por el ejercicio de sus funciones».

Por lo tanto, los administradores y la sociedad no tendrán el carácter de personas o entidades vinculadas en lo relativo a la retribución que los primeros perciban por las funciones inherentes a dicho cargo de administrador.

RESOLUCIÓN ADMINISTRATIVA

Consulta vinculante de la Dirección General de Tributos (V0170-23), de 7 de febrero de 2023

Asunto: regla especial para la valoración de una operación vinculada consistente en una prestación de servicios efectuada por un socio profesional, persona física, a una entidad vinculada, prevista en el artículo 18.6 de la LIS.

«Con independencia de la naturaleza que corresponda a la retribución correspondiente a dichos servicios, debe tenerse en cuenta que el artículo 41 de la LIRPF establece que "La valoración de las operaciones entre personas o entidades vinculadas se realizará por su valor normal de mercado, en los términos previstos en el artículo 16 del texto refundido de la Ley del Impuesto sobre Sociedades", referencia que debe entenderse realizada a partir de 1 de enero de 2015 al artículo 18 de la Ley 27/2014, de 27 de noviembre, del Impuesto sobre Sociedades (BOE de 28 de noviembre). No obstante, no corresponde a este Centro Directivo determinar cuál debe ser la retribución que la sociedad debe satisfacer a sus socios o cuáles son los criterios que deben utilizarse para su determinación, sin perjuicio de indicar que el artículo 18.6 de la Ley 27/2014, de 27 de noviembre, del Impuesto sobre Sociedades (BOE de 28 de noviembre) establece:

(...)

Por lo tanto, en la medida que se cumplan los requisitos anteriores se podrá considerar que el valor convenido coincide con el valor de mercado de la prestación de servicios efectuada».

2.3.2. La utilización gratuita o por precio inferior al de mercado de inmuebles

En múltiples ocasiones, los socios de las empresas realizan un uso privativo de bienes de la sociedad, siendo los casos más paradigmáticos los referidos al uso del vehículo de empresa con fines particulares o al uso como vivienda de un inmueble propiedad de la sociedad. Y, justamente, este último supuesto es el que más puede interesar a las sociedades que se dedican al arrendamiento de inmuebles, donde puede ser habitual que se ceda alguno de los inmuebles de titularidad de la sociedad para su utilización por parte de alguno de los socios, normalmente de manera gratuita o por un precio inferior al de mercado.

La cesión patrimonial que realiza la sociedad al socio, que **no se corresponda con una remuneración por los servicios o funciones que el socio pueda realizar para la entidad** (es decir, que se le efectúe por su mera condición de socio), de forma gratuita o por precio inferior al de mercado, supone:

– Para el socio, en su IRPF, un **rendimiento del capital mobiliario en especie,** al obtenerse como consecuencia de la participación en los fondos propios de la entidad, conforme al artículo 25.1 de la LIRPF.

– Para la sociedad, por su parte, no constituye un gasto deducible, sino que genera la obtención de una renta presunta a efectos de su IS.

En este sentido, el Tribunal Supremo se pronunció en la sentencia n.º 526/2022, de 4 de mayo, ECLI:ES:TS:2022:1850, aunque con respecto a la cesión de vehículo, y estableció que, en los casos en los que la cesión al socio no se califique jurídico-tributariamente como generadora de rendimientos del trabajo en especie:

> «(...) la cesión de uso o puesta a disposición de los vehículos automóviles de los que es titular una sociedad en favor de sus socios debe tributar como rendimiento del capital mobiliario en el IRPF de los cesionarios y, en la medida que constituyan una operación vinculada, resultan aplicables para su valoración las reglas establecidas en el artículo 41 LIRPF».

Por contra, cuando el uso del inmueble se ceda al socio en consideración a los servicios que presta a la sociedad, es decir, cuando constituya una **retribución en especie de una prestación de servicios real y efectiva**:

- Para el socio, en su IRPF, tributará, como **rendimiento en especie del trabajo o de actividades económicas**, según proceda, de acuerdo con lo previsto en los artículos 17 y 27 de la LIRPF.

- Para la sociedad, en este caso, el gasto sí tendrá la consideración de deducible en cuanto esté imputado temporalmente de manera adecuada, debidamente contabilizado, justificado y correlacionado con la actividad. Es decir, será necesario que concurran los requisitos generales que posibilitan la deducción de gastos en el IS.

A tal efecto, la sentencia del Tribunal Supremo n.° 950/2022, de 6 de julio, ECLI:ES:TS:2022:3077, por ejemplo, señala:

> «(...) en función de lo razonado precedentemente, los gastos relativos a la retribución que perciba un socio mayoritario no administrador, como consecuencia de los servicios prestados en favor de la actividad empresarial de la sociedad, constituyen gastos fiscalmente deducibles a efectos del Impuesto sobre Sociedades, cuando observando las condiciones legalmente establecidas a efectos mercantiles y laborales, dicho gasto acredite la correspondiente inscripción contable, se impute con arreglo a devengo y revista justificación documental».

Por lo que se refiere a la valoración de la operación a los efectos del IRPF del socio, habrá que tener en cuenta las siguientes reglas:

- La valoración de las **operaciones entre personas o entidades vinculadas** (como serían el socio y la sociedad cuando aquel tenga una participación igual o superior al 25 %) se realizará por su **valor normal de mercado**, en los términos previstos en el artículo 18 de la LIS (artículo 41 de la LIRPF).

- Conforme al artículo 6.5 de la LIRPF, se presumen retribuidas, salvo prueba en contrario, las prestaciones de bienes, derechos o servicios susceptibles de generar **rendimientos del trabajo o del capital**. Su valoración se efectuará por el **valor normal en el mercado**, entendiéndose por tal la contraprestación que se acordaría entre sujetos independientes, salvo prueba en contrario (artículo 40 de la LIRPF). En el caso de préstamos y operaciones de captación o utilización de capitales ajenos en general, se entenderá por valor normal en el mercado el tipo de interés legal del dinero que se halle en vigor el último día del período impositivo.

– En el caso de **rentas en especie**, el artículo 43 de la LIRPF establece que, como regla general las mismas se valorarán por su **valor normal en el mercado**, aunque con ciertas especialidades. Para determinados rendimientos del trabajo en especie, la norma prevé una serie de reglas especiales de valoración, que afectarían, por ejemplo, y entre otros, a los supuestos de utilización de cesión del uso de viviendas por parte del pagador. Así, los **rendimientos del trabajo en especie por utilización de vivienda** cedida por el pagador se valorarán [letras a) y d) del artículo 43.1.1.º de la LIRPF]:

- Si la vivienda es **propiedad del pagador**, en el **10 % del valor catastral**. Sin embargo, en el caso de inmuebles localizados en municipios en los que los valores catastrales hayan sido revisados o modificados, o determinados mediante un procedimiento de valoración colectiva de carácter general, de conformidad con la normativa catastral, y hayan entrado en vigor en el período impositivo o en el plazo de los 10 períodos impositivos anteriores, el 5 % del valor catastral. Si a la fecha de devengo los inmuebles carecieran de valor catastral o este no hubiera sido notificado al titular, el porcentaje será del 5 % y se aplicará sobre el 50 % del mayor de los siguientes valores: el comprobado por la Administración a efectos de otros tributos o el precio, contraprestación o valor de la adquisición. En cualquier caso, la valoración resultante no podrá exceder del 10 % de las restantes contraprestaciones del trabajo.

- Si la **vivienda no es propiedad del pagador**, la operación de valorará por el **coste para el pagador, incluidos los tributos** que la graven. Eso sí, en este caso, la valoración resultante no podrá ser inferior a la que hubiera correspondido de haber aplicado lo dispuesto en el punto anterior.

> **A TENER EN CUENTA.** Tratándose de rentas en especie, la valoración se realizará según las normas de la LIRPF y a dicho valor se adicionará el correspondiente ingreso a cuenta, salvo que su importe hubiera sido repercutido al perceptor de la renta. Dicho ingreso a cuenta se calculará según señalan los artículos 102 y siguientes del RIRPF.

Finalmente, con respecto a esta cuestión, conviene apuntar que **la utilización privativa de inmuebles de la sociedad por parte del socio o de sus parientes pueden plantear problemas en cuanto a la afectación de dichos bienes a la actividad económica, a efectos de aplicar la exención por empresa familiar en el Impuesto sobre el Patrimonio y las reducciones por transmisión lucrativa en el Impuesto sobre Sucesiones y Donaciones.** Y, es que, no en vano, el artículo 6.3 del Real Decreto 1704/1999, de 5 de noviembre, por el que se determinan los requisitos y condiciones de las actividades empresariales y profesionales y de las participaciones en entidades para la aplicación de las exenciones correspondientes en el Impuesto sobre el Patrimonio, especifica que «para determinar si un elemento patrimonial se encuentra o no afecto a una actividad económica, se estará a lo dispuesto en el artículo 27 de la Ley 40/1998, de 9 de diciembre, del Impuesto sobre la Renta de las Personas Físicas y otras normas tributarias, salvo en lo que se refiere a los activos previstos en el inciso final del párrafo c) del apartado 1 de dicho artículo, que, en su caso, podrán estar afectos a la actividad económica. Nunca se considerarán elementos afectos los destinados exclusivamente al uso personal del sujeto pasivo o de cualquiera de los integrantes del grupo de paréntesco a que se refiere el artículo 5 del presente Real Decreto o aquellos que estén cedidos, por precio inferior al del mercado, a personas o entidades vinculadas de acuerdo con lo establecido en el artículo 16 de la Ley del Impuesto sobre Sociedades». De ahí que pueda haber problemas a la hora de considerar, a estos efectos, como bienes afectos a la actividad los destinados exclusivamente al uso personal del sujeto pasivo o de los miembros del grupo de parentesco referido (incluso aunque se les cedan a valor de mercado). Esta cuestión se desarrolla más a fondo en el apartado correspondiente al régimen de la empresa familiar, donde se estudia la exención en el Impuesto sobre el Patrimonio, al que nos remitimos.

CUESTIONES

1. Una sociedad cede gratuitamente a uno de sus socios un inmueble que forma parte del patrimonio social, para que lo utilice como vivienda. El socio tiene una participación del 30 % en la sociedad y no realiza funciones de administrador en ella ni le presta ninguna clase de servicios. En sus últimas declaraciones del IRPF y del IS, ambas partes han considerado la operación como efectuada sin contraprestación, cuando su valor de mercado ascendería a 9.600 euros anuales, así que ahora la Administración tributaria está efectuando la correspondiente comprobación. ¿Qué cantidad se tendrían que haber imputado la sociedad y el socio en sus respectivas declaraciones?

Antes de nada, conviene tener en cuenta que la cesión del uso del inmueble de la sociedad efectuada a favor del socio constituye una operación vinculada, por tener este una participación superior al 25 % en el capital social (artículo 18 de la LIS). Por tanto, el socio tenía que haberse imputado un rendimiento del capital mobiliario en su IRPF y la sociedad una renta presunta en su IS, en ambos casos, por el valor de mercado de la operación (9.600 euros anuales).

2. Una empresa es propietaria de varios pisos idénticos en un edificio situado frente a sus oficinas y cede su uso gratuitamente a algunos de sus empleados. El valor catastral de cada piso es de 100.000 euros. Uno de los empleados que se beneficia de esa cesión, además de trabajar en la empresa con un contrato laboral, es también socio de la misma, con una participación del 3 % en el capital social. ¿Cómo tendrá que valorar la retribución del trabajo en especie que le supone el uso del piso a los efectos de su IRPF?

Al tratarse de un piso en propiedad de la empresa, el rendimiento del trabajo en especie del socio que a la vez es empleado se calculará aplicando un porcentaje del 10 % sobre el valor catastral del inmueble cuyo uso tiene cedido [artículo 43.1.1.º.a) de la LIRPF]. El valor catastral es de 100.000 euros, por lo que la valoración de la renta en especie ascenderá, en principio, a 10.000 euros (100.000 euros x 10 %).

Ahora bien, en el caso de que el ingreso a cuenta correspondiente no hubiese sido repercutido al trabajador, este tendría que incluir también en su declaración de la renta el importe del mismo (calculado conforme al artículo 102 del RIRPF).

RESOLUCIÓN RELEVANTE

Sentencia del Tribunal Supremo n.º 157/2022, de 9 de febrero, ECLI:ES:TS:2022:541

Asunto: valoración, en el IRPF del socio, del rendimiento del capital mobiliario en especie por cesión del uso de un inmueble de la sociedad, en caso de tratarse de una operación vinculada.

«Pues bien, centrándonos en el presente caso, el recurso de casación no puede prosperar de acuerdo con las siguientes premisas:

(...)

Tercera, porque el artículo 43 LIRPF establece en su apartado primero que, las rentas en especie se valorarán por su valor normal en el mercado, sin perjuicio de introducir una serie de "especialidades" en la valoración de los "rendimientos del trabajo en especie" y de las "ganancias patrimoniales en especie", entre las que no se encuentran los rendimientos de capital mobiliario en especie.

En efecto, en el presente caso nos encontramos con rentas en especie si bien, su concreta calificación jurídica es la de rendimientos del capital mobiliario en especie, que no tienen un reflejo específico o, mejor dicho, no son objeto de una "especialidad" valorativa en el artículo 43 LIRPF, toda vez que ese precepto únicamente establece unas reglas especiales de valoración con relación a los "rendimientos del trabajo en especie" y a las "ganancias patrimoniales en especie" pero no respecto de rendimientos del capital mobiliario en especie.

Por tanto, teniendo en consideración el apartado segundo del precepto que, de forma redundante, proclama que, en los casos de rentas en especie, su valoración se realizará según las normas contenidas en esta Ley, cabe concluir que, de acuerdo con las circunstancias del caso, esas reglas valoración deben ser las contenidas en el artículo 41 LIRPF, precepto que no excluye a los rendimientos de capital mobiliario en especie.

Cuarta, porque más allá de que en el presente caso se intentara deducir una serie de gastos en el impuesto sobre sociedades y, por otra parte, ocultar la percepción de rendimientos en sede de IRPF, la regularización tributaria se enmarca, sin lugar a dudas, en la propia relación de vinculación existente entre la sociedad y sus dos socios y, pese a la diferencia que introduce la resolución del TEARC en vía económico-administrativa (entre cesión de uso de los inmuebles y la cesión de uso de los otros bienes) dicha distinción queda diluida en la sentencia impugnada por cuanto -insistimos, una vez más-, aprecia la existencia de operación vinculada, presuponiendo, en cierto modo, la concurrencia de voluntades entre dicha persona jurídica y las dos personas físicas».

Sentencia del Tribunal Supremo n.º 498/2022, de 27 de abril, ECLI:ES:TS:2022:1702

Asunto: conciliación de las reglas de valoración previstas en los artículos 41 y 43 de la LIRPF en caso de operaciones vinculadas (la sentencia se refiere a la cesión de uso de vehículos, pero cabría entenderlo también para el caso de viviendas).

«4.- El artículo 43 LIRPF establece en su apartado primero que, las rentas en especie se valorarán por su valor normal en el mercado, sin perjuicio de introducir una serie de "especialidades" en la valoración de los "rendimientos del trabajo en especie" y de las "ganancias patrimoniales en especie", entre las que no se encuentran los rendimientos de capital mobiliario en especie, calificación esta última que tienen los rendimientos en especie analizados en el presente caso.

En consecuencia, si a los efectos de la calificación jurídico-tributaria no estamos ante rendimientos de trabajo en especie, tampoco cabe acudir a las reglas establecidas para la valoración de tales rendimientos de trabajo.

Por tanto, existiendo una previsión legislativa para este tipo de casos -la del artículo 41 LIRPF-, al no haber laguna que colmar no cabe acudir a la analogía.

QUINTO. - Contenido interpretativo de esta sentencia y resolución de las pretensiones deducidas en el proceso.

Con arreglo a lo que establece el artículo 93.1 LJCA, procede, en función de todo lo razonado precedentemente declarar lo siguiente:

"A los efectos del presente recurso, la cesión de uso o puesta a disposición de los vehículos automóviles de los que es titular una sociedad en favor de sus socios debe tributar como rendimiento del capital mobiliario en el IRPF de los cesionarios y, en la medida que constituyan una operación vinculada, resultan aplicables para su valoración las reglas establecidas en el artículo 41 LIRPF"».

3.
EL ARRENDAMIENTO DE INMUEBLES EN EL ÁMBITO DEL IVA

El IVA es un tributo de naturaleza indirecta que recae sobre el consumo y grava las entregas de bienes y prestaciones de servicios efectuadas por empresarios o profesionales, las adquisiciones intracomunitarias de bienes y las importaciones de bienes. Por lo tanto, parece que la sujeción de la operación de arrendamiento de inmuebles a este impuesto se liga al desarrollo de la misma con carácter empresarial o profesional; lo que, tal vez, podría llevar a pensar que existe un cierto paralelismo entre lo que se entiende por «arrendamiento de inmuebles como actividad económica» en el ámbito de la imposición directa (IRPF o IS, según proceda) y por «arrendamiento de inmuebles como actividad empresarial o profesional» a efectos del IVA.

Nada más lejos de la realidad. Es cierto que, a la hora de definir la actividad empresarial o profesional en IVA en términos genéricos, la normativa del impuesto acoge un concepto más o menos análogo al de actividad económica en IRPF o IS, como ordenación por cuenta propia de factores de producción materiales y humanos o de uno de ellos, con la finalidad de intervenir en la producción o distribución de bienes o servicios. Sin embargo, por lo que se refiere a la concreta actividad de arrendamiento, **la ley del IVA reputa como empresarios o profesionales a quienes realicen una o varias entregas de bienes o prestaciones de servicios que supongan la explotación de un bien corporal o incorporal con el fin de obtener ingresos continuados en el tiempo**; y, de manera expresa, a quienes sean **arrendadores de bienes.**

Ahora bien, esto no supone que todo arrendamiento de inmuebles tribute por IVA. Aunque quede sujeto al impuesto, **en determinados supuestos se encontrará exento**. Fundamentalmente, cuando se trate de arrendamientos de terrenos rústicos y de vivienda, en los términos y con las condiciones que luego se verán.

A TENER EN CUENTA. Con respecto a las dudas que puedan surgir en cuanto al régimen de tributación indirecta de las operaciones inmobiliarias, como serían los arrendamientos de inmuebles, la AEAT tiene a disposición de los contribuyentes un servicio de ayuda e información denominado «Calificador Inmobiliario», accesible a través de su sede electrónica. A través de dicho servicio, una

---

vez especificado el tipo de operación y otra información que el asistente solicita, se indica, por ejemplo, si debe tributar por el IVA o el ITPyAJD, el tipo aplicable, a quién corresponde la declaración e ingreso del impuesto o si se debe repercutir IVA en la factura.

3.1. La condición de sujeto pasivo

¿El arrendamiento supone la condición de empresario o profesional a los efectos del IVA?

Según el artículo 4.Uno de la LIVA, están sujetas al IVA «las entregas de bienes y prestaciones de servicios realizadas en el ámbito espacial del impuesto por empresarios o profesionales a título oneroso, con carácter habitual u ocasional, en el desarrollo de su actividad empresarial o profesional, incluso si se efectúan en favor de los propios socios, asociados, miembros o partícipes de las entidades que las realicen». Por lo tanto, para determinar si un arrendamiento se encuentra o no sujeto al IVA, en primer lugar, habrá que ver si quien lo lleva a cabo tiene la condición de empresario o profesional a los efectos del IVA.

En tal sentido, el artículo 5 de la LIVA puntualiza lo siguiente:

«Uno. A los efectos de lo dispuesto en esta Ley, se reputarán empresarios o profesionales:

a) Las personas o entidades que realicen las actividades empresariales o profesionales definidas en el apartado siguiente de este artículo.

No obstante, no tendrán la consideración de empresarios o profesionales quienes realicen exclusivamente entregas de bienes o prestaciones de servicios a título gratuito, sin perjuicio de lo establecido en la letra siguiente.

b) Las sociedades mercantiles, salvo prueba en contrario.

c) Quienes realicen una o varias entregas de bienes o prestaciones de servicios que supongan la explotación de un bien corporal o incorporal con el fin de obtener ingresos continuados en el tiempo.

En particular, tendrán dicha consideración los arrendadores de bienes.

d) Quienes efectúen la urbanización de terrenos o la promoción, construcción o rehabilitación de edificaciones destinadas, en todos los casos, a su venta, adjudicación o cesión por cualquier título, aunque sea ocasionalmente.

e) Quienes realicen a título ocasional las entregas de medios de transporte nuevos exentas del Impuesto en virtud de lo dispuesto en el artículo 25, apartados uno y dos de esta Ley.

Los empresarios o profesionales a que se refiere esta letra sólo tendrán dicha condición a los efectos de las entregas de los medios de transporte que en ella se comprenden.

Dos. Son actividades empresariales o profesionales las que impliquen la ordenación por cuenta propia de factores de producción materiales y humanos o de uno de ellos, con la finalidad de intervenir en la producción o distribución de bienes o servicios.

En particular, tienen esta consideración las actividades extractivas, de fabricación, comercio y prestación de servicios, incluidas las de artesanía, agrícolas, forestales, ganaderas, pesqueras, de construcción, mineras y el ejercicio de profesiones liberales y artísticas.

A efectos de este impuesto, las actividades empresariales o profesionales se considerarán iniciadas desde el momento en que se realice la adquisición de bienes o servicios con la intención, confirmada por elementos objetivos, de destinarlos al desarrollo de tales actividades, incluso en los casos a que se refieren las letras b), c) y d) del apartado anterior. Quienes realicen tales adquisiciones tendrán desde dicho momento la condición de empresarios o profesionales a efectos del Impuesto sobre el Valor Añadido.

Tres. Se presumirá el ejercicio de actividades empresariales o profesionales:

a) En los supuestos a que se refiere el artículo 3.º del Código de Comercio.

b) Cuando para la realización de las operaciones definidas en el artículo 4 de esta Ley se exija contribuir por el Impuesto sobre Actividades Económicas.

(...)».

Por su parte, el artículo 11.Uno de la LIVA establece que, a los efectos de este impuesto, se entenderá por **prestación de servicios** toda operación sujeta al citado tributo que, de acuerdo con la propia norma, no tenga la consideración de entrega, adquisición intracomunitaria o importación de bienes. Añadiendo los numerales 2.º y 3.º de su apartado Dos que, en particular, tendrán tal consideración:

«2.º Los arrendamientos de bienes, industria o negocio, empresas o establecimientos mercantiles, con o sin opción de compra.

3.º Las cesiones del uso o disfrute de bienes».

A TENER EN CUENTA. Con todo, según el artículo 8.Dos.5.º de la LIVA, tendrán la consideración de entrega de bienes las cesiones de bienes en virtud de contratos de arrendamiento-venta y asimilados. Precisándose que, a los efectos del IVA, se asimilarán a los contratos de arrendamiento-venta los de arrendamiento con opción de compra desde el momento en que el arrendatario se comprometa a ejercitar dicha opción y, en general, los de arrendamiento de bienes con cláusula de transferencia de la propiedad vinculante para ambas partes. Dentro de esta categoría se encontraría, por tanto, el arrendamiento financiero o *leasing* desde el momento en que el arrendatario se comprometa a ejercitar la opción de compra.

Por lo tanto, **el arrendador de una vivienda tendrá la consideración de empresario o profesional a los efectos del IVA y dicho arrendamiento quedará sujeto al mismo cuando se entienda realizado en el territorio de aplicación del IVA** (si bien con posibilidad de exención en determinados términos).

‖ ¿Y si el inmueble se cede gratuitamente?

Si el propietario de un inmueble **únicamente realiza operaciones a título gratuito, no tendrá la condición de empresario o profesional a los efectos del IVA**. En tal caso, la cesión gratuita del inmueble no estaría sujeta a este impuesto. Por el contrario, si además de ceder gratuitamente el uso del inmueble, **se realiza alguna otra operación a título oneroso sujeta al IVA, entonces el cedente sí tendrá la condición de empresario o profesional a los efectos del impuesto**; de modo que todas las operaciones que realice (tanto a título gratuito como a título oneroso) estarán sujetas al IVA.

En el caso de que se tenga la condición de empresario o profesional y se efectúen cesiones de inmuebles de manera gratuita (sin cobrar contraprestación), habrá que atender al artículo 12 de la LIVA, que se refiere a las **operaciones asimiladas a las prestaciones de servicios:**

> «Se considerarán operaciones asimiladas a las prestaciones de servicios a título oneroso los autoconsumos de servicios.
> A efectos de este impuesto serán autoconsumos de servicios las siguientes operaciones realizadas sin contraprestación:
> 1.º Las transferencias de bienes y derechos, no comprendidas en el artículo 9, número 1.º, de esta Ley, del patrimonio empresarial o profesional al patrimonio personal del sujeto pasivo.
> 2.º La aplicación total o parcial al uso particular del sujeto pasivo o, en general, a fines ajenos a su actividad empresarial o profesional de los bienes integrantes de su patrimonio empresarial o profesional.
> 3.º Las demás prestaciones de servicios efectuadas a título gratuito por el sujeto pasivo no mencionadas en los números anteriores de este artículo, siempre que se realicen para fines ajenos a los de la actividad empresarial o profesional».

CUESTIÓN

Si un particular alquila un garaje o un local comercial, ¿es empresario a efectos del IVA?

Sí, dicho particular debe repercutir e ingresar el IVA, así como cumplir con el resto de las obligaciones de los sujetos pasivos, entre ellas, la presentación de las declaraciones-liquidaciones correspondientes. Esto es así porque los particulares, que no son sujetos pasivos del IVA con carácter general, adquieren la condición de empresarios y profesionales a efectos de este impuesto para realizar, entre otras operaciones, el arrendamiento de bienes.

Al arrendar una plaza de garaje o un local comercial están realizando una prestación de servicios sujeta y no exenta del IVA, siendo aplicable el tipo impositivo general del 21 %.

En el caso de la plaza de garaje, no sería aplicable el IVA cuando la plaza de garaje se arriende conjuntamente con una vivienda destinada a ser ocupada como residencia. Dicha operación estará sujeta, pero exenta.

RESOLUCIÓN ADMINISTRATIVA

Consulta vinculante de la Dirección General de Tributos (V0432-20), de 25 de febrero de 2020

Asunto: si se tiene o no la consideración de empresario o profesional a efectos del IVA en caso de cesión gratuita de un inmueble.

«(...) si la consultante realizara la cesión del local comercial únicamente de manera gratuita y sin cobrar ninguna contraprestación, si no tenía atribuida previamente la condición de empresario o profesional no la adquirirá por dicha operación, por lo que no estará actuando respecto a dicho inmueble como empresario o profesional a efectos del Impuesto sobre el Valor Añadido. Sin embargo, si la consultante tiene la condición de empresario o profesional a efectos del Impuesto, habrá que tener en cuenta lo dispuesto en el artículo 12 de la Ley del Impuesto según el cual:

(...)

De acuerdo con lo anterior, la operación descrita en el escrito de consulta consistente en la cesión gratuita de un local por parte de la consultante, si esta tuviera la condición de empresario o profesional, debe ser calificada como operación asimilada a una prestación de servicios o autoconsumo de servicios que estaría sujeta al Impuesto sobre el Valor Añadido».

El sujeto pasivo en la prestación de servicios de arrendamiento de inmuebles y sus principales obligaciones

¿Quién es el sujeto pasivo en la prestación de servicios de arrendamiento de inmuebles?

Como regla general, el artículo 84.Uno.1.º de la LIVA señala que serán sujetos pasivos del impuesto las **personas físicas o jurídicas que tengan la condición de empresarios o profesionales y realicen las entregas de bienes o presten los servicios sujetos al IVA,** salvo lo dispuesto en los números siguientes del precepto, donde se prevén una serie de reglas especiales para determinación del sujeto pasivo en determinados casos. De entre ellas, cabe destacar, a lo que aquí interesa:

- La **regla general de inversión del sujeto pasivo,** conforme a la cual serán sujetos pasivos del impuesto los empresarios o profesionales para quienes se realicen las operaciones sujetas en los supuestos que enumera el artículo 84.Uno.2.º de la LIVA. A tal respecto, conviene destacar que, en principio, esta regla de inversión del sujeto pasivo se aplicará cuando la operación sujeta al IVA se efectúa por empresarios o profesionales no establecidos en territorio de aplicación del impuesto, aunque con ciertas excepciones que establece el precepto. Y, justamente, entre dichas excepciones se encuentran dos de interés para los arrendamientos de inmuebles, puesto que se establece expresamente que lo anterior no se aplicará (entre otros casos):

  • Cuando se trate de prestaciones de servicios de arrendamientos de bienes inmuebles que estén sujetas y no exentas del IVA.

  • Cuando se trate de prestaciones de servicios de intermediación en el arrendamiento de bienes inmuebles.

> **A TENER EN CUENTA.** La exclusión de la aplicación de la regla de inversión del sujeto pasivo en estos dos supuestos, prevista en las letras d') y e') del artículo 84.Uno.2.º.a) de la LIVA, fue introducida por medio de la Ley 31/2022, de 23 de diciembre, con entrada en vigor el 1 de enero de 2023. Una medida que el legislador justificaba del siguiente modo en el apartado VII del preámbulo de la norma:
>
> «(...) se excluye de la aplicación de la regla de inversión del sujeto pasivo a las prestaciones de servicios de arrendamiento de inmuebles sujetas y no exentas del Impuesto, que sean efectuadas por personas o entidades no establecidas en el territorio de aplicación del Impuesto. De esta forma, se facilita que puedan acogerse al régimen general de deducción y devolución establecido en la Ley del Impuesto, dado que en determinadas circunstancias habían quedado excluidos del régimen de devolución a no establecidos. Así, se garantiza la neutralidad del Impuesto y se reducen las cargas administrativas para la obtención de la devolución.
>
> Además, para evitar situaciones de elusión fiscal, se excluye también de la aplicación de dicha regla a las prestaciones de servicios de intermediación en el arrendamiento de inmuebles efectuados por empresarios o profesionales no establecidos. En particular, cuando el arrendador presta servicios de arrendamiento exentos del IVA, se garantiza la recaudación del Impuesto correspondiente a los servicios de mediación y se reducen las cargas administrativas derivadas de la declaración e ingreso del IVA por estos arrendadores que, con carácter general, no deben presentar declaraciones-liquidaciones del Impuesto».

– La **regla singular para personas jurídicas que no actúen como empresarios o profesionales**, que convierte a estos en sujeto pasivo del IVA cuando sean destinatarios de las operaciones sujetas al impuesto que se indican en el artículo 84.Dos.3.º de la LIVA, si fuesen realizadas por empresarios o profesionales no establecidos en el territorio de aplicación del IVA. Por ejemplo, esta regla se aplicará si entre tales sujetos se efectúa un arrendamiento que tenga por objeto un inmueble radicado en el territorio de aplicación del IVA español (incluida una vivienda amueblada), pues entonces la prestación del servicio se entenderá realizada en dicho territorio conforme al artículo 70 de la LIVA.

– La relativa a las **entidades sin personalidad jurídica**. También tendrán la consideración de sujetos pasivos del IVA las herencias yacentes, las comunidades de bienes y las demás entidades que, careciendo de personalidad jurídica, constituyan una unidad económica o un patrimonio separado susceptible de imposición, cuando realicen operaciones sujetas al impuesto.

A los efectos indicados, se considerarán establecidos en el territorio de aplicación del IVA los sujetos pasivos que tengan en el mismo la sede de su actividad económica, su domicilio fiscal o un establecimiento permanente que intervenga en la realización de las entregas de bienes y prestaciones de servicios sujetas al impuesto. Se entenderá que dicho establecimiento permanente interviene en la realización de entregas de bienes o prestaciones de servicios cuando ordene sus factores de producción materiales y humanos o uno de ellos con la finalidad de realizar cada una de ellas.

|| Obligaciones principales del sujeto pasivo del IVA

Los sujetos pasivos del IVA deben cumplir, entre otras, con las siguientes obligaciones que se recogen en los artículos 164 a 166 de la LIVA (aunque, en algunos de los casos, existirán salvedades si exclusivamente se realizan arrendamientos exentos, como se verá):

- Solicitar de la Administración el **número de identificación fiscal** y comunicarlo y acreditarlo en los supuestos que se establezcan.

- Con carácter general, **presentar declaraciones relativas al comienzo, modificación y cese** de las actividades que determinen su sujeción al impuesto (modelos 036 y 037). Sin embargo, según el artículo 3.2.a) del Real Decreto 1065/2007, de 27 de julio (en adelante, RGAT), «no se incluirán en el Censo de Empresarios, Profesionales y Retenedores quienes efectúen exclusivamente arrendamientos de inmuebles exentos del Impuesto sobre el Valor Añadido, conforme al artículo 20.uno.23.º de la Ley 37/1992, de 28 de diciembre, del Impuesto sobre el Valor Añadido, siempre que su realización no constituya el desarrollo de una actividad empresarial de acuerdo con lo dispuesto en la normativa reguladora del Impuesto sobre la Renta de las Personas Física». Por otro lado, formarán parte de dicho censo las personas o entidades que sean socios, herederos, comuneros o partícipes de entidades en régimen de atribución de rentas que desarrollen actividades empresariales o profesionales y tengan obligaciones tributarias derivadas de su condición de miembros de tales entidades.

- **Expedir y entregar factura de todas sus operaciones**, en los términos que se determinen reglamentariamente, **y conservar copia.** Ahora bien, no existirá obligación de expedir factura en el caso de arrendamientos exentos conforme al artículo 20.Uno.23.º de la LIVA, salvo en los supuestos del artículo 2.2 del Real Decreto 1619/2012, de 30 de noviembre (por ejemplo, cuando el destinatario de la operación sea un empresario o profesional que actúe como tal, con independencia del régimen de tributación al que se encuentre acogido el empresario o profesional que realice la operación, así como cualesquiera otras en las que el destinatario así lo exija para el ejercicio de cualquier derecho de naturaleza tributaria) [artículo 3.1.a) del Real Decreto 1619/2012, de 30 de noviembre].

- Llevar la **contabilidad** y los **registros** que se establezcan en la forma definida reglamentariamente, sin perjuicio de lo dispuesto en el Código de Comercio y demás normas contables. Las obligaciones contables de los sujetos pasivos del IVA se desarrollan en los artículos 62 a 70 del RIVA.

– Presentar periódicamente, o a requerimiento de la Administración, **información relativa a sus operaciones económicas con terceras personas** y, en particular, cuando resulte procedente, una declaración recapitulativa de operaciones intracomunitarias. Con todo, según las letras d) e i) del artículo 33.2 del RGAT, quedan excluidas del deber de presentar la declaración anual de operaciones con terceras personas las operaciones de arrendamiento de bienes exentos del IVA realizadas por personas físicas o entidades sin personalidad jurídica al margen de cualquier otra actividad empresarial o profesional; así como, en general, todas aquellas operaciones respecto de las que exista una obligación periódica de suministro de información a la Administración tributaria estatal y que, como consecuencia de ello, hayan sido incluidas en declaraciones específicas diferentes y cuyo contenido sea coincidente (por ejemplo, si el arrendamiento está sujeto a retención a cuenta del IRPF).

– Presentar las **declaraciones-liquidaciones** correspondientes e **ingresar el importe** del impuesto resultante, así como una declaración-resumen anual. Ahora bien, la obligación de presentar estas liquidaciones o declaraciones no alcanzará a aquellos sujetos pasivos que realicen exclusivamente operaciones exentas comprendidas en los artículos 20 y 26 de la LIVA (artículo 71.1 del RIVA).

– **Nombrar un representante** a efectos del cumplimiento de las obligaciones impuestas en la LIVA cuando se trate de sujetos pasivos no establecidos en la Comunidad, salvo que se encuentren establecidos en Canarias, Ceuta o Melilla, o en un Estado con el que existan instrumentos de asistencia mutua análogos a los instituidos en la Comunidad.

CUESTIONES

1. ¿Cuál es el territorio de aplicación del IVA?

El ámbito espacial de aplicación del IVA es el territorio español (artículo 3 de la LIVA):

– Incluyendo en él las islas adyacentes, el mar territorial hasta el límite de 12 millas náuticas y el espacio aéreo correspondiente a dicho ámbito.

– Y excluyendo Ceuta, Melilla y Canarias.

2. En caso de que exista obligación de expedir factura, ¿podrá cumplirse por un tercero?

Esta obligación de expedir y entregar factura por las operaciones efectuadas por los empresarios o profesionales se podrá cumplir, en los términos que prevé el artículo 5 del Real Decreto 1619/2012, de 30 de noviembre, por el que se aprueba el Reglamento por el que se regulan las obligaciones de facturación, por el cliente de los citados empresarios o profesionales, o por un tercero; los cuales actuarán, en todo caso, en nombre y por cuenta del mismo.

3. En caso de arrendamiento de local sujeto a retención a cuenta del IRPF por el que se presenta el modelo 180, ¿hay obligación de presentar la declaración informativa anual de operaciones con terceras personas (modelo 347)?

No, según resulta del artículo 33.2.i) del RGAT. Para los arrendamientos posteriores a 1 de enero de 2014 no existe obligación de presentar el modelo 347, puesto que se modificó el diseño del modelo 180 (Declaración Informativa. Retenciones e ingresos a cuenta. Rendimientos procedentes del arrendamiento de inmuebles urbanos. Resumen anual), de manera que la información comprendida en él pasó a tener un contenido coincidente con el del modelo 347.

Así las cosas, la Orden HAP/1732/2014, de 24 de septiembre, que incorporó tal modificación, señalaba en su preámbulo:

«(...) con la finalidad de reducir las cargas administrativas que implica para el arrendador de un local de negocio la obligación de presentar la Declaración anual de operaciones con terceras personas por estas operaciones a pesar de que el arrendatario presente el resumen anual de retenciones e ingresos a cuenta sobre determinadas rentas o rendimientos procedentes del arrendamiento o subarrendamiento de inmuebles urbanos del Impuesto sobre la Renta de las Personas Físicas, del Impuesto sobre Sociedades y del Impuesto sobre la Renta de no Residentes, correspondiente a establecimientos permanentes, modelo 180, se modifica este último modelo aprobando unos nuevos diseños físicos y lógicos, para incluir en el mismo la información correspondiente a las referencias catastrales y a los datos necesarios para la localización de los inmuebles urbanos arrendados. Con esta modificación la información comprendida en este Resumen anual de retenciones, tendrá un contenido coincidente con la Declaración anual de operaciones con terceras personas por las operaciones de arrendamiento de inmuebles urbanos que sean locales de negocio y estén sujetos a retención, quedando excluidas del deber de declaración del arrendador en el modelo 347».

RESOLUCIÓN ADMINISTRATIVA

Consulta vinculante de la Dirección General de Tributos (V0418-21), de 26 de febrero de 2021

Asunto: obligación de expedir factura por arrendamiento exento de IVA si el destinatario es empresario o profesional actuando como tal y así lo exige.

«Por lo que se refiere a la obligación del Ayuntamiento de expedir factura a la consultante, el artículo 164, apartado uno, número 3° de la Ley del Impuesto sobre el Valor Añadido dispone que, sin perjuicio de lo establecido en el Título anterior de dicha Ley, los sujetos pasivos del Impuesto estarán obligados, con los requisitos, límites y condiciones que se determinen reglamentariamente, a "expedir y entregar factura de todas sus operaciones, ajustada a lo que se determine reglamentariamente".

El desarrollo reglamentario de dicho precepto se ha llevado a cabo por el Reglamento por el que se regulan las obligaciones de facturación, aprobado por el Real Decreto 1619/2012, de 30 de noviembre (BOE de 1 de diciembre).

(...) de resultar exento del Impuesto el arrendamiento objeto de consulta en virtud del artículo 20.Uno.23.° de la Ley 37/1992, el Ayuntamiento arrendador estará obligado igualmente a expedir factura cuando la arrendataria consultante así lo exija, siempre y cuando actúe esta última como empresario o profesional a efectos del Impuesto.

En caso de que la consultante actuase como particular no empresaria, no existirá obligación de expedir factura por parte del Ayuntamiento».

3.1.1. Sujeto pasivo persona física

En aquellos supuestos en los que una persona física destina un inmueble al arrendamiento, dicho arrendador adquiere la **condición de empresario o profesional a los efectos del IVA**, de conformidad con el artículo 5 de la LIVA. Y, como regla general (salvo en los supuestos de inversión del sujeto pasivo), también la de **sujeto pasivo** del impuesto cuando lleve a cabo un arrendamiento de inmuebles sujeto al IVA. Esto supone que quede sometido a las **obligaciones** que para tales sujetos establece la normativa sobre IVA, en los términos antes señalados.

Así las cosas, en los arrendamientos de inmuebles, el concepto de «empresario o profesional» a los efectos del IVA no es el mismo que el que se aplica en el ámbito del IRPF. Esto supone que el arrendador de un inmueble, persona física, tendrá la consideración de empresario o profesional a los efectos del IVA en todo caso (según indica el artículo 5 de la LIVA), aunque no cuente con ningún empleado para la ordenación de esa actividad de arrendamiento o no se presten servicios propios de la industria hotelera. Esto es, **el arrendador se reputará empresario o profesional con independencia de que lleve a cabo el arrendamiento como actividad económica o no a los efectos del IRPF**, por aplicación del artículo 27 de la LIRPF.

3.1.2. Sujeto pasivo comunidad de bienes

Conforme al artículo 392 del Código Civil, existirá una comunidad de bienes cuando una cosa o un derecho pertenezca *pro indiviso* a varias personas. En esa medida, la adquisición *pro indiviso* de un inmueble por varias personas (por ejemplo, por compraventa o por herencia) supone la existencia de una comunidad de bienes, por imperativo legal.

Ahora bien, para que dicha comunidad de bienes sea sujeto pasivo del IVA es necesario que tenga la condición de empresario o profesional y que actúe en el desarrollo de una actividad empresarial o profesional a los efectos del IVA. En esa medida, la consideración de una comunidad de bienes como sujeto pasivo del IVA requiere, tal y como ha sentado la Dirección General de Tributos, «**que las operaciones que han de efectuarse se puedan entender referidas a una actividad empresarial o profesional ejercida por dicha comunidad y no por sus miembros o comuneros**» [entre otras, puede acudirse a sus consultas vinculantes (V1547-23), de 5 de junio de 2023, o (V1384-23), de 23 de mayo de 2023]. Para que ello sea así, es necesario:

- Que las operaciones, y el riesgo y o ventura que de ellas derive, se refiera a la propia comunidad de forma indiferenciada y no a sus miembros o componentes.

- Que la normativa sustantiva de la actividad por desarrollar sea tal que permita su ejercicio a través de una entidad con esta configuración.

Por lo tanto, en aquellos supuestos en los que las operaciones se refieren a los partícipes o miembros de la comunidad de bienes, de forma que sean ellos (y no la entidad) quienes asuman las consecuencias empresariales de la misma, no se podrá considerar que, a efectos del IVA, exista una comunidad que, por sí misma y con independencia de sus miembros, tenga la condición de sujeto pasivo del impuesto. Si, por el contrario, existe una **ordenación conjunta de medios y una asunción igualmente conjunta del riesgo y ventura de las operaciones, deberá considerarse que la entidad de que se trate**, sociedad civil o comunidad de bienes, tiene la condición de sujeto pasivo del IVA.

En particular, cuando, cumplidas dichas premisas, una comunidad de bienes (o una sociedad civil sin personalidad jurídica) se dedique al arrendamiento de inmuebles, la entidad tendría la consideración de empresario o profesional a los efectos del IVA (artículo 5 de la LIVA) y podrá ser sujeto pasivo del impuesto en los términos del artículo 84.Tres de la LIVA, a cuyo tenor:

> «Tres. Tienen la consideración de sujetos pasivos las herencias yacentes, comunidades de bienes y demás entidades que, careciendo de personalidad jurídica, constituyan una unidad económica o un patrimonio separado susceptible de imposición, cuando realicen operaciones sujetas al Impuesto».

CUESTIÓN

1. Una comunidad de bienes va a arrendar una plaza de garaje común a un tercero. ¿Tendrá que darse de alta como empresario o profesional en el Censo de empresarios, profesionales y retenedores?

Habida cuenta de que la actividad de arrendamiento de una plaza de garaje es una operación sujeta y no exenta del IVA, que tributará al tipo impositivo general del 21 %; y de que, por tanto, la comunidad de bienes tendrá la consideración de empresario o profesional, estará obligada a presentar la declaración de alta censal a través del modelo 036.

En este sentido, por ejemplo, puede acudirse a la consulta vinculante de la Dirección General de Tributos (V2877-20), de 23 de septiembre de 2020.

2. Tres hermanos son copropietarios de un local, que han adquirido por herencia de su madre. Tienen arrendado el local a un tercero, al que cada comunero le expide factura de manera individual, por la parte correspondiente a su cuota de titularidad del inmueble. ¿Quién será el sujeto pasivo del IVA en este caso, la comunidad de bienes o cada comunero?

Como los copropietarios expiden la factura del arrendamiento de forma individual, parece que la operación de arrendamiento del local se refiere a los miembros de la comunidad hereditaria. A falta de otros datos que pudieran llevar a concluir lo contrario, se entiende que serían los propios comuneros (y no la comunidad) los que asumen el riesgo y ventura de la operación, en cada caso. Por lo tanto, cada uno de los copropietarios tendría la consideración de empresario o profesional a los efectos del IVA y deberá repercutir el IVA en factura. Así lo concluyó, por ejemplo, la Dirección General de Tributos en un supuesto análogo, tratado en su consulta vinculante (V1384-23), de 23 de mayo de 2023.

RESOLUCIONES ADMINISTRATIVAS

Consulta vinculante de la Dirección General de Tributos (V0849-23), de 12 de abril de 2023

Asunto: comunidad de bienes como sujeto pasivo del IVA en un arrendamiento de inmueble.

«(...) la adquisición en proindiviso de un bien por varias personas determina la existencia de una comunidad de bienes. Y esto sucede así por imperativo legal, tal y como se establece en el Código Civil, por lo que la voluntad de las partes de constituir o no dicha comunidad resulta irrelevante a estos efectos.

No obstante, para que la comunidad de bienes sea sujeto pasivo del Impuesto sobre el Valor Añadido es necesario que tenga la condición de empresario o profesional y actúe en el desarrollo de una actividad empresarial o profesional a efectos del Impuesto.

La consideración como sujeto pasivo del Impuesto de la comunidad de bienes requiere que las operaciones que han de efectuarse se puedan entender referidas a una actividad empresarial o profesional ejercida por dicha comunidad y no por sus miembros o comuneros. Para ello, sería necesario que las operaciones, y el riesgo o ventura que de ellas derive, se refiriese a la citada comunidad de forma indiferenciada y no a sus miembros o componentes, así como que la normativa sustantiva de la actividad por desarrollar sea tal que permita su ejercicio a través de una entidad con esta configuración.

En caso de que las operaciones se refieran a los miembros o componentes de la entidad, de manera que sean éstos, y no la entidad, los que asuman las consecuencias empresariales de las mismas, no se podrá considerar a efectos del Impuesto la existencia de una entidad que, por sí misma y con independencia de sus miembros, tenga la condición de sujeto pasivo del Impuesto. En caso contrario, es decir, si existe una ordenación conjunta de medios y una asunción igualmente conjunta del riesgo y ventura de las operaciones, deberá considerarse que la entidad de que se trate, sociedad civil o comunidad de bienes, tiene la condición de sujeto pasivo del tributo.

Por tanto, y según parece deducirse de la información aportada en el escrito de consulta, la comunidad de bienes a que se refiere la consulta y que se dedica a la actividad de arrendamiento, tiene la consideración de empresario o profesional a los efectos del Impuesto.

En ese caso, estarán sujetas al Impuesto sobre el Valor Añadido las entregas de bienes y prestaciones de servicios que, en el ejercicio de su actividad empresarial o profesional, dicha comunidad realice en el territorio de aplicación del Impuesto.

No obstante, dicha circunstancia no puede extenderse en el supuesto consultado a los miembros de la comunidad de bienes, los cuales, en tanto que sean particulares, no adquieren la condición de empresarios o profesionales por el hecho de su participación en la referida comunidad».

Consulta vinculante de la Dirección General de Tributos (V2100-23), de 18 de julio de 2023

Asunto: existencia de comunidad de bienes en el supuesto de bienes gananciales.

«Por su parte, el artículo 392 del Código Civil, al tratar de las comunidades de bienes, señala que "hay comunidad de bienes cuando la propiedad de una cosa o de un derecho pertenece pro indiviso a varias personas.".

Por tanto, siempre que haya indivisión en la propiedad también existirá una comunidad de bienes compuesta por los propietarios. Y esto sucede así por imperativo legal, tal y como se establece en el Código Civil, por lo que la voluntad de las partes de constituir o no dicha comunidad resulta irrelevante a estos efectos.

> No obstante, para que la comunidad de bienes sea sujeto pasivo del Impuesto sobre el Valor Añadido es necesario que la comunidad tenga la condición de empresario o profesional y actúe en el desarrollo de una actividad empresarial o profesional a efectos del impuesto.
>
> En este sentido, el artículo 1.344 del Código Civil dispone que "Mediante la sociedad de gananciales se hacen comunes para los cónyuges las ganancias o beneficios obtenidos indistintamente por cualquiera de ellos, que les serán atribuidos por mitad al disolverse aquélla". Por otro lado, el artículo 1.347 determina qué bienes tienen tal carácter, estableciendo que "son bienes gananciales: (…) 3º Los bienes adquiridos a título oneroso a costa del caudal común, bien se haga la adquisición para la comunidad, bien para uno solo de los cónyuges.".
>
> Por consiguiente, en el caso de la sociedad de gananciales, dadas las particulares características de ésta, a efectos del Impuesto sobre el Valor Añadido la consideración de sujeto pasivo puede recaer tanto en la propia comunidad como en cualquiera de sus miembros».

3.1.3. Sujeto pasivo persona jurídica

Las personas jurídicas dedicadas al arrendamiento de bienes se reputan **empresarios o profesionales a los efectos del IVA**, de acuerdo con el artículo 5 de la LIVA. Por lo tanto, cuando realicen operaciones de arrendamiento de inmuebles sujetas al IVA, tendrán, como regla general, la condición de **sujeto pasivo del impuesto**, en los términos del artículo 84 de la LIVA (fuera de los supuestos de inversión del sujeto pasivo).

Al igual que sucedía con el arrendador persona física, **el arrendador persona jurídica también tendrá la consideración de empresario o profesional en el ámbito del IVA con independencia de que desarrolle el arrendamiento de inmuebles como actividad económica o no a los efectos del IS**. Se reputará que dicha persona jurídica arrendadora tiene tal condición aunque no se cumplan las condiciones que el artículo 5.1 de la LIS (y su desarrollo jurisprudencial y doctrinal) requiere para que el arrendamiento se lleve a cabo como actividad económica, dado que el artículo 5.Uno.c) de la LIVA atribuye tal consideración, directamente, a los *«arrendadores de bienes»*. Ello supone que **incluso las sociedades patrimoniales tengan la consideración de empresario o profesional a los efectos del IVA con respecto a las operaciones de arrendamiento de inmuebles que efectúen**.

En el caso de las sociedades patrimoniales, por tanto, el tratamiento a efectos del IVA será distinto según se trate de operaciones de arrendamiento o no:

- Si la entidad patrimonial se dedica a la mera tenencia de valores o inmuebles, sin arrendarlos, no tendrá la consideración de empresario o profesional a los efectos del IVA. No en vano, el artículo 5 de la LIVA reputa empresario o profesional a efectos del impuesto, por una parte, a las sociedades mercantiles, *«salvo prueba en contrario»*; y, por otra, a las personas o entidades que realicen las actividades empresariales o profesionales, esto es, que impliquen la ordenación por cuenta propia de factores de producción materiales y humanos o de uno de ellos, con la finalidad de intervenir en la producción o distribución de bienes o servicios. Teniendo, en particular, tal consideración las actividades extractivas, de fabricación, comercio y prestación de servicios, incluidas las de artesanía, agrícolas, forestales, ganaderas, pesqueras, de construcción, mineras y el ejercicio de profesiones liberales y artísticas. Por lo tanto, con respecto a este tipo de entidades patrimoniales, la consideración como empresario o profesional a efectos del IVA es análoga al concepto de actividad económica que contiene el artículo 5 de la LIS.

– Por el contrario, si la entidad patrimonial se dedica al arrendamiento de bienes, tenga el arrendamiento la consideración de actividad económica en el IS o no en los términos del artículo 5.1 de la LIS, con respecto a esas operaciones de arrendamiento, la sociedad se reputará empresario o profesional a los efectos del IVA, por aplicación del artículo 5.Uno.c) de la LIVA.

En ese sentido, cabe traer a colación lo apuntado por el Tribunal Económico-Administrativo Central en su resolución n.º 6945/2008, de 21 de septiembre de 2010:

«(...) aún cuando el concepto de actividad empresarial o profesional, difiere en el IVA del concepto acogido en la imposición directa, la definición genérica, al margen de otros supuestos específicos recogidos en el IVA, contenida en el artículo 5 Dos de la Ley 37/1992 es análoga a la que recoge la imposición directa y en concreto, la Ley del Impuesto sobre Sociedades. El artículo 5 Dos de la Ley 37/1992 define las actividades empresariales o profesionales del siguiente modo:
"Son actividades empresariales o profesionales las que impliquen la ordenación por cuenta propia de factores de producción materiales y humanos o de uno de ellos, con la finalidad de intervenir en la producción o distribución de bienes o servicios.
En particular, tienen esta consideración las actividades extractivas, de fabricación, comercio y prestación de servicios, incluidas las de artesanía, agrícolas, forestales, ganaderas, pesqueras, de construcción, mineras y el ejercicio de profesiones liberales y artísticas".
De todo lo anterior se puede concluir que sólo quedarán sujetas al Impuesto sobre el Valor Añadido las actividades que tengan carácter económico en los términos descritos en los párrafos anteriores, debiendo declarar este Tribunal que las actividades desarrolladas por la entidad reclamante consistentes en la gestión de sus excedentes de tesorería no es actividad económica en el sentido expuesto, toda vez que debe considerarse que por lo que se refiere a dichas actividades, la entidad se limita a gestionar los excedentes de tesorería como un inversor privado, y no en el ejercicio de una actividad económica, y por tanto queda fuera del ámbito de aplicación del Impuesto sobre el Valor Añadido.
Este Tribunal por tanto ratifica en este sentido la postura mantenida por el Tribunal Regional en resolución de 24 de enero de 2008 en la que declara: "6. De la sentencia expuesta se puede concluir que la actividad realizada por la reclamante respecto de la inversión en acciones de los excesos de tesorería no se encuentra sujeta al IVA"».

RESOLUCIÓN ADMINISTRATIVA

Consulta vinculante de la Dirección General de Tributos (V1726-19), de 9 de julio de 2019

Asunto: no consideración como empresario o profesional a efectos del IVA de una sociedad dedicada a la mera tenencia de bienes.

«Los artículos 93 y siguientes establecen los requisitos que deben cumplirse para que los sujetos pasivos puedan deducir las cuotas soportadas en la adquisición de bienes y servicios. En particular, el artículo 93 exige, en su apartado uno, que los sujetos pasivos "tengan la condición de empresarios o profesionales de conformidad con lo dispuesto en el artículo 5 de esta Ley". El apartado cuatro del mismo artículo exige que los bienes o servicios se adquieran con la intención de utilizarlos en la realización de actividades empresariales o profesionales. El artículo 94, por su parte, señala las operaciones a las que deberán dedicarse los bienes o servicios adquiridos para que se origine el derecho a la deducción.

3.- En consecuencia, si la sociedad consultante, tal como parece deducirse de la breve información aportada, no cumple con los anteriores requisitos y no realiza actividad económica alguna, limitándose a la simple tenencia de bienes, no tendrá la consideración de empresario o profesional a efectos del Impuesto sobre el Valor Añadido. Por tanto, sus operaciones no estarán sujetas al mismo, dicha sociedad no tendrá la condición de sujeto pasivo del Impuesto sobre el Valor Añadido y no tendrá derecho a la deducción del Impuesto sobre el Valor Añadido soportado por los gastos de los que sea destinaria puesto que, a pesar de su carácter mercantil, no tiene, como se ha señalado, la condición de empresario o profesional a efectos del Impuesto y deberá soportar su repercusión como un consumidor final sin derecho a su deducción».

3.2. Supuestos de exención

El artículo 20 de la LIVA, en el marco de las operaciones interiores, declara exentas del impuesto determinadas entregas de bienes y prestaciones de servicios. En particular, y por lo que respecta al arrendamiento de inmuebles, aquellos arrendamientos que tengan la consideración de servicios conforme al artículo 11 de la LIVA y la constitución y transmisión de derechos reales de goce y disfrute quedarán exentos del IVA cuando tengan por objeto los siguientes bienes:

– Los **terrenos, incluidas las construcciones inmobiliarias de carácter agrario utilizadas para la explotación de una finca rústica**; con excepción de las construcciones inmobiliarias dedicadas a actividades de ganadería independiente de la explotación del suelo.

– Los **edificios o partes de los mismos destinados exclusivamente a viviendas o a su posterior arrendamiento por entidades gestoras de programas públicos de apoyo a la vivienda o por sociedades acogidas al régimen especial de entidades dedicadas al arrendamiento de viviendas establecido en el IS.** Una exención que, además, se extenderá a los garajes y anexos accesorios a las viviendas y los muebles, arrendados conjuntamente con aquellos; aunque la norma específica que la exención no comprenderá determinados arrendamientos (sería, por ejemplo, el caso de los arrendamientos de apartamentos o viviendas amuebladas en los que el arrendador se obligue a prestar servicios propios de la industria hotelera).

> **A TENER EN CUENTA.** Según el artículo 11 de la LIVA, a los efectos del impuesto, se entenderá por prestación de servicios toda operación sujeta al citado tributo que, de acuerdo con dicha norma, no tenga la consideración de entrega, adquisición intracomunitaria o importación de bienes. En particular, se establece que tendrán la consideración de prestaciones de servicios los arrendamientos de bienes, industria o negocio, empresas o establecimientos mercantiles, con o sin opción de compra. Ahora bien, según el artículo 8.Dos.5.º de la LIVA, tendrán la consideración de entrega de bienes las cesiones de bienes en virtud de contratos de arrendamiento-venta y asimilados. Asimilándose a los contratos de arrendamiento-venta, a los efectos del IVA, los de arrendamiento con opción de compra desde el momento en que el arrendatario se comprometa a ejercitar dicha opción y, en general, los de arrendamiento de bienes con cláusula de transferencia de la propiedad vinculante para ambas partes.

CUESTIÓN

En un arrendamiento de inmueble sujeto al IVA y no exento, ¿la fianza que abona el arrendatario al comienzo del contrato también lleva IVA?

La base imponible del IVA está formada por el importe total de la contraprestación de la operación sujeta al impuesto (en este caso, el arrendamiento) procedente del destinatario o de terceras personas, según apunta el artículo 78 de la LIVA. Ahora bien, el mismo precepto especifica que no se incluirán en la base imponible «las cantidades percibidas por razón de indemnizaciones, distintas de las contempladas en el apartado anterior que, por su naturaleza y función, no constituyan contraprestación o compensación de las entregas de bienes o prestaciones de servicios sujetas al impuesto» (apartado Tres.1.º).

En esa medida, y teniendo en cuenta que, en principio, la fianza arrendaticia tendrá por objeto compensar los daños y perjuicios que el arrendatario pudiera haber causado al arrendador en relación con el inmueble arrendado, es decir, carácter indemnizatorio, dicha cuantía no será contraprestación de operación alguna sujeta al IVA y no deberá repercutirse el impuesto con ocasión de la percepción de la citada cantidad del arrendatario. Además, el importe de la fianza tampoco constituye la contraprestación de una operación financiera exenta efectuada por el arrendador a favor del arrendatario.

Así, la Dirección General de Tributos, con matización del criterio que con carácter previo venía sosteniendo, afirmó lo siguiente en su consulta vinculante (V2507-19), de 17 de septiembre de 2019: «(...) la constitución de fianzas en el marco de arrendamientos de inmuebles que suponen la mera entrega por parte del arrendatario de una cantidad dineraria a favor del arrendador con una finalidad indemnizatoria, en los términos señalados en la presente contestación, no constituye una operación exenta del Impuesto en virtud de lo dispuesto en el artículo 20.Uno.18º.f) de la Ley 37/1992, sino una operación no sujeta al Impuesto sobre el Valor Añadido».

3.2.1. El concepto de vivienda

El artículo 20.Uno.23.º de la LIVA declara exentos del impuesto los arrendamientos que tengan la consideración de servicios conforme al artículo 11 de la LIVA y la constitución y transmisión de derechos reales de goce y disfrute que tengan por objeto **edificios o partes de los mismos destinados exclusivamente a viviendas**. Además, la exención también alcanzará a los garajes y anexos accesorios a las viviendas y los muebles, que se arrienden conjuntamente con aquellos.

En este sentido, cabe traer a colación el artículo 2 de la Ley 29/1994, de 24 de noviembre, de Arrendamientos Urbanos, que define el arrendamiento de vivienda como aquel arrendamiento que **recae sobre una edificación habitable cuyo destino primordial sea satisfacer la necesidad permanente de vivienda del arrendatario**. Por contraposición el artículo 3 de la misma norma considera como arrendamiento para uso distinto del de vivienda aquel que, recayendo sobre una edificación, tenga como destino primordial uno distinto del establecido en el precepto previo; indicando que, en especial, tendrán tal consideración «los arrendamientos de fincas urbanas celebrados por temporada, sea ésta de verano o cualquier otra, y los celebrados para ejercerse en la finca una actividad industrial, comercial, artesanal, profesional, recreativa, asistencial, cultural o docente, cualquiera que sean las personas que los celebren».

Ahora bien, la **exención en IVA no comprenderá**:

– Los arrendamientos de terrenos para:

- Estacionamientos de vehículos.
- Depósito o almacenaje de bienes, mercancías o productos, o para instalar en ellos elementos de una actividad empresarial.
- Exposiciones o para publicidad.

– Los **arrendamientos de apartamentos o viviendas amueblados cuando el arrendador se obligue a la prestación de alguno de los servicios complementarios propios de la industria hotelera**, tales como los de restaurante, limpieza, lavado de ropa u otros análogos.

– Los **arrendamientos de edificios o parte de los mismos para ser subarrendados**, con excepción de los realizados de acuerdo con lo dispuesto en el artículo 20.Uno.23.º.b) de la LIVA (esto es, con excepción del posterior arrendamiento por entidades gestoras de programas públicos de apoyo a la vivienda o por sociedades acogidas al régimen especial de entidades dedicadas al arrendamiento de viviendas establecido en el IS).

– La constitución o transmisión de derechos reales de goce o disfrute sobre los bienes a que se refieren los puntos anteriores.

– Los **arrendamientos con opción de compra de terrenos o viviendas cuya entrega estuviese sujeta y no exenta** al impuesto (en los términos del artículo 20.Uno.22.º de la LIVA, lo que, básicamente, comprende los arrendamientos con opción de compra efectuados por empresas de arrendamiento financiero o por el promotor).

- Los **arrendamientos de edificios o parte de los mismos asimilados a viviendas** de acuerdo con lo dispuesto en la Ley de Arrendamientos Urbanos.

- La constitución o transmisión de derechos reales de superficie.

Por lo tanto, el arrendamiento de un inmueble, cuando se destine para su **uso exclusivo como vivienda**, estará sujeto y exento del IVA, siempre que no se trate de alguno de los supuestos expresamente excluidos de la exención que acaban de mencionarse. Pero ¿y si el inmueble se arrienda para un uso mixto? ¿Cabría la exención?

En aquellos supuestos en los que la vivienda se arriende, por ejemplo, a un empresario o profesional, que la destina en parte a vivienda y en parte a oficina o despacho, **la operación no estará exenta de IVA**. No en vano, como ha reiterado la Dirección General de Tributos, «la regulación que se contiene en este supuesto de exención no es una regulación de carácter objetivo que atienda al bien que se arrienda para determinar la procedencia o no de la misma, sino que se trata de una exención de carácter finalista que hace depender del uso de la edificación su posible aplicación, siendo ésta preceptiva cuando el destino efectivo del objeto del contrato de arrendamiento es el de vivienda, pero no en otro caso» [consulta vinculante (V1928-11), de 4 de agosto de 2011].

Por lo tanto, el hecho de que el inmueble arrendado se destine en parte a vivienda no es suficiente para que proceda la exención. **Es necesario que se destine en exclusiva** a dicho fin.

CUESTIÓN

¿Estará exento de IVA el arrendamiento financiero de una vivienda con opción de compra, con un plazo de duración de seis años, si no existe el compromiso del arrendatario de ejercitar la opción al finalizar el arrendamiento?

A efectos del IVA, el arrendamiento con opción de compra de un bien puede tener la consideración de «entrega de bienes» o de «prestación de servicios» en función de que exista o no compromiso por parte del arrendatario de ejercitar la opción al finalizar el arrendamiento:

- Si no existe tal compromiso, el arrendamiento debe calificarse como prestación de servicios, con devengo del IVA en forma sucesiva, a medida que se producen los vencimientos de las cuotas arrendaticias.

- Si existiera dicho compromiso:

  o El arrendamiento tendrá la consideración de prestación de servicios hasta el momento en que el arrendatario se compromete frente al arrendador a ejercitar la opción de compra sobre el citado bien (artículo 11.Dos.2.º de la LIVA).

  o Desde dicho momento la operación se considera una entrega de bienes (artículo 8.Dos.5.º de la LIVA).

En este caso, se indica que no existe compromiso de ejercitar la opción de compra por parte del arrendatario, por lo que la operación tendrá la consideración de prestación de servicios.

Sobre esa base, la Dirección General de Tributos, en su consulta vinculante (V1730-21), de 3 de junio de 2021, referida a un supuesto análogo, apuntó lo siguiente:

«5. Con carácter general el arrendamiento de viviendas constituye una actividad de prestación de servicios exenta, quedando, sin embargo, excluidos de la exención los arrendamientos con opción de compra de terrenos o viviendas cuya entrega estuviese sujeta y no exenta al Impuesto. Y aunque no están exentas las entregas de edificaciones efectuadas en el ejercicio de la opción de compra inherente a un contrato de arrendamiento, por empresas dedicadas habitualmente a realizar operaciones de arrendamiento financiero, se establece que dichos contratos tendrán una duración mínima de diez años, por lo que dicha excepción no resulta de aplicación en el supuesto planteado en el que se prevé establecer una duración de seis años.

6. En conclusión, si el arrendamiento con opción de compra es realizado por el promotor de la edificación, el ejercicio de la opción tendrá la consideración de primera entrega y no estará exenta del Impuesto sobre el Valor Añadido. Sin embargo, cuando el contrato de arrendamiento es realizado por un no promotor, la posterior entrega de la vivienda como consecuencia del ejercicio de la opción de compra supondrá una segunda entrega sujeta y exenta del Impuesto, por lo que, en tal, caso, las prestaciones de servicios derivadas del contrato de arrendamiento constituirán, asimismo, una operación exenta del Impuesto».

RESOLUCIÓN ADMINISTRATIVA

Consulta vinculante de la Dirección General de Tributos (V0962-19), de 7 de mayo de 2019

Asunto: exención del IVA en caso de arrendamiento de inmueble para uso exclusivo como vivienda.

«(...) la regulación que se contiene en este supuesto de exención no es una regulación de carácter objetivo, que atienda al bien que se arrienda para determinar la procedencia o no de la misma, sino que se trata de una exención de carácter finalista que hace depender del uso de la edificación su posible aplicación, siendo ésta preceptiva cuando el destino efectivo del objeto del contrato es el de vivienda, pero no en otro caso.

De la información aportada en el escrito de consulta parece deducirse que el arrendamiento de las viviendas no va a ir acompañado de la prestación de servicios complementarios propios de la industria hotelera.

La actividad consistente en el arrendamiento por períodos de tiempo de viviendas o parte de las mismas, sin prestar ningún servicio propio de la industria hotelera y limitándose a poner a disposición del arrendatario la vivienda, se considera exenta del Impuesto.

Si, efectivamente, como manifiesta el consultante, no se prestan otro tipo de servicios propios de la industria hotelera como los descritos en el punto Cuatro anterior, y además la vivienda se arrienda únicamente a arrendatarios que sean personas físicas, y que la destinen para su uso exclusivo como vivienda, tales servicios de arrendamiento de vivienda se considerarán exentos del Impuesto sobre el Valor Añadido».

3.2.2. Segunda transmisión o subarrendamiento

El uso efectivo del inmueble como vivienda, a pesar de que constituye un requisito necesario para que pueda aplicarse la exención, no es, sin embargo, suficiente. Según se desprende del precepto que la regula, **la utilización** de la edificación como vivienda tendrá que realizarse necesaria y directamente por el arrendatario, consumidor final a los efectos del IVA, y no por terceras personas.

En esa medida, el artículo 20.Uno.23.°.b) de la LIVA establece expresamente en su apartado f') que **la exención no comprende «los arrendamientos de edificios o parte de los mismos para ser subarrendados,** con excepción de los realizados de acuerdo con lo dispuesto en la letra b) anterior». Este segundo inciso, que recoge la **excepción**, se refiere a aquellos arrendamientos que tengan por objeto los edificios o partes de los mismos destinados a su **posterior arrendamiento por entidades gestoras de programas públicos de apoyo a la vivienda o por sociedades acogidas al régimen especial de entidades dedicadas al arrendamiento** de viviendas establecido en el Impuesto sobre Sociedades. Dichos arrendamientos se encontrarán, por tanto, exentos del IVA.

Por lo tanto, y al margen de esos dos supuestos, los arrendamientos de viviendas a empresarios o profesionales, que a su vez sean objeto de una cesión posterior efectuada por ese arrendatario en el ejercicio de una actividad empresarial, estarán sujetos y no exentos del IVA, y ello con independencia de que la ulterior cesión de los mismos se realice en virtud de un nuevo contrato de arrendamiento o en virtud de otro título. Se trata de un supuesto con respecto al cual, con carácter previo, la Dirección General de Tributos venía considerando que la cesión posterior del inmueble realizada por el arrendatario en el ejercicio de una actividad empresarial o profesional suponía que el arrendamiento quedase sujeto y no exento; con referencia, entre otros, a los supuestos de cesión de la edificación destinada a vivienda por un empleador a favor de sus empleados o familiares de ellos, de cesión para el ejercicio de una actividad empresarial o profesional, o bien por cualquier otro título oneroso.

Sin embargo, tras las resoluciones del Tribunal Económico-Administrativo Central n.° 3856/2013 y n.° 3857/2013, ambas de 15 de diciembre de 2016, el Centro Directivo procedió a matizar ese criterio [acúdase, por ejemplo, a la consulta vinculante de la Dirección General de Tributos (V2019-23), de 11 de julio de 2023]. Desde entonces, sostiene que **no queda exento del IVA el arrendamiento de una vivienda a un empresario o profesional para subarrendarla o ceder el uso a terceras personas;** pero considerando que **no concurre tal subarrendamiento** cuando se den dos condiciones:

– Que quede acreditado que no existe intención de explotar el bien arrendado por parte del arrendatario, sino de **destinarlo directamente a un uso efectivo y propio como vivienda por parte de una persona física concreta,** que tendrá que figurar como usuaria en el propio contrato de arrendamiento.

– Que **no pueda destinarse a su uso por persona distinta** al tener prohibida el arrendatario la facultad de subarrendar o ceder la vivienda a terceros.

> **A TENER EN CUENTA.** De no concurrir estas circunstancias, el arrendamiento estará sujeto y no exento de IVA, debiendo tributar al tipo general de 21 %.

Esto nos llevaría al siguiente epígrafe, donde se analiza si cabe la exención cuando una empresa alquila una vivienda para ceder su uso en favor de un trabajador.

RESOLUCIÓN ADMINISTRATIVA

Consulta vinculante de la Dirección General de Tributos (V0845-22), de 20 de abril de 2022

Asunto: ¿está exento de IVA el arrendamiento de una vivienda a un hijo a cambio de una contraprestación, para que luego el hijo lo explote para el desarrollo de la actividad económica de alquiler turístico?

«(...) parece deducirse que el inmueble arrendado por la consultante va a ser utilizado para el desarrollo de una actividad económica de un tercero y, por tanto, no sería aplicable la exención prevista en el artículo 20.Uno.23° de la Ley del impuesto sobre el valor añadido, por lo que el citado arrendamiento estará sujeto y no exento de dicho impuesto. El tipo impositivo aplicable al mismo será el general del 21 por ciento que deberá ser repercutido en factura por la consultante a su hijo.

Por otra parte, deberá tenerse en cuenta que, a efectos de determinar la base imponible del arrendamiento podría ser de aplicación lo señalado en el artículo 79.Cinco de la Ley 37/1992, en relación con las operaciones en las que existe vinculación entre las partes».

3.2.3. Alquiler de vivienda por una empresa para un empleado

Uno de los supuestos que no quedan comprendidos en la exención, según establece el propio artículo 20.Uno.23.° de la LIVA, es, salvo las excepciones antes mencionadas, el de los arrendamientos de edificios o parte de los mismos para ser subarrendados a otra persona por parte del arrendatario.

Con carácter previo, la Dirección General de Tributos venía considerando que la cesión posterior del inmueble realizada por el arrendatario en el ejercicio de una actividad empresarial o profesional suponía que el arrendamiento quedase sujeto y no exento; con referencia, entre otros casos, a los supuestos de cesión de la edificación destinada a vivienda por un empleador a favor de sus empleados o familiares de ellos, de cesión para el ejercicio de una actividad empresarial o profesional, o bien por cualquier otro título oneroso.

Sin embargo, a la vista de las **resoluciones del Tribunal Económico Administrativo Central n.° 3856/2013 y n.° 3857/2013**, ambas de 15 de diciembre de 2016, modificó su criterio, pasando a sostener lo siguiente [consulta vinculante de la Dirección General de Tributos (V1565-18), de 6 de junio de 2018]:

«(...) se mantiene la doctrina anterior de esta Dirección General y del Tribunal Económico-Administrativo Central en la medida en que **cuando se arriende una vivienda a un empresario o profesional para subarrendarla o ceder el uso a terceras personas, tal arrendamiento estará sujeto y no exento del Impuesto sobre el Valor Añadido**. Ahora bien, a la luz de las citadas resoluciones cabe entender que no concurre tal subarrendamiento cuando quede acreditado, por cualquier medio de prueba admitido en derecho, que no existe intención de explotar el bien arrendado por parte del arrendatario sino destinarlo directamente a un uso efectivo y propio como vivienda por parte de una persona física concreta, la cual debe figurar necesariamente como usuaria en el propio contrato de arrendamiento, y que, por tanto, no puede destinarse a su uso por persona distinta al tener prohibida el arrendatario la facultad de subarrendar o ceder la vivienda a terceros.

En este caso, de concurrir todas las circunstancias expuestas, el arrendamiento de la vivienda al empresario o profesional estará sujeto pero exento del Impuesto sobre el Valor Añadido de conformidad con lo previsto en el artículo 20.Uno.23º de la Ley 37/1992.

Por el contrario, si en el contrato de arrendamiento no figura concreta y específicamente la persona o personas físicas usuarias últimas de la vivienda, pudiendo el arrendatario designarlas posteriormente, el referido contrato de arrendamiento estará sujeto y no exento en la medida en que tiene lugar una cesión o subarrendamiento posterior que impide la aplicación de la exención prevista en el artículo 20.Uno.23º de la Ley del Impuesto».

CUESTIONES

1. Una comunidad de bienes arrienda un inmueble de su propiedad a una persona jurídica, que luego lo cederá a otro arrendatario en ejercicio de su actividad. ¿La operación estará exenta de IVA?

El arrendamiento de un inmueble, cuando se destine para su uso exclusivo como vivienda, estará sujeto y exento del IVA de acuerdo con la letra b) del artículo 20.Uno.23.º de la LIVA, salvo en los casos expresamente excluidos de la exención por el precepto.

Justamente, en el supuesto planteado nos encontraríamos ante una de dichas excepciones, puesto que el destinatario del arrendamiento es una persona jurídica, que no podrá destinar el inmueble directamente a vivienda para sí y que, además, lo cederá con posterioridad a otro arrendatario en el ejercicio de su actividad empresarial. Así las cosas, en principio, la operación estaría sujeta y no exenta del IVA, tributando al tipo impositivo general del 21 %.

2. ¿Y si la persona jurídica arrendase el inmueble para que un empleado suyo lo destine a vivienda, figurando este en el contrato de arrendamiento como usuario y sin que quepa que se subarriende o ceda a otra persona?

En este caso, a la vista de la actual doctrina del TEAC y de la Dirección General de Tributos, no existiría un subarrendamiento a un tercero que excluyese la exención del IVA, puesto que la persona jurídica arrendataria no tiene intención de explotar el bien arrendado, sino que va destinarlo a un uso efectivo y propio como vivienda por parte de una persona física concreta, que figura como usuaria en el propio contrato de arrendamiento, sin que pueda destinarse a su uso por persona distinta, al estar prohibida la facultad de subarrendar o ceder la vivienda a terceros.

3.2.4. Alquiler de apartamentos turísticos con o sin servicios propios de hostelería

El artículo 20.Uno.23.º.b) de la LIVA declara expresamente que la exención no comprenderá «los arrendamientos de apartamentos o viviendas amueblados cuando el arrendador se obligue a la prestación de alguno de los

servicios complementarios propios de la industria hotelera, tales como los de restaurante, limpieza, lavado de ropa u otros análogos». Por lo tanto, por esta vía se excluyen de la exención determinados arrendamientos en los que se prestan a los arrendatarios una serie de **servicios que van más allá de la simple puesta a disposición de un inmueble** o de parte del mismo. Serían servicios que constituyen un complemento normal del servicio de hospedaje que se presta a los clientes de tal tipo de establecimientos y, que, por ello, no pierden su carácter de servicio de hostelería.

En ese sentido, hay que tener en cuenta que la actividad de hospedaje se caracteriza, a diferencia de la de simple alquiler de viviendas, por comprender (normalmente) la prestación de una serie de servicios complementarios. Ejemplos de esa clase de servicios serían, por ejemplo, los de recepción y atención permanente y continuada al cliente en un espacio destinado al efecto, limpieza periódica del inmueble y el alojamiento, cambio periódico de ropa de cama y baño, y puesta a disposición del cliente de otros servicios (lavandería, custodia de maletas, prensa, reservas, etc.), así como, a veces, la prestación de servicios de alimentación y restauración.

Así las cosas, y según ha señalado la Dirección General de Tributos, a estos efectos, **se consideran servicios complementarios propios de la industria hotelera** los siguientes [consulta vinculante (V1383-23), de 23 de mayo de 2023]:

- Servicio de **limpieza del interior del apartamento prestado con periodicidad semanal**.
- Servicio de **cambio de ropa en el apartamento prestado con periodicidad semanal**.
- Servicio de **restaurante**.
- **Recepción y atención permanente** al cliente.
- **Custodia de maletas**.

Por el contrario, no se consideran servicios complementarios propios de la industria hotelera:

- Servicio de limpieza del apartamento prestado a la entrada y a la salida del período contratado por cada arrendatario.
- Servicio de cambio de ropa en el apartamento prestado a la entrada y a la salida del período contratado por cada arrendatario.
- Servicio de limpieza de las zonas comunes del edificio (portal, escaleras y ascensores) así como de la urbanización en que está situado (zonas verdes, puertas de acceso, aceras y calles).
- Servicios de asistencia técnica y mantenimiento para eventuales reparaciones de fontanería, electricidad, cristalería, persianas, cerrajería y electrodomésticos.

En definitiva, cuando la **actividad realizada no se limite a la mera puesta a disposición de un inmueble o parte del mismo durante períodos de tiempo, sino que se presten servicios complementarios propios de la industria hotelera** mientras dure el arrendamiento (en los términos indicados), la actividad reunirá las características propias de la actividad de hospedaje y **el arrendamiento de vivienda tributará por el IVA.**

CUESTIONES

1. ¿A qué tipo de IVA tributará un arrendamiento de apartamento turístico con prestación de servicios propios de la industria hotelera?

Cuando no esté exento, al arrendamiento de un apartamento turístico en el que se presten servicios propios de la industria hotelera se le aplicará el tipo reducido del IVA del 10 %, siempre que pueda considerarse como un alojamiento de turismo con servicios complementarios propios de hostelería. No en vano, el artículo 91.Uno.2.2.° de la LIVA prevé la aplicación de este tipo a la prestación de servicios «de hostelería, acampamento y balneario, los de restaurantes y, en general, el suministro de comidas y bebidas para consumir en el acto, incluso si se confeccionan previo encargo del destinatario».

2. ¿El mero hecho de que un inmueble esté registrado como apartamento turístico y tenga licencia como tal supone que su arrendamiento esté sometido a tributación por el IVA?

No, tal y como apunta la Dirección General de Tributos en su consulta vinculante (V2187-23), de 26 de julio de 2023: «el mero hecho de haber obtenido la oportuna licencia municipal de apertura y el alta en la actividad económica de alquiler de apartamentos turísticos no obsta para que, en caso de que no se presten otro tipo de servicios propios de la industria hotelera (...), y además la vivienda se arriende únicamente a arrendatarios que sean personas físicas, y que la destinen para su uso exclusivo como vivienda, tales servicios de arrendamiento de vivienda se considerasen exentos del Impuesto sobre el Valor Añadido en las condiciones señaladas. Este criterio ya fue señalado por este Centro directivo, entre otras, en la contestación vinculante de 19 de diciembre de 2018, con número V3244-18».

RESOLUCIONES ADMINISTRATIVAS

Resolución del Tribunal Económico-Administrativo Central n.° 5871/2019, de 22 de febrero de 2022

Asunto: improcedencia de la exención en IVA en caso de arrendamiento con prestación de servicios complementarios propios de la industria hotelera.

«Criterio:

Los arrendamientos de inmuebles destinados exclusivamente a viviendas en los que no se presten servicios complementarios propios de la industria hotelera están sujetos y exentos del Impuesto sobre el Valor Añadido.

Por el contrario, si la actividad realizada no se limita a la mera puesta a disposición del inmueble o parte del mismo durante períodos de tiempo, sino que se trata de actividades que reúnen las características propias de las actividades de servicios de hospedaje, por obligarse el arrendador a prestar alguno de los servicios complementarios de la industria hotelera durante el tiempo de duración del arrendamiento, los servicios están sujetos y no exentos del Impuesto sobre el Valor Añadido.

En cuanto al concepto de servicios complementarios propios de la industria hotelera, se comparte el criterio de la Dirección General de Tributos que se recoge, entre otras, en la contestación a la consulta vinculante V0009-2021, de 4 de enero de 2021, de forma que el servicio consistente en la limpieza de la vivienda exclusivamente a la entrada y salida del período contratado por el arrendatario, no merece la calificación de servicio complementario de la industria hotelera.

Reitera criterio del RG 00-06934-2019 (16-12-2021)».

Consulta vinculante de la Dirección General de Tributos (V2019-23), de 11 de julio de 2023

Asunto: elementos a tener en cuenta para determinar si el arrendamiento turístico está exento o no de IVA.

«Por tanto, habrá que distinguir en función del arrendamiento que efectúe la consultante. Si, la consultante no presta servicios complementarios propios de la industria hotelera de los señalados en los apartados anteriores, y el arrendamiento se realiza directamente a los consumidores finales que lo destinan a vivienda en las condiciones señaladas, tal arrendamiento estará sujeto y exento del Impuesto sobre el Valor Añadido.

En el caso de que la actividad realizada no se limite a la mera puesta a disposición de un inmueble o parte del mismo durante períodos de tiempo, sino que se trata de actividades que reúnen las características propias de las actividades de servicios de hospedaje, por obligarse la consultante a prestar alguno de los servicios complementarios de la industria hotelera antes descritos durante el tiempo de duración del arrendamiento, los servicios objeto de consulta, relativos al arrendamiento de vivienda tributarán por el Impuesto sobre el Valor Añadido. En tal caso, y siempre que los servicios de alojamiento objeto de consulta puedan ser considerados, como alojamientos de turismo con servicios complementarios propios de hostelería, será aplicable a los mismos el tipo impositivo del 10 por ciento.

Por otro lado, si los arrendamientos consultados se efectúan a personas jurídicas y no pueden encuadrarse en la exención prevista en el apartado 3 de la presente contestación, ni puedan ser considerados como alojamientos con servicios propios de la industria hotelera, los mismos estarán sujetos al Impuesto sobre el Valor Añadido al tipo impositivo del 21 por ciento».

3.2.5. Garajes y trasteros arrendados como anejos a vivienda

El artículo 20.Uno.23.º de la LIVA, en su letra b), configura la exención por arrendamiento de vivienda en los siguientes términos:

«23.º Los arrendamientos que tengan la consideración de servicios con arreglo a lo dispuesto en el artículo 11 de esta Ley y la constitución y transmisión de derechos reales de goce y disfrute, que tengan por objeto los siguientes bienes:

(...)

b) Los edificios o partes de los mismos destinados exclusivamente a viviendas o a su posterior arrendamiento por entidades gestoras de programas públicos de apoyo a la vivienda o por sociedades acogidas al régimen especial de Entidades dedicadas al arrendamiento de viviendas establecido en el Impuesto sobre Sociedades. **La exención se extenderá a los garajes y anexos accesorios a las viviendas y los muebles, arrendados conjuntamente con aquéllos.**

La exención no comprenderá:

a′) Los arrendamientos de terrenos para estacionamientos de vehículos.

b′) Los arrendamientos de terrenos para depósito o almacenaje de bienes, mercancías o productos, o para instalar en ellos elementos de una actividad empresarial.

(...)».

A TENER EN CUENTA. El artículo tercero de la Ley 49/1960, de 21 de julio, sobre propiedad horizontal, establece que, en dicho régimen, corresponde a cada piso o local «el derecho singular y exclusivo de propiedad sobre un espacio suficientemente delimitado y susceptible de aprovechamiento independiente, con los elementos arquitectónicos e instalaciones de todas clases, aparentes o no, que estén comprendidos dentro de sus límites y sirvan exclusivamente al propietario, así como el de los anejos que expresamente hayan sido señalados en el título, aunque se hallen situados fuera del espacio delimitado». Añadiendo el artículo quinto de la misma norma, en su primer párrafo, que, en el título constitutivo de la propiedad horizontal, entre otros aspectos, habrá que incluir la descripción de cada piso o local, con expresión de su extensión, linderos, planta en la que se hallare y los anejos, tales como garaje, buhardilla o sótano. Por su parte, el artículo 2 de la LAU, que define el arrendamiento de vivienda, establece que las normas reguladoras del mismo se aplicarán también «al mobiliario, los trasteros, las plazas de garaje y cualesquiera otras dependencias, espacios arrendados o servicios cedidos como accesorios de la finca por el mismo arrendador».

En consecuencia, el arrendamiento de un inmueble para su uso exclusivo como vivienda, junto con los garajes y anexos accesorios con los que se alquile estará sujeto y exento del IVA, siempre y cuando no se trate de alguno de los supuestos excluidos de la exención según el precepto antes mencionado. Ahora bien, **si lo que se arriendan son plazas de garaje, trasteros u otros anexos de manera individual, sin alquilarlos conjuntamente con un edificio o parte de este destinado exclusivamente a vivienda, el arrendamiento no quedará exento** y tributará en IVA.

RESOLUCIONES ADMINISTRATIVAS

Consulta vinculante de la Dirección General de Tributos (V2139-21), de 23 de julio de 2021

Asunto: el arrendamiento aislado de plazas de garaje no está exento de IVA.

«(...) el arrendamiento de un bien inmueble determina la condición de empresario a efectos del Impuesto sobre el Valor Añadido del arrendador, estando sujeto el referido arrendamiento a dicho Impuesto.

Por tanto, independientemente de que el destinatario sea una entidad o un particular, las prestaciones de servicios que consistan en el arrendamiento aislado de una plaza de garaje a que se refiere el escrito de consulta, es decir, no realizado conjuntamente con un edificio o parte del mismo destinado exclusivamente a vivienda, está sujeto y no exento del Impuesto sobre el Valor Añadido, dado que no resulta aplicable en este caso la exención prevista en el artículo 20.Uno.23° de la Ley 37/1992, debiendo tributar por dicho Impuesto al tipo impositivo general del 21 por ciento.

Tercero.- La consultante, sujeto pasivo de la operación citada a efectos de este Impuesto, deberá cumplir con las obligaciones previstas en el artículo 164 de la Ley 37/1992, en particular, entre otras, deberá darse de alta en el censo de empresarios, profesionales y retenedores, presentar declaraciones-liquidaciones trimestrales por el citado Impuesto y la correspondiente declaración-resumen anual».

Consulta vinculante de la Dirección General de Tributos (V0169-22), de 3 de febrero de 2022

Asunto: exención de IVA en caso de arrendamiento posterior de una plaza de garaje por parte de un arrendatario previo de una vivienda en el mismo edificio.

«Según manifiesta la entidad consultante en su escrito, en ocasiones va a arrendar plazas de garaje a destinatarios que ya eran arrendatarios de una vivienda en la misma edificación.

En estas circunstancias, puede deducirse que dichos arrendamientos de plazas de garaje se realizan de manera conjunta con el arrendamiento de la vivienda en cuestión aunque los mismos no se realicen en el mismo momento y, por lo tanto, también se encontrarían exentos del Impuesto sobre el Valor Añadido mientras el arrendatario mantenga arrendados simultáneamente ambos inmuebles».

3.2.6. Arrendamiento de fincas rústicas

La posibilidad de que el arrendamiento de fincas rústicas quede exento de IVA se recoge en la letra a) del artículo 20.Uno.23.º de la LIVA, a cuyo tenor:

«23.º Los **arrendamientos que tengan la consideración de servicios** con arreglo a lo dispuesto en el artículo 11 de esta Ley y la **constitución y transmisión de derechos reales de goce y disfrute**, que tengan por objeto los siguientes bienes:

a) Terrenos, incluidas las construcciones inmobiliarias de carácter agrario utilizadas para la explotación de una finca rústica.

Se **exceptúan** las construcciones inmobiliarias dedicadas a **actividades de ganadería independiente de la explotación del suelo.**

(...)

La exención **no comprenderá:**

a´) Los arrendamientos de terrenos para estacionamientos de vehículos.

b´) Los arrendamientos de terrenos para depósito o almacenaje de bienes, mercancías o productos, o para instalar en ellos elementos de una actividad empresarial.

c´) Los arrendamientos de terrenos para exposiciones o para publicidad.

d´) Los arrendamientos con opción de compra de terrenos o viviendas cuya entrega estuviese sujeta y no exenta al impuesto.

e´) Los arrendamientos de apartamentos o viviendas amueblados cuando el arrendador se obligue a la prestación de alguno de los servicios complementarios propios de la industria hotelera, tales como los de restaurante, limpieza, lavado de ropa u otros análogos.

f´) Los arrendamientos de edificios o parte de los mismos para ser subarrendados, con excepción de los realizados de acuerdo con lo dispuesto en la letra b) anterior.

g´) Los arrendamientos de edificios o parte de los mismos asimilados a viviendas de acuerdo con lo dispuesto en la Ley de Arrendamientos Urbanos.

h´) La constitución o transmisión de derechos reales de goce o disfrute sobre los bienes a que se refieren las letras a´), b´), c´), e´) y f´) anteriores.

j´) La constitución o transmisión de derechos reales de superficie».

Así las cosas, y según criterio reiterado por la Dirección General de Tributos, la exención que establece este precepto para los supuestos de arrendamiento de finca rústica **solo opera con respecto al terreno y a las construcciones** [en ese sentido, por ejemplo, las consultas vinculantes (V1010-22), de 5 de mayo de 2022; (V0547-10), de 22 de marzo de 2010; o (V0792-11), de 28 de marzo de 2011]. Es decir, solo alcanzaría a la cesión de los terrenos y las construcciones inmobiliarias de carácter agrario utilizadas para la explotación de una finca rústica, pero no a la totalidad de los bienes y derechos necesarios para explotar el negocio.

En esa medida, el Centro Directivo razona lo siguiente [consulta vinculante (V1010-22), de 5 de mayo de 2022]:

> «(...) según el señalado criterio, cualquier arrendamiento de una finca rústica en el que conjuntamente con el terreno y las construcciones inmobiliarias de carácter agrario necesarias para la explotación de la finca, se arrienden otros elementos necesarios para el desarrollo de la explotación como, por ejemplo, los elementos de riego, la maquinaria agrícola o los aperos, ya no será aplicable la exención porque lo que subyace es el arrendamiento de un negocio, constituyendo una operación sujeta y no exenta del Impuesto.
>
> Parece evidente que cuando se arrienda una finca rústica en la que se viene desarrollando una actividad agraria, ganadera o forestal conjuntamente con las construcciones inmobiliarias afectas a la misma, la aplicación de la exención contenida en el artículo 20.uno.23º de la Ley 37/1992 no puede determinarse únicamente en función de que conjuntamente con estos elementos sean o no objeto de cesión en el mismo contrato de arrendamiento otros elementos necesarios para la actividad, porque desde esta perspectiva, la práctica totalidad de las operaciones de arrendamiento de fincas rústicas susceptibles de explotación agropecuaria quedarían excluidas de la referida exención.
>
> Por otra parte, tampoco parecería conforme con la Ley, aplicar la exención contenida en el artículo 20.uno.23º a situaciones que supongan efectivamente la cesión o el arrendamiento de un negocio, entendido este como una empresa en funcionamiento, unidad económica que excede de los propios terrenos y las construcciones necesarias para la actividad.
>
> En consecuencia, **será necesario determinar en cada caso concreto, si la operación se refiere al arrendamiento de un bien, o un conjunto de bienes, o al arrendamiento de un negocio, sin que el hecho de que, conjuntamente con el terreno y las construcciones inmobiliarias de carácter agrario utilizadas para la explotación de la finca rústica se ceda o arriende otro elemento, sea determinante para la no aplicación de la exención».**

Por lo tanto, será necesario **analizar las circunstancias de cada supuesto en concreto**, a fin de determinar si la operación se refiere al arrendamiento de un bien o un conjunto de bienes, o, por el contrario, al arrendamiento de un negocio. Aunque, eso sí, la Dirección General de Tributos puntualiza que el simple hecho de que ceda o alquile algún otro elemento conjuntamente con el terreno y las construcciones inmobiliarias de carácter agrario usadas para su explotación no es determinante para que la exención no pueda aplicarse.

CUESTIONES

1. El propietario de una finca rústica va a arrendarla a una entidad mercantil para la instalación de una planta solar fotovoltaica. ¿Estará exento de IVA dicho arrendamiento?

En este caso, el arrendamiento de la finca rústica se produce para destinarla a la construcción de una instalación fotovoltaica por una entidad mercantil para generar energía. Por lo tanto, el terreno se va a afectar a la actividad empresarial de dicha entidad y el arrendamiento no podrá quedar exento por excluirlo expresamente el artículo 20.Uno.23.º de la LIVA. Así lo afirmó la Dirección General de Tributos en un supuesto análogo, al que se refirió en su consulta vinculante (V1845-23), de 27 de junio de 2023.

2. La exención prevista en el artículo 20.Uno.23.º.a) de la LIVA, ¿resulta de aplicación al arrendamiento del aprovechamiento cinegético en un terreno?

El Tribunal Supremo ha establecido que el arrendamiento del aprovechamiento cinegético en un terreno no está incluido en dicha exención.

A tal respecto, la sentencia del Tribunal Supremo n.º 372/2023, de 21 de marzo de 2023, ECLI:ES:TS:2023:1049, apunta lo siguiente:

«La cesión por un tiempo determinado y mediante precio del aprovechamiento cinegético en el ámbito de una finca, tiene adecuado encaje en el concepto de prestación de servicios mediante cesión de uso o disfrute de un bien, en este caso la caza. La prestación está netamente diferenciada de cualquier otro aprovechamiento de que pueda ser susceptible el terreno, cuyo cesión no se contempla en el contrato, de modo que el propietario conserva todas las facultades para su uso o explotación característicamente inherentes al terreno rústico, esto es, el agrario, ganadero vinculado a la explotación del suelo, forestal, etc., que es precisamente el destino que justifica la exención del art. 20.Uno.23º LIVA, porque la misma beneficia a los "arrendamientos que tengan la consideración de servicios" y a la "constitución y transmisión de derechos reales de goce y disfrute" que tengan por objeto "terrenos", pero, como ya se ha dicho, la cesión del aprovechamiento cinegético es un servicio prestado, que tiene sustantividad propia, y que no tiene por objeto el terreno.

Por otra parte, carece de toda relevancia la ausencia de mención de la cesión del aprovechamiento cinegético en la delimitación negativa de la exención contenida en el art. 20.Uno.23, que menciona entre otros el arrendamiento de terrenos para estacionamientos de vehículos, deposito o almacenamiento de materiales, etc. La delimitación positiva de la exención es suficientemente explícita y su extensión analógica más allá de sus límites supone la vulneración de la prohibición de analogía del art. 14 LGT, y la aplicación indebida del art. 20.Uno.23 LIVA .

SEXTO.- Fijación de la doctrina jurisprudencial y resolución de las cuestiones debatidas en el proceso.

Como consecuencia de lo razonado, la doctrina jurisprudencial que establecemos es que, a los efectos de aplicar la exención relativa a las operaciones de arrendamientos que tengan la consideración de servicios y a la constitución y transmisión de derechos reales de goce y disfrute, actualmente recogida en el art. 20.Uno.23º a) LIVA, el arrendamiento del aprovechamiento cinegético en un terreno no está incluido en la referida exención.

Al ser contraria a esta doctrina jurisprudencial, con infracción del art. 14 LGT, y la aplicación indebida del art. 20.Uno.23 LIVA, hemos de casar y anular la sentencia recurrida y desestimar el recurso contencioso-administrativo [...]"».

3.3. Otros

Más allá de la posibilidad de que las operaciones de arrendamiento de inmuebles queden exentas de IVA o no, lo cierto es que dicha actividad puede tener **incidencia sobre otros aspectos básicos a efectos del Impuesto sobre el Valor Añadido.** Por ese motivo, en este epígrafe nos centraremos en el estudio de tres de ellos:

- Los **tipos impositivos** que, en su caso, resultarán de aplicación.
- La **deducción de las cuotas de IVA soportadas.**
- El régimen de la **prorrata.**

3.3.1. Tipos impositivos

¿Qué tipo del IVA se aplica a los arrendamientos de inmuebles no exentos?

Como regla general, puede decirse que se aplicará un **tipo impositivo de IVA del 21 %** a los arrendamientos de inmuebles no exentos, **salvo en aquellos supuestos en los que la normativa del impuesto establezca un tipo reducido** (artículo 90 de la LIVA). Por ejemplo, esto sucederá en aquellos supuestos en los que se arriende un local de negocio, una plaza de garaje o trastero de forma independiente (sin ser conjuntamente con una vivienda) o cuando se alquile una vivienda por su propietario a una agencia inmobiliaria.

Por el contrario, se aplicarán **tipos reducidos del IVA,** básicamente, en los siguientes supuestos:

- Arrendamientos turísticos con prestación de servicios complementarios propios de la industria hotelera (tipo del 10 %).
- Arrendamientos con opción de compra de viviendas (tipos del 10 % o 4 %, según los casos).

Arrendamientos turísticos con prestación de servicios complementarios propios de la industria hotelera

Cuando el arrendamiento no se limite a la mera puesta a disposición de un inmueble o de parte del mismo durante períodos de tiempo, sino que se trate de **actividades que reúnen las características propias de los servicios de hospedaje,** por obligarse el arrendador a prestar alguno de los **servicios complementarios de la industria hotelera** durante el tiempo que dure el arrendamiento, el arrendamiento de vivienda no está exento de IVA.

En tales supuestos, resultará de aplicación el **tipo de IVA del 10 %** siempre que **los servicios de alojamiento puedan ser considerados como alojamientos de turismo con servicios complementarios propios de hostelería.** No en vano, el artículo 91.Uno.2.2.º de la LIVA establece ese tipo para las prestaciones de servicios de «hostelería, acampamento y balneario, los de restaurantes y, en general, el suministro de comidas y bebidas para consumir en el acto, incluso si se confeccionan previo encargo del destinatario».

Arrendamientos con opción de compra de viviendas no exentos

A los efectos de este apartado, conviene tener en cuenta que nos estamos centrando en aquellos arrendamientos con opción de compra que no quedan exentos del IVA. No en vano, **la exención prevista en el artículo 20.Uno.23.º de la LIVA para los arrendamientos de vivienda no comprende, entre otros, los arrendamientos con opción de compra de terrenos o viviendas cuya entrega estuviese sujeta y no exenta al impuesto.** Esto es, se trataría, básicamente, de casos en los que la opción de compra se concede sobre una vivienda que no haya sido transmitida en ninguna ocasión; comprendiéndose, fundamentalmente, y en los términos del artículo 20.Uno.22.º de la LIVA, los **arrendamientos con opción de compra efectuados por empresas de arrendamiento financiero o por el promotor.**

Pues bien, en el supuesto de **prestaciones de servicios** no exentas que consistan en **arrendamientos con opción de compra de edificios o partes de los mismos destinados exclusivamente a viviendas,** incluidas las **plazas de garaje,** con un máximo de dos unidades, y **anexos en ellos situados** que se arrienden **conjuntamente,** se aplicarán los siguientes tipos del IVA (apartados Uno.2.11.º y Dos.2.2. del artículo 91 de la LIVA):

- Del **10 %,** con carácter general.
- Del **4 %,** cuando se trate de edificios o partes de los mismos destinados exclusivamente a **viviendas calificadas administrativamente como de protección oficial de régimen especial o de promoción pública.**

> **A TENER EN CUENTA.** Según el artículo 11 de la LIVA, se entenderá por prestación de servicios toda operación sujeta al citado tributo que, de acuerdo con dicha norma, no tenga la consideración de entrega, adquisición intracomunitaria o importación de bienes. En particular, se establece que tendrán la consideración de prestaciones de servicios los arrendamientos de bienes, industria o negocio, empresas o establecimientos mercantiles, con o sin opción de compra. Ahora bien, según el artículo 8.Dos.5.º de la LIVA, tendrán la consideración de entrega de bienes las cesiones de bienes en virtud de contratos de arrendamiento-venta y asimilados. Asimilándose a los contratos de arrendamiento-venta, a los efectos del IVA, los de **arrendamiento con opción de compra** desde el momento en que el arrendatario se comprometa a ejercitar dicha opción y, en general, los de arrendamiento de bienes con cláusula de transferencia de la propiedad vinculante para ambas partes.

CUESTIONES

1. ¿Qué tipo de IVA se aplicará a la cesión de los derechos de aprovechamiento por turnos de un edificio?

Según el artículo 91.Uno.2.12.º de la LIVA, se aplicará un tipo del 10 % de IVA a las prestaciones de servicios consistentes en la cesión de los derechos de aprovechamiento por turno de edificios, conjuntos inmobiliarios o sectores de ellos arquitectónicamente diferenciados cuando el inmueble tenga, al menos, 10 alojamientos, de acuerdo con lo establecido en la normativa reguladora de estos servicios.

2. ¿Qué tipo de IVA se aplicará a un arrendamiento de un local comercial?

Se aplicará el tipo de IVA general del 21 %, puesto que no le resulta de aplicación ninguno de los tipos reducidos (artículos 90 y 91 de la LIVA).

3. ¿Qué tipo de IVA se aplicará a un arrendamiento de vivienda efectuado a una persona jurídica, sin que se destine a su uso por ninguna persona física concreta ni se presten servicios propios de la industria hotelera?

De nuevo, al no proceder ningún tipo reducido, la operación tributará al tipo general del 21 % (artículos 90 y 91 de la LIVA).

4. ¿Qué tipo de IVA se aplicará en el arrendamiento de una vivienda que su propietario realiza a una agencia inmobiliaria sin designación de persona física concreta que vaya a utilizar el inmueble? ¿Y en el alquiler de esa misma vivienda que luego la agencia efectúa en nombre propio a una persona física particular que lo destine exclusivamente a vivienda?

El arrendamiento de la vivienda hecho por su propietario a la agencia inmobiliaria tributará al tipo general del IVA, del 21 % (dado que la persona jurídica no puede destinar el inmueble a vivienda y no se designa persona física que vaya a usarlo como vivienda en los términos necesarios para que proceda la exención del artículo 20.Uno.23.º de la LIVA).

Por su parte, el arrendamiento de la vivienda que la agencia inmobiliaria efectúa a favor de un particular, persona física, que lo destine exclusivamente a vivienda, quedaría exento del IVA en los términos del artículo 20.Uno.23.º de la LIVA. Estaría sujeto y, en su caso, podría tener que tributar por el Impuesto sobre Transmisiones Patrimoniales y Actos Jurídicos Documentados o ITPyAJD (estará exento si es un alquiler de vivienda para uso estable y permanente).

5. Un propietario particular contrata una agencia inmobiliaria para que actúe como intermediaria en el arrendamiento de una vivienda a otro particular, que la destinará exclusivamente a uso como vivienda. ¿Cómo tributará la operación en IVA?

En este caso, el arrendamiento al usuario final de la vivienda se realiza en nombre del propietario (que será quien tenga la condición de arrendador) y la agencia inmobiliaria solo actúa como intermediaria. Por tanto, el arrendamiento de vivienda que el propietario efectúa al arrendatario estará exento de IVA en los términos del artículo 20.Uno.23.º de la LIVA y tributará, en su caso, por el ITPyAJD (aunque están exentos los alquileres de vivienda para uso estable y permanente). Por su parte, el servicio de mediación que la agencia inmobiliaria presta al propietario estará sujeto y no exento de IVA, tributando al tipo general del 21 %.

3.3.2. IVA deducible

La posibilidad de deducción de las cuotas de IVA soportadas se regula en el capítulo I del título VIII de la LIVA, en los artículos 92 y siguientes. Así las cosas, el primero de dichos preceptos apunta lo siguiente:

«Uno. Los sujetos pasivos podrán deducir de las cuotas del Impuesto sobre el Valor Añadido devengadas por las operaciones gravadas que realicen en el interior del país las que, devengadas en el mismo territorio, hayan soportado por repercusión directa o correspondan a las siguientes operaciones:

1.º Las entregas de bienes y prestaciones de servicios efectuadas por otro sujeto pasivo del Impuesto.

2.º Las importaciones de bienes.

3º. Las entregas de bienes y prestaciones de servicios comprendidas en los artículos 9.1.º c) y d); 84.uno.2.º y 4.º, y 140 quinque, todos ellos de la presente Ley.

4.º Las adquisiciones intracomunitarias de bienes definidas en los artículos 13, número 1.º, y 16 de esta Ley.

(...)».

Desde un punto de vista subjetivo, podrán hacer uso del derecho a deducción los **sujetos pasivos que tengan la consideración de empresarios o profesionales** conforme al artículo 5 de la LIVA y hayan iniciado la realización habitual de entregas de bienes o prestaciones de servicios correspondientes a sus actividades empresariales o profesionales. Aunque las cuotas soportadas o satisfechas con anterioridad al inicio de la realización habitual de dichas entregas de bienes o prestaciones de servicios también podrán deducirse de acuerdo con los artículos 111, 112 y 113 de la LIVA.

Eso sí, **no podrán ser objeto de deducción**, en ninguna medida ni cuantía, las **cuotas soportadas o satisfechas por las adquisiciones o importaciones de bienes o servicios efectuadas sin la intención de utilizarlos en la realización de actividades empresariales o profesionales,** aunque ulteriormente dichos bienes o servicios se afecten total o parcialmente a las citadas actividades.

Así las cosas, parece que, en principio, el arrendador de un inmueble que tenga la condición de empresario o profesional a efectos del IVA y, por tanto, de sujeto pasivo del impuesto, podrá deducirse las cuotas del IVA que haya soportado por adquisiciones de bienes o prestaciones de servicios que destine a la actividad de arrendamiento. Ahora bien, en una actividad como la de arrendamiento, en la que es posible que algunas de las operaciones (o todas) las que realice el sujeto pasivo se encuentren exentas del IVA, debe tenerse muy en cuenta esa circunstancia de cara a la deducción de las cuotas de IVA soportadas.

Y, es que, no en vano, el artículo 94.Uno.1.º de la LIVA, limita la posibilidad de deducción, en los términos que aquí interesan, del siguiente modo:

«Uno. Los sujetos pasivos a que se refiere el apartado uno del artículo anterior **podrán deducir las cuotas del Impuesto sobre el Valor Añadido comprendidas en el artículo 92 en la medida en que los bienes o servicios, cuya adquisición o importación determinen el derecho a la deducción, se utilicen por el sujeto pasivo en la realización de las siguientes operaciones:**

1.º Las efectuadas en el ámbito espacial de aplicación del impuesto que se indican a continuación:

a) Las **entregas de bienes y prestaciones de servicios sujetas y no exentas** del Impuesto sobre el Valor Añadido.

(...)».

Por lo tanto, en el ámbito de las operaciones internas, el derecho a la deducción de las cuotas soportadas del IVA en la adquisición de bienes y servicios por un empresario o profesional se vincula a que dichas adquisiciones, gastos de la actividad, estén relacionadas con una actividad gravada por el impuesto que genere derecho a la deducción.

Esto plantea varias posibilidades:

– El **arrendador solo realiza operaciones de arrendamiento sujetas y no exentas del IVA** (por ejemplo, si solo alquila locales comerciales o plazas de aparcamiento —sin ser conjuntamente con viviendas—). **Podrá deducirse el IVA soportado** por los gastos en los que incurra para la actividad de arrendamiento, como serían los de la agencia inmobiliaria que haya mediado para la celebración del arrendamiento, los de reparaciones, los de compra de mobiliario o los ligados a la adquisición del inmueble arrendado y del mobiliario, que, en su caso, alquile junto a él.

– El **arrendador solo realiza operaciones de arrendamiento sujetas y exentas del IVA** (por ejemplo, solo cede en alquiler viviendas o terrenos rústicos exentos de IVA). **No podría deducirse en ninguna medida las cuotas del IVA que soporte** por la adquisición de bienes o la prestación de servicios relacionados con el arrendamiento.

– El **arrendador realiza operaciones de arrendamiento sujetas y no exentas del IVA, pero también otras que están exentas** (por ejemplo, alquila viviendas, pero también locales de negocio). En este caso, podrá deducirse las cuotas del IVA que soporte por los gastos utilizados en la actividad de arrendamiento, pero solo en parte: en cuanto se refieran a los arrendamientos no exentos de IVA. Dado que realiza arrendamientos que originan derecho a la deducción (los no exentos) y otros que no habilitan para la deducción (los exentos), tendrá que aplicar la **regla de prorrata** para determinar la parte de las cuotas soportadas del IVA que podrá deducirse, que será objeto de estudio en el siguiente epígrafe.

Aunque, todo ello, teniendo siempre presente que **la deducción de las cuotas de IVA soportadas exige el cumplimiento de los requisitos y los límites que, a tales efectos, establecen los artículos 92 y siguientes de la LIVA**. En particular, mención especial merece a este respecto, la necesidad de que se esté en posesión del **documento justificativo** del derecho a deducción de acuerdo con el artículo 97 de la LIVA (que, normalmente, será la factura original expedida por quien realice la entre o preste el servicio, emitida con los requisitos establecidos reglamentariamente). Además, no cabrá la deducción en cuantía superior a la cuota tributaria expresa y separadamente consignada que haya sido repercutida o, en su caso, satisfecha según el documento justificativo de la deducción.

> **RESOLUCIÓN ADMINISTRATIVA**
>
> **Consulta vinculante de la Dirección General de Tributos (V1627-23), de 9 de junio de 2023**
>
> **Asunto: deducibilidad de las cuotas de IVA soportadas por la reforma y adquisición de mobiliario para un inmueble que se destinará al arrendamiento.**
>
> «(...) a efectos del derecho a la deducción, podrán ser objeto de deducción las cuotas devengadas como consecuencia de la adquisición de bienes y servicios en

el ámbito de la rehabilitación del inmueble cuyo destino, siguiendo criterios razonables y debidamente justificados, sea previsiblemente realizar operaciones que originen el derecho a la deducción del Impuesto.

En todo caso, el destino previsible del inmueble deberá estar, como se ha indicado, debidamente justificado por elementos objetivos, pudiendo ser objeto de comprobación posterior.

Por lo tanto, siempre que se cumplan los requisitos y circunstancias previstos en los artículos señalados, las cuotas del Impuesto soportadas por el consultante en las obras de reparación de la vivienda objeto de consulta serán deducibles, con cumplimiento de las condiciones y requisitos previstos en el Capítulo I del Título VIII de la Ley 37/1992.

En particular, originan el derecho a la deducción, según lo dispuesto en el artículo 94 de la Ley 37/1992, las operaciones interiores sujetas y no exentas del Impuesto y, por el contrario, no originan el derecho a la deducción aquellas operaciones interiores que se encuentren sujetas pero exentas del Impuesto sobre el Valor Añadido.

De este modo, no originará tal derecho el arrendamiento del inmueble para su uso como vivienda, al quedar este exento en virtud del artículo 20.Uno.23° de la Ley del Impuesto.

Según se deduce de la información aportada por el consultante, el inmueble rehabilitado va a ser destinado al arrendamiento sujeto y no exento, si bien el consultante plantea la posibilidad de que dicho arrendamiento, en función de diferentes factores, pueda tener como destinatarios directamente a particulares que utilicen el inmueble como vivienda».

3.3.3. Régimen de prorrata

La deducción del IVA soportado si se realizan arrendamientos exentos y no exentos

En aquellos supuestos en los que **el arrendador de inmuebles realiza operaciones que generan derecho a la deducción** (arrendamientos no exentos del IVA, por ejemplo, de locales comerciales) y otras que no lo generan (arrendamientos exentos, como los de viviendas o fincas rústicas), solo cabrá la **deducción proporcional de las cuotas de IVA soportado**. Únicamente podrá ser objeto de deducción un determinado porcentaje de las cuotas soportadas, que se determinará por medio de la **regla de prorrata**, según resulta del artículo 102 de la LIVA.

A pesar de ello, los sujetos pasivos podrán deducir íntegramente las cuotas soportadas en las adquisiciones o importaciones de bienes o en las prestaciones de servicios en la medida en que se destinen a la realización de los autoconsumos a que se refiere el artículo 9.1.°.c) de la LIVA (cambio de afectación de bienes corporales de un sector a otro diferenciado de la actividad), que tengan por objeto bienes constitutivos de las existencias y de los autoconsumos comprendidos en la letra d) del mismo precepto (referido a la afectación o, en su caso, el cambio de afectación de bienes producidos, construidos, extraídos, transformados, adquiridos o importados en el ejercicio de la actividad empresarial o profesional del sujeto pasivo para su utilización como bienes de inversión).

La regla de prorrata tiene **dos modalidades**, la **general** y la **especial**. Se aplicará la primera cuando no proceda la prorrata especial, que se aplicará si el sujeto pasivo opta por ella o cuando el montante total de las cuotas deducibles en un año natural por aplicación de la regla de prorrata general exceda en un 10 % o más del que resultaría por aplicación de la regla de prorrata especial.

A TENER EN CUENTA. La Agencia tributaria pone a disposición de los contribuyentes, a través de su página web, un servicio de «Calculadora de prorratas».

CUESTIONES

1. ¿Cuándo existen sectores diferenciados de la actividad empresarial o profesional a efectos del IVA?

A los efectos de la LIVA, se considerarán sectores diferenciados de la actividad empresarial o profesional, los que enumera el artículo 9.1.º.c) de la LIVA:

- Aquellos en los que las actividades económicas realizadas y los regímenes de deducción aplicables sean distintos. En ese sentido, se considerarán actividades económicas distintas aquellas que tengan asignados grupos diferentes en la Clasificación Nacional de Actividades Económicas. Sin embargo, no se reputará distinta la actividad accesoria a otra cuando, en el año precedente, su volumen de operaciones no excediera del 15 % del de esta última y, además, contribuya a su realización; si no se hubiese ejercido la actividad accesoria durante el año previo, en el año en curso el requisito del mencionado porcentaje será aplicable según las previsiones razonables del sujeto pasivo, sin perjuicio de la regularización que proceda si el porcentaje real excediese del límite indicado. Las actividades accesorias seguirán el mismo régimen que las actividades de las que dependan.

- Los regímenes de deducción a que se refiere este punto se considerarán distintos si los porcentajes de deducción, determinados con arreglo a lo dispuesto en el artículo 104 de la LIVA, que resultarían aplicables en la actividad o actividades distintas de la principal difirieran en más de 50 puntos porcentuales del correspondiente a la citada actividad principal.

- La actividad principal, con las actividades accesorias a la misma y las actividades económicas distintas cuyos porcentajes de deducción no difirieran en más 50 puntos porcentuales con el de aquella constituirán un solo sector diferenciado.

- Las actividades distintas de la principal cuyos porcentajes de deducción difirieran en más de 50 puntos porcentuales con el de esta constituirán otro sector diferenciado del principal.

- Se considerará principal la actividad en la que se hubiese realizado mayor volumen de operaciones durante el año inmediato anterior.

- Las actividades acogidas a los regímenes especiales simplificado, de la agricultura, ganadería y pesca, de las operaciones con oro de inversión o del recargo de equivalencia.

- Las operaciones de arrendamiento financiero a que se refiere la disposición adicional tercera de la Ley 10/2014, de 26 de junio, de ordenación, supervisión y solvencia de entidades de crédito.

- Las operaciones de cesión de créditos o préstamos, con excepción de las realizadas en el marco de un contrato de *factoring*.

2. ¿Cómo es la deducción del IVA en caso de que existan sectores diferenciados de actividad?

El artículo 101 de la LIVA dispone que los sujetos pasivos que realicen actividades económicas en sectores diferenciados de la actividad empresarial o profesional deben aplicar separadamente el régimen de deducciones respecto de cada uno de ellos. A cada sector diferenciado se le aplica su propio régimen de deducciones, con independencia del que corresponda a los demás.

Cuando existan sectores diferenciados en la actividad empresarial, las deducciones deberán practicarse de la siguiente forma:

- En cada uno de los sectores diferenciados se aplicará su propio régimen de deducciones, de manera independiente, considerando solo los bienes y servicios utilizados exclusivamente en cada sector.

- Los regímenes de deducción correspondientes a los regímenes especiales simplificado, de la agricultura, ganadería y pesca, de las operaciones con oro de inversión y del recargo de equivalencia se rigen por lo previsto en la LIVA para dichos regímenes.

- Las cuotas soportadas por los bienes y servicios adquiridos o importados para su utilización en común en varios sectores diferenciados de actividad se deducirán aplicando la prorrata general que corresponda al conjunto de operaciones realizadas en todos los sectores diferenciados afectados por dicha actividad y considerándose que:

  o No originan el derecho a deducir las operaciones incluidas en el régimen especial de la agricultura, ganadería y pesca o en el régimen especial del recargo de equivalencia.

  o No se tendrán en cuenta las operaciones realizadas en el sector diferenciado de actividad de grupo de entidades.

  o Siempre que no pueda aplicarse dicha regla, cuando tales bienes o servicios se destinen a ser utilizados simultáneamente en actividades acogidas al régimen especial simplificado y en otras actividades sometidas al régimen especial de la agricultura, ganadería y pesca o del recargo de equivalencia, el referido porcentaje de deducción a efectos del régimen simplificado será del 50 % si la afectación se produce respecto de actividades sometidas a dos de los citados regímenes especiales, o de un tercio en otro caso.

En los sectores diferenciados, la prorrata especial se aplica en los mismos supuestos previstos con carácter general, por opción del sujeto pasivo y, obligatoriamente, cuando las cuotas deducibles que resulten de aplicar la prorrata general exceden en un 10 % o más de las que resultarían de aplicar la prorrata especial. En todo caso, quedan excluidos de aplicación de la prorrata especial los sectores que tributen por los regímenes especiales.

La Administración podrá autorizar la aplicación de un régimen de deducción común a los sectores diferenciados de la actividad empresarial o profesional del sujeto pasivo determinados únicamente por aplicación de lo dispuesto en el artículo 9.1.º. c).a') de la LIVA, esto es, quedan excluidos de dicho régimen los correspondientes a los regímenes especiales, operaciones de arrendamiento financiero y cesión de créditos. La autorización no surtirá efectos en el año en el que el montante total de las cuotas deducibles por la aplicación del régimen de deducción común exceda en un 20 % al que resultaría de aplicar con independencia el régimen de deducciones respecto de cada sector diferenciado. La autorización concedida continuará vigente durante los años sucesivos en tanto no sea revocada o renuncie a ella el sujeto pasivo.

RESOLUCIONES ADMINISTRATIVAS

Consulta vinculante de la Dirección General de Tributos (V2190-22), de 20 de octubre de 2022

Asunto: en caso de sociedad dedicada al arrendamiento de inmuebles, ¿la segregación y venta de un inmueble no alquilado supone un sector diferenciado de actividad a efectos del Impuesto sobre el Valor Añadido?

«En el supuesto consultado habría que analizar si se cumplen los requisitos para que la actividad de alquiler que desarrolla la consultante y la de promoción resultante de la segregación y venta de las parcelas constituyan sectores diferenciados de actividad. Respecto al primero de los requisitos analizados se entenderá cumplido ya que el CNAE que les corresponde es distinto: 861 para el alquiler de viviendas y 411 para la promoción inmobiliaria. Respecto al segundo de los requisitos parece que podría cumplirse en la medida que la prorrata de deducción que corresponde a la actividad de alquiler de viviendas, que según la información aportada se encuentra sujeta y exenta del Impuesto sobre el Valor Añadido y por tanto no es generadora del derecho a la deducción, sería del cero por ciento y la entrega de las parcelas resultará sujeta y no exenta para el caso de las parcelas sin edificación, por tanto generadora del derecho a la deducción, y en el caso de la parcela con la edificación en principio, y según lo indicado en el punto previo de la presente contestación resultará sujeta y exenta del Impuesto sobre el Valor Añadido, sin perjuicio de la posibilidad de renuncia a la exención. Así, siempre que la prorrata de deducción correspondiente a la actividad de promoción inmobiliaria resulte superior a 50 puntos porcentuales, las actividades consultadas constituirán sectores diferenciados de la actividad empresarial o profesional.

En el caso de que efectivamente existan sectores diferenciados, dentro del sector de promoción, el artículo 102 de la Ley del Impuesto dispone la aplicación de la regla de prorrata cuando el sujeto pasivo, en el ejercicio de su actividad empresarial o profesional, efectúe conjuntamente entregas de bienes y prestaciones de servicios que originan derecho a la deducción, como serían las entregas de las parcelas sin edificación, y otras operaciones de análoga naturaleza que no habiliten para el ejercicio del citado derecho, como podría ser la entrega de la parcela con la edificación cuando la misma estuviera sujeta y exenta del Impuesto sobre el Valor Añadido.

Por otro lado, para el caso de que no existieran sectores diferenciados, habría que atender igualmente al artículo 102 de la Ley del Impuesto para determinar la prorrata de deducción aplicable a la actividad realizada por la consultante, ya que en el ejercicio de su actividad empresarial o profesional, estaría efectuando conjuntamente entregas de bienes y prestaciones de servicios que originan derecho a la deducción y otras operaciones de análoga naturaleza que no habiliten para el ejercicio del citado derecho. En la medida en que la consultante realizara actividades sujetas y exentas (segundas entregas de edificaciones y alquiler de vivienda en virtud del artículo 20.Uno.22° y 23° de la Ley 37/1992) y sujetas y no exentas (entregas de parcelas edificables), sin que constituyan un sector diferenciado de actividad en los términos previstos en el artículo 9.1°, c) de la Ley 37/1992».

Consulta vinculante de la Dirección General de Tributos (V1170-23), de 8 de mayo de 2023

Asunto: tratamiento en IVA de la operación por la que una sociedad dedicada a la promoción inmobiliaria, ante la imposibilidad de venta de determinadas viviendas, decide destinarlas al arrendamiento sin opción de compra.

«(...) se plantea la actividad de promoción de viviendas que se destinan, de forma sobrevenida, a la actividad arrendadora sin opción de compra.

En estos casos, la doctrina reiterada por este Centro Directivo, por todas, la contestación vinculante de 31 de marzo de 2016, número V1334-16, concluye la existencia de un autoconsumo de bienes de acuerdo con lo dispuesto en el artículo 9.1°.c) de la Ley 37/1992, como consecuencia del cambio de afectación de los inmuebles promovidos en el sector diferenciado "actividades inmobiliarias por cuenta propia" al sector diferenciado "alquiler de bienes inmobiliarios".

(...)

Ciertamente, estas operaciones constituyen, simultáneamente, el paso de bienes del ciclo de explotación al inmovilizado y, por tanto, podría pensarse en la aplicación del supuesto de autoconsumo previsto en la letra d) del mismo artículo 9.1° de la Ley 37/1992. Sin embargo, la doctrina tradicional de este Centro directivo se ha inclinado, por su mayor especificidad, en la prevalencia en estos casos de la letra c) sobre la letra d) de dicho artículo 9.1°.

Este cambio de destino previsible supone que el ajuste de deducciones se realizará en el ámbito del propio autoconsumo de bienes, tal y como se ha establecido, entre otras, en la contestación vinculante de 27 de octubre de 2022, número V2478-22, en la que se señaló lo siguiente:

"De acuerdo con lo anterior, y en el ámbito de nuestro ordenamiento jurídico interno, se podrán distinguir las siguientes situaciones

- Si el cambio de destino previsible supone un autoconsumo de bienes de los previstos en el artículo 9.1°.c) y d) de la Ley del Impuesto, el ajuste de deducciones se realizará en el ámbito del propio autoconsumo de bienes.

- Por el contrario, si como se ha señalado en el apartado 1 de esta contestación, el cambio de destino previsible en un bien de inversión no supone la realización de un autoconsumo en los términos anteriormente citados, habrá que estar a la doctrina del Tribunal de Justicia de la Unión Europea distinguiendo, en tal caso, si el cambio de destino previsible se realiza con anterioridad al inicio del periodo de regularización para realizar el ajuste de deducción de una vez según el artículo 99.Dos y 114 de la Ley del Impuesto o de forma escalonada según el artículo 107 de la Ley si el bien ya hubiese iniciado su entrada en funcionamiento.".

Así, en estos términos, al primer sector aludido (promoción) le corresponde normalmente un régimen de deducciones pleno. Al segundo, sin embargo (arrendamiento), le corresponderá un régimen de deducciones cero en la medida en que se trate de arrendamiento exclusivo para vivienda, arrendamiento que estará sujeto pero exento del Impuesto conforme a lo dispuesto en el artículo 20.Uno.23° de la Ley 37/1992.

En estas circunstancias, el referido autoconsumo determina que, cuando tenga lugar el cambio de afectación de las viviendas de un sector a otro, el promotor inmobiliario deba consignar en la declaración-liquidación correspondiente el Impuesto devengado, que no resultará deducible en cuantía alguna. Con ello, se logra la finalidad esencial del autoconsumo de bienes, es decir, la neutralidad.

> Por otra parte, señalar que las viviendas asignadas al sector de arrendamiento tendrán la consideración de bienes de inversión en dicho sector por lo que deberán ser objeto de regularización en los años siguientes en los términos previstos en los artículos 107 a 110 de la Ley 37/1992».

Regla de prorrata general

Cuando se aplique la regla de prorrata general, de acuerdo con lo dispuesto en el artículo 104 de la LIVA, solo será deducible el IVA soportado en cada período de liquidación en el porcentaje siguiente:

Porcentaje de deducción = (importe total de las operaciones con derecho a deducción/ importe total de operaciones —con y sin derecho a deducción—) x 100

Esto es, para obtener el porcentaje habrá que multiplicar por 100 el resultado de la siguiente fracción:

- En el **numerador**, el importe total, determinado para cada año natural, de las entregas de bienes y prestaciones de servicios que originen el derecho a la deducción, realizadas por el sujeto pasivo en el desarrollo de su actividad o, en su caso, en el sector diferenciado que corresponda.

- En el **denominador**, el importe total, también determinado para el mismo período de tiempo, de las entregas de bienes y prestaciones de servicios efectuadas por el sujeto pasivo en el desarrollo de su actividad o, en su caso, en el sector diferenciado que corresponda, incluidas aquellas que no originen el derecho a deducir.

> **A TENER EN CUENTA.** No se computarán en el impuesto soportado las cuotas que no sean deducibles conforme a los artículos 5 y 96 de la LIVA.

La prorrata de deducción resultante de la aplicación de los criterios anteriores **se redondeará en la unidad superior**.

Por otra parte, para la determinación del porcentaje de deducción **no se computarán** en ninguno de los términos de la relación:

- Las operaciones realizadas desde establecimientos permanentes situados fuera del TAI.

- Las cuotas del IVA que hayan gravado directamente las operaciones a que se refiere el apartado anterior.

- El importe de las entregas y exportaciones de los bienes de inversión que el sujeto pasivo haya utilizado en su actividad empresarial o profesional.

- El importe de las operaciones inmobiliarias o financieras que no constituyan actividad empresarial o profesional habitual del sujeto pasivo. En todo caso, se reputará actividad empresarial o profesional habitual del sujeto pasivo la de arrendamiento.

– Las operaciones no sujetas al impuesto según el artículo 7 de la LIVA.

– Las operaciones a que se refiere el artículo 9.1.°.d) de la LIVA.

A estos efectos, el importe total de las operaciones vendrá dado por la suma de las contraprestaciones correspondientes a ellas, fijadas según lo establecido para determinar la base imponible, incluso en las operaciones exentas o no sujetas al impuesto.

Para efectuar la imputación temporal se aplicarán las normas sobre el devengo del impuesto establecidas en el título IV de la LIVA. Sin embargo, las exportaciones exentas según el artículo 21 de la LIVA y las demás exportaciones definitivas de bienes se entenderán realizadas, a estos efectos, en el momento en que sea admitida por la aduana la solicitud de salida.

Por lo que se refiere al **procedimiento** de la prorrata general, cabe destacar:

– El **porcentaje de deducción provisionalmente aplicable cada año natural** será el fijado como definitivo para el año precedente, salvo en los siguientes casos (artículo 105 de la LIVA):

  • Puede solicitarse la aplicación de un porcentaje provisional distinto cuando se produzcan circunstancias susceptibles de alterarlo significativamente. El procedimiento para esta solicitud de regula en el artículo 28.1.3.° del RIVA.

  • En los supuestos de inicio de actividades empresariales o profesionales, y en los de inicio de actividades que vayan a constituir un sector diferenciado respecto de las que se viniesen desarrollando con anterioridad, el porcentaje provisional de deducción aplicable durante el año en el que se comience la realización de las entregas de bienes y prestaciones de servicios correspondientes a la actividad de que se trate será el que se hubiese determinado según lo previsto en el artículo 111.Dos de la LIVA. Cuando no se hubiese determinado un porcentaje provisional de deducción según dicho precepto, el porcentaje provisional se fijará de forma análoga a lo previsto en él. En estos casos, las solicitudes se tramitarán conforme a lo previsto en los números 4.° y 5.° del artículo 28.1 del RIVA.

– En la última declaración-liquidación del impuesto correspondiente a cada año natural, el sujeto pasivo calculará la **prorrata de deducción definitiva** en función de las operaciones realizadas en dicho año natural, debiendo practicar la consiguiente regularización de las deducciones provisionales.

– En los supuestos de interrupción durante uno o más años naturales de la actividad empresarial o profesional o, en su caso, de un sector diferenciado de la misma, el porcentaje de deducción definitivamente aplicable durante cada uno de los mencionados años será el que globalmente corresponda al conjunto de los tres últimos años naturales en que se hubiesen realizado operaciones.

– El porcentaje de deducción, determinado con arreglo a lo señalado en los puntos anteriores, se aplicará a la suma de las cuotas soportadas por el sujeto pasivo durante el año natural correspondiente, excluidas las que no sean deducibles conforme a los artículos 95 y 96 de la LIVA.

Regla de prorrata especial

Como **excepción a la prorrata general**, se aplica la prorrata especial, regulada en el artículo 106 de la LIVA y el artículo 28.1.1.º del RIVA, en los siguientes **supuestos**:

- Si el sujeto pasivo opta por su aplicación, lo que podrá hacer:

  - En la última autoliquidación del IVA correspondiente a cada año natural, procediéndose, en tal caso, a la regularización de las deducciones practicadas durante el mismo.

  - En los casos de inicio de actividades, hasta la finalización del plazo de presentación de la autoliquidación correspondiente al período en el que se produzca el comienzo en la realización habitual de las entregas de bienes o prestaciones de servicios correspondientes a la actividad.

  - En cuanto al régimen de la opción:
    - Surte efectos en tanto no sea revocada, pero tendrá una validez mínima de tres años naturales, incluido el año natural a que se refiere la opción ejercitada.

    - La revocación podrá efectuarse en la última autoliquidación del año, procediéndose a la regularización de las deducciones practicadas durante él.

- Obligatoriamente:

  - Cuando el montante total de las cuotas deducibles en un año natural por aplicación de la regla de prorrata general exceda en un 10 % o más del que resultaría por aplicación de la regla de prorrata especial.

  - Por las entidades que hayan ejercitado la opción por el nivel avanzado del régimen especial del grupo de entidades del IVA en relación con el sector diferenciado de las operaciones intragrupo, sin perjuicio de las opciones que se pudieran ejercitar en relación con el resto de los sectores diferenciados que, en su caso, tuvieran cada una de las entidades del grupo (artículo 61.bis.3 del RIVA).

El ejercicio del derecho a deducir en la prorrata especial se ajustará a las siguientes **reglas**:

- Las cuotas impositivas soportadas en la adquisición o importación de bienes o servicios utilizados exclusivamente en la realización de **operaciones que originen el derecho a la deducción** podrán deducirse **íntegramente**.

- Las cuotas impositivas soportadas en la adquisición o importación de bienes o servicios utilizados exclusivamente en la realización de **operaciones que no originen el derecho a deducir no podrán ser objeto de deducción**.

- Las cuotas impositivas soportadas en la adquisición o importación de bienes o servicios **utilizados solo en parte en la realización de opera-**

ciones que originen el derecho a la deducción podrán ser deducidas en la proporción resultante de aplicar al importe global de las mismas el porcentaje de la prorrata general.

La aplicación de dicho porcentaje se ajustará a las normas de procedimiento establecidas para la regla de la prorrata general.

En ningún caso podrán ser objeto de deducción las cuotas no deducibles conforme a los artículos 95 y 96 de la LIVA.

CUESTIONES

1. ¿Cómo se procederá a la regularización de las cuotas de IVA deducibles por la adquisición de bienes de inversión consistentes en edificaciones o terrenos?

Se realizarán según indica el artículo 107 de la LIVA, a cuyo tenor:

«(...)

Tres. Tratándose de **terrenos o edificaciones**, las cuotas deducibles por su adquisición deberán regularizarse durante los nueve años naturales siguientes a la correspondiente adquisición.

Sin embargo, si su **utilización efectiva o entrada en funcionamiento** se inician **con posterioridad** a su adquisición la regularización se efectuará el año en que se produzcan dichas circunstancias y los nueve años naturales siguientes.

Cuatro. La regularización de las cuotas impositivas que hubiesen sido soportadas con posterioridad a la adquisición o importación de los bienes de inversión o, en su caso, del inicio de su utilización o de su entrada en funcionamiento, deberá efectuarse al finalizar el año en que se soporten dichas cuotas con referencia a la fecha en que se hubieran producido las circunstancias indicadas y por cada uno de los años transcurridos desde entonces.

(...)

Seis. En los supuestos de pérdida o inutilización definitiva de los bienes de inversión, por causa no imputable al sujeto pasivo debidamente justificada, no procederá efectuar regularización alguna durante los años posteriores a aquel en que se produzca dicha circunstancia.

Siete. Los ingresos o, en su caso, deducciones complementarias resultantes de la regularización de deducciones por bienes de inversión deberán efectuarse en la declaración-liquidación correspondiente al último período de liquidación del año natural a que se refieran, salvo en el supuesto mencionado en el apartado cuatro, en el que deberá realizarse en el mismo año en que se soporten las cuotas repercutidas».

2. Una comunidad de propietarios tiene alquilada su fachada para la colocación de un cartel publicitario; motivo por el que, en su día, colocó unos focos de iluminación específicos. Ahora ha tenido que repararlos, recibiendo una factura a nombre de la comunidad de propietarios. ¿Podría deducirse el IVA soportado por esta operación?

El gasto de reparación de los focos que ha afrontado la comunidad de propietarios está directamente relacionado con la actividad de arrendamiento que desarrolla dicha comunidad, por lo que será deducible para esta siempre que se cumplan los requisitos generales para ello (en especial, su adecuada justificación documental).

4.
EL ARRENDAMIENTO DE INMUEBLES EN EL ÁMBITO DEL ITPyAJD

El Impuesto sobre Transmisiones Patrimoniales y Actos Jurídicos Documentados es un tributo de naturaleza indirecta que grava las transmisiones patrimoniales onerosas, las operaciones societarias y los actos jurídicos documentados.

El impuesto se exigirá con arreglo a la verdadera naturaleza jurídica del acto o contrato liquidable, cualquiera que sea la denominación que las partes le hayan dado.

En ningún caso, un mismo acto podrá ser liquidado por el concepto de transmisiones patrimoniales onerosas y por el de operaciones societarias.

Dicho impuesto se regula en el Real Decreto Legislativo 1/1993, de 24 de septiembre, por el que se aprueba el Texto refundido de la Ley del Impuesto sobre Transmisiones Patrimoniales y Actos Jurídicos Documentados (LITPyAJD)

El ITPyAJD se exigirá:

- En la modalidad de **transmisiones patrimoniales**: por las transmisiones patrimoniales onerosas de bienes y derechos, cualquiera que sea su naturaleza, que estuvieran situados, pudieran ejercitarse o hubieran de cumplirse en territorio español o en territorio extranjero, cuando, en este último supuesto, el obligado al pago del impuesto tenga su residencia en España. No se exigirá el impuesto por las transmisiones patrimoniales de bienes y derechos de naturaleza inmobiliaria, sitos en territorio extranjero, ni por las transmisiones patrimoniales de bienes y derechos, cualquiera que sea su naturaleza que, efectuadas en territorio extranjero, hubieren de surtir efectos fuera del territorio español.

- En la modalidad de **operaciones societarias,** por las operaciones en las que se dé cualquiera de las siguientes circunstancias:

  • Que tengan en España la sede de dirección efectiva, entendiéndose como tal el lugar donde esté centralizada de hecho la gestión administrativa y la dirección de los negocios.

- Que tengan en España su domicilio social, siempre que la sede de dirección efectiva no se encuentre situada en un Estado miembro de la Comunidad Económica Europea o, estándolo, dicho Estado no grave la operación societaria con un impuesto similar.

- Que realicen en España operaciones de su tráfico, cuando su sede de dirección efectiva y su domicilio social no se encuentren situados en un Estado miembro de la Comunidad Económica Europea o, estándolo, estos Estados no graven la operación societaria con un impuesto similar.

– En la modalidad de **actos jurídicos documentados,** por aquellos actos jurídicos documentados que se formalicen en territorio nacional y por los que habiéndose formalizado en el extranjero surtan cualquier efecto, jurídico o económico, en España.

4.1. Arrendamientos sujetos a ITPyAJD

El artículo 7.1.B) de la LITPyAJD establece que constituye hecho imponible de las transmisiones patrimoniales «la constitución de derechos reales, préstamos, fianzas, arrendamientos, pensiones y concesiones administrativas, salvo cuando estas últimas tengan por objeto la cesión del derecho a utilizar infraestructuras ferroviarias o inmuebles o instalaciones en puertos y en aeropuertos».

Además, de conformidad con el artículo 7.4 de la LITPyAJD, a efectos del ITPyAJD, los contratos de aparcería y de subarriendo se equiparan a los contratos de arrendamiento.

En términos generales, no estarán sujetas al concepto «transmisiones patrimoniales onerosas» las operaciones enumeradas en el artículo 7.1.B) de la LITPyAJD cuando, con independencia de la condición del adquirente, los transmitentes sean empresarios o profesionales en el ejercicio de su actividad económica y, en cualquier caso, cuando constituyan entregas de bienes o prestaciones de servicios sujetas al Impuesto sobre el Valor Añadido. Sin embargo, si estarán sujetas al ITPyAJD, por dicho concepto impositivo, las entregas o arrendamientos de bienes inmuebles, así como la constitución y transmisión de derechos reales de uso y disfrute que recaigan sobre los mismos, cuando gocen de exención en el Impuesto sobre el Valor Añadido.

Por tanto, **los arrendamientos de inmuebles estarán sujetos al ITPyAJD excepto que estén sujetos y no exentos en el IVA.** Así, **los contratos de arrendamiento de vivienda que estén exentos de IVA, si quedarán sujetos al ITPyAJD.**

No obstante lo anterior, el artículo 45.B).26. de la LITPyAJD establece la **exención del impuesto respecto de los arrendamientos de vivienda para uso estable y permanente** a los que se refiere el artículo 2 de la Ley 29/1994, de 24 de noviembre, de Arrendamientos Urbanos. Por tanto, los arrendamientos de vivienda para uso estables, es decir, aquellos destinados a vivienda, excluidos los arrendamientos de temporada, vacacionales o turísticos, estarán sujetos al ITPyAJD, pero exentos. Por tanto, deberán cumplir con las obligaciones formales, pero no ingresarán cuota alguna por el ITPyAJD.

De conformidad con el artículo 10.5.e) de la LITPyAJD, la **base imponible del impuesto** será la cantidad total que haya de satisfacerse por todo el período de duración del contrato. En aquellos casos en los que no conste el período de duración del contrato, la liquidación se girará como si la duración del contrato fuese seis años, sin perjuicio de que, de continuar vigente el contrato transcurrido ese plazo de seis años, se giren liquidaciones adicionales.

En los casos de arrendamiento de fincas urbanas sujetas a prórroga forzosa se computará como mínimo un plazo de duración de tres años.

Las prórrogas forzosas de los distintos contratos de arrendamiento, conforme a su legislación específica, no quedarán sujetas al ITPyAJD. Sin embargo, las prórrogas convencionales, es decir, pactadas entre las partes, sí se liquidará el impuesto como constitución de derechos por la ampliación posterior, de conformidad con el artículo 48 del Real Decreto 828/1995, de 29 de mayo, por el que se aprueba el Reglamento del Impuesto sobre Transmisiones Patrimoniales y Actos Jurídicos Documentados (RITPyAJD).

4.2. Obligaciones formales y tipos impositivos

En la constitución de arrendamientos, estará obligado al pago del impuesto a título de contribuyente, y cualesquiera que sean las estipulaciones establecidas por las partes en contrario, el arrendatario.

No obstante, será responsable solidario del impuesto el arrendador si hubiera percibido el primer plazo de renta sin exigir al arrendatario justificación de haber satisfecho este impuesto.

El ITPyAJD es un impuesto cedido a las comunidades autónomas, por lo que, en el caso del arrendamiento, la cuota tributaria se obtendrá aplicando sobre la base imponible la tarifa aprobada por la correspondiente comunidad autónoma. Si la comunidad autónoma no hubiese aprobado dicha tarifa se aplicará la siguiente escala:

	Euros
Hasta 30,05 euros	0,09
De 30,06 a 60,10	0,18
De 60,11 a 120,20	0,39
De 120,21 a 240,40	0,78
De 240,41 a 480,81	1,68
De 480,82 a 961,62	3,37
De 961,63 a 1.923,24	7,21
De 1.923,25 a 3.846,48	14,42

De 3.846,49 a 7.692,95	30,77
De 7.692,96 en adelante, 0,024040 euros por cada 6,01 o fracción	

A TENER EN CUENTA. Si bien la LITPyAJD, en su artículo 11, hace mención a la Ley 21/2001, de 27 de diciembre, por la que se regulan las medidas fiscales y administrativas del nuevo sistema de financiación de las Comunidades Autónomas de régimen común y Ciudades con Estatuto de Autonomía, dicha norma fue derogada por la Ley 22/2009, de 18 de diciembre, por la que se regula el sistema de financiación de las Comunidades Autónomas de régimen común y Ciudades con Estatuto de Autonomía y se modifican determinadas normas tributarias.

Debemos señalar que el artículo 33 de la Ley 22/2009, de 18 de diciembre, por la que se regula el sistema de financiación de las Comunidades Autónomas de régimen común y Ciudades con Estatuto de Autonomía y se modifican determinadas normas tributarias, por el que se cede a las comunidades autónomas el rendimiento del ITPyAJD, señala que **cuando el acto o documento comprenda arrendamientos de bienes inmuebles, constitución y cesión de derechos reales, incluso de garantía, sobre los mismos, el rendimiento del ITPyAJD corresponderá a la comunidad autónoma en la que radiquen los inmuebles.**

Los sujetos pasivos deberán presentar ante los órganos competentes de la Administración tributaria **autoliquidación** del impuesto en el modelo 600 (impreso de autoliquidación aprobado al efecto por el Ministerio de Economía y Hacienda en la Orden de 4 de julio de 2001). Con dicha autoliquidación se acompañará original y copia del contrato de arrendamiento y a la misma se acompañará la copia auténtica del documento notarial, judicial o administrativo en que conste el acto que origine el tributo y una copia simple del mismo. Cuando se trate de documentos privados, estos se presentarán por duplicado, original y copia, junto con el impreso de declaración-liquidación. No obstante, tal y como establece el artículo 98.2.b) del RITPyAJD, no será necesario aportar tal contrato respecto de los contratos de arrendamiento de fincas urbanas cuando se extiendan en efectos timbrados. En caso de no existir el contrato se deberá presentar una declaración sustitutiva.

El plazo para presentar las autoliquidaciones del impuesto, junto con la documentación que la ha de acompañar, será de 30 días hábiles desde la firma del contrato. En dicho plazo se deberá haber ingresado el resultado de la autoliquidación en la entidad de depósito que presta el servicio de caja en la Administración tributaria competente o en alguna de sus entidades colaboradoras.

En cuanto a la oficina liquidadora en la que se ha de presentar la autoliquidación, el artículo 103 del RITPyAJD dispone que, cuando el acto o documento comprenda exclusivamente arrendamientos de bienes inmuebles será competente la oficina correspondiente al territorio en el que radiquen los inmuebles. En el caso de referirse a varios inmuebles, sitos en diferentes lugares, será competente la oficina en cuya circunscripción radiquen los inmuebles de mayor valor según las normas del Impuesto sobre el Patrimonio.

Debemos señalar, además, que las comunidades autónomas podrán aprobar las deducciones y bonificaciones que estimen convenientes en este impuesto en aquellas materias sobre las que ostenten capacidad normativa. En todo caso, resultarán compatibles con las deducciones y bonificaciones establecidas en la normativa estatal reguladora del impuesto sin que puedan suponer una modificación las mismas. Estas deducciones y bonificaciones autonómicas se aplicarán con posterioridad a las reguladas por la normativa del Estado.

A modo de resumen, en el siguiente cuadro se recogen los principales beneficios fiscales previstos en las normas de las CCAA de régimen común y que podrían resultar de aplicación a este tipo de operaciones, así como los tipos que específicamente establecen algunas de ellas para los arrendamientos de inmuebles:

A TENER EN CUENTA. Esta tabla solo incluye los tipos que se establecen de manera específica y concreta para los arrendamientos, pero hay que tener presente que las comunidades suelen establecer tipos de gravamen aplicables, con carácter general, en la transmisión de inmuebles, así como en la constitución y cesión de derechos reales sobre ellos. Recomendamos, por ello, que se consulte la normativa fiscal autonómica que proceda en cada caso.

Comunidad autónoma	Norma	Tipo de gravamen específico para arrendamientos	Deducciones o bonificaciones
Andalucía	Ley 5/2021, de 20 de octubre, de Tributos Cedidos de la Comunidad Autónoma de Andalucía (arts. 41 y ss.)	0,3 %	Bonificaciones en la constitución y en el ejercicio de opción de compra en contratos de arrendamiento vinculados a determinadas operaciones de dación en pago vivienda habitual.
Aragón	Decreto Legislativo 1/2005, de 26 de septiembre, del Gobierno de Aragón, por el que se aprueba el texto refundido de las disposiciones dictadas por la Comunidad Autónoma de Aragón en materia de tributos cedidos (arts. 121-1 y ss.)		Bonificación del 100 % de la cuota en arrendamientos inmuebles destinados exclusivamente a vivienda, si renta anual no superior a 9.000 euros. También aplicable a arrendamientos de fincas rústicas, independientemente del destino. Bonificación del 100 % en la cesión de derechos sobre viviendas de protección oficial en construcción. Bonificaciones en caso de dación en pago de vivienda habitual y formalización de arrendamiento con opción de compra (supuestos y requisitos).
Cantabria	Decreto Legislativo 62/2008, de 19 de junio, por el que se aprueba el texto refundido de la Ley de Medidas Fiscales en materia de Tributos cedidos por el Estado (arts. 9 y ss.)		Bonificación del 99 % de la cuota en arrendamientos de vivienda habitual del arrendatario que pertenezca a ciertos colectivos (por ejemplo, familia numerosa, persona con discapacidad, ciertos jóvenes, perceptores de determinadas prestaciones, ayudas o rentas), si renta anual no es superior a 8.000 euros..

Castilla La Mancha	Ley 8/2013, de 21 de noviembre, de Medidas Tributarias de Castilla-La Mancha (arts. 19 y ss.)		Bonificaciones en la constitución y ejecución de opción de compra en contratos de arrendamiento vinculados a determinadas operaciones de dación en pago de la vivienda habitual.
Castilla y León	Decreto legislativo 1/2013, de 12 de septiembre, por el que se aprueba el texto refundido de las disposiciones legales de la Comunidad de Castilla y León en materia de tributos propios y cedidos (arts. 23 y ss.)		Bonificación del 100 % de la cuota en arrendamientos de fincas rústicas, si arrendatario es agricultor profesional y titular de explotación agraria prioritaria a la que queden afectas.
Cataluña	Art. 123 de la Ley 2/2014, de 27 de enero, de medidas fiscales, administrativas, financieras y del sector público; art. 63 de la Ley 5/2012, de 20 de marzo; y art. 147 de la Ley 5/2017, de 28 de marzo	Arrendamientos de fincas urbanas o rústicas: 0,50 %	Bonificación del 100 % de la cuota en la transmisión de la vivienda habitual que efectúe su propietario en favor de la entidad financiera acreedora, o de una filial inmobiliaria de su grupo, porque no puede hacer frente al pago de los préstamos o créditos hipotecarios concedidos para su adquisición, siempre y cuando el transmitente continúe ocupando la vivienda mediante contrato de arrendamiento con opción de compra firmado con la entidad financiera. Bonificación del 100 % en la cuota en contratos de arrendamiento con opción de compra firmados entre las entidades financieras acreedoras, o una filial inmobiliaria de su grupo, y los propietarios que transmiten la propiedad de su vivienda habitual a estas entidades; y también en la opción de compra. Bonificación del 99 % de la cuota en contratos de arrendamiento de viviendas del parque público destinado a alquiler social.
Comunidad Valenciana	Ley 13/1997, de 23 de diciembre, de la Generalitat Valenciana, por la que se regula el tramo autonómico del impuesto sobre la renta de las personas físicas y restantes tributos cedidos (arts. 13 y ss.)		Bonificación del 99 % en arrendamientos exentos del IVA derivados de la cesión de uso a los socios de viviendas colaborativas de interés social.

Islas Canarias	Decreto Legislativo 1/2009, de 21 de abril, por el que se aprueba el Texto Refundido de las disposiciones legales vigentes dictadas por la Comunidad Autónoma de Canarias en materia de tributos cedidos (arts. 30 y ss.)		Bonificación del 100 % por arrendamiento de vivienda habitual y opción de compra en caso de transmisión de la vivienda habitual por su propietario en favor de la entidad financiera acreedora o de una filial inmobiliaria de su grupo, hecha en ejecución de la garantía constituida sobre la vivienda, cuando el transmitente siga ocupándola mediante arrendamiento con opción de compra, con ciertos requisitos.
Galicia	Decreto Legislativo 1/2011, de 28 de julio, por el que se aprueba el texto refundido de las disposiciones legales de la Comunidad Autónoma de Galicia en materia de tributos cedidos por el Estado (arts. 14 y ss.)		Deducción del 100 % por arrendamiento de fincas rústicas si arrendatario es agricultor profesional y concurren ciertos requisitos. Deducción en la cuota del 100 %, para arrendamientos o cesiones temporales de fincas rústicas para su incorporación a polígonos agroforestales, proyectos de aldeas modelo o agrupaciones de gestión conjunta. Deducción cuota 100 % en transmisiones en propiedad, arrendamiento o cesión temporal de terrenos en que intervenga el Banco de Tierras de Galicia. Bonificación 100 % arrendamientos vivienda entre particulares con intermediación del Instituto Gallego de la Vivienda y Suelo al amparo de programas de fomento del alquiler.
La Rioja	Ley 10/2017, de 27 de octubre, por la que se consolidan las disposiciones legales de la Comunidad Autónoma de La Rioja en materia de impuestos propios y tributos cedidos (arts. 44 y ss.)	Escala del art. 44.3 de la norma, coincidente con la prevista a nivel estatal	
Madrid	Decreto Legislativo 1/2010, de 21 de octubre, del Consejo de Gobierno, por el que se aprueba el Texto Refundido de las Disposiciones Legales de la Comunidad de Madrid en materia de tributos cedidos por el Estado (arts. 27 y ss.)		Bonificación del 100 % de la cuota en arrendamiento de viviendas que no se destinen al ejercicio de una actividad empresarial o profesional, estando en posesión del resguardo del depósito de la fianza por el arrendador ante el organismo correspondiente o de denuncia presentada por no haberles sido entregado ese justificante; solo para contratos de arrendamiento en los que la renta anual pactada sea inferior a 15.000 euros.

Murcia	Decreto Legislativo 1/2010, de 5 de noviembre, por el que se aprueba el Texto Refundido de las Disposiciones Legales vigentes en la Región de Murcia en materia de Tributos Cedidos (arts. 6 y ss.)		Bonificación del 99 % de la cuota por cesión temporal de la explotación o uso de una o varias fincas rústicas, o parte de ellas, para su aprovechamiento agrícola, ganadero o forestal a cambio de un precio, renta o porcentaje de los resultados, cumplidos ciertos requisitos

5.
EL ARRENDAMIENTO DE INMUEBLES EN EL ÁMBITO DEL IP E ISD

En este tema veremos las especialidades que existen respecto de los inmuebles que pueden ser objeto de arrendamiento en los impuestos que gravan su tenencia o su transmisión, como son el Impuesto sobre el patrimonio y el Impuesto sobre Sucesiones y Donaciones.

A efectos de estos impuestos, diferenciaremos entre los bienes privativos del contribuyente y los que forman parte de una empresa familiar, analizaremos la tributación en el Impuesto sobre el Patrimonio. Igualmente, detallaremos cómo tributará la transmisión *inter vivos* y *mortis causa* en el ISD.

5.1. Impuesto sobre el Patrimonio

El Impuesto sobre el Patrimonio es un tributo de carácter directo y naturaleza personal que grava el patrimonio neto de las personas físicas. El **patrimonio neto de la persona física es el conjunto de bienes y derechos de contenido económico de que se es titular, con deducción de las cargas y gravámenes que disminuyan su valor, así como de las deudas y obligaciones personales de las que deba responder.**

Son sujetos pasivos por este impuesto:

- Por obligación personal, **las personas físicas que tengan su residencia habitual en territorio español,** exigiéndose el impuesto por la totalidad de su patrimonio neto con independencia del lugar donde se encuentren situados los bienes o puedan ejercitarse los derechos. No obstante, cuando un residente en territorio español pase a tener su residencia en otro país podrá optar por seguir tributando por obligación personal en España, opción que deberá ejercitar con la presentación de la declaración por obligación personal en el primer ejercicio en el que hubiera dejado de ser residente en el territorio español.

– Por obligación real, **cualquier otra persona física por los bienes y derechos de que sea titular cuando los mismos estuvieran situados, pudieran ejercitarse o hubieran de cumplirse en territorio español.**

Por tanto, los contribuyentes por este impuesto serán personas físicas, nunca jurídicas.

De igual forma, **están sujetos al Impuesto sobre el Patrimonio, ya sea por obligación personal o por obligación real, los bienes inmuebles situados en territorio español.**

Se trata de un impuesto cedido a las comunidades autónomas, por lo que estas podrán asumir competencias normativas sobre el mínimo exento, tipo de gravamen y deducciones y bonificaciones de la cuota.

Por otra parte, con efectos generales, debemos señalar que, en el Impuesto sobre el Patrimonio, en el supuesto de obligación personal, la base imponible se reducirá, en concepto de mínimo exento, en el importe que haya sido aprobado por la comunidad autónoma. Si la comunidad autónoma no hubiese regulado el mínimo exento a que se refiere el apartado anterior, la base imponible se reducirá en 700.000 euros.

Este mínimo será aplicable en el caso de sujetos pasivos no residentes que tributen por obligación personal de contribuir y a los sujetos pasivos sometidos a obligación real de contribuir.

En este sentido, las siguientes comunidades han regulado los mínimos exentos del Impuesto sobre el Patrimonio, modificando las cuantías de los mismos:

Comunidad autónoma	Mínimo exento en IP
Andalucía	Contribuyente con discapacidad igual o superior al 33 % e inferior al 65 %: 1.250.000 euros
	Contribuyente con discapacidad igual o superior al 65 %: 1.500.000 euros
Aragón	700.000 euros en caso de obligación personal (pasó de 400.000 a 700.000 euros como consecuencia de la Ley 17/2023, de 22 de diciembre; con efectos desde 1 de enero de 2023 y vigencia indefinida)
Cantabria	700.000 euros
Cataluña	500.000 euros
Comunidad de Madrid	700.000 euros
Comunidad Valenciana	General: 500.000 euros
	Contribuyente con discapacidad psíquica igual o superior al 33 % o con discapacidad física o sensorial igual o superior al 65 %: 1.000.000 euros
Extremadura	General: 500.000 euros
	Grado de discapacidad igual o superior al 33 % e inferior al 50 %: 600.000 euros
	Grado de discapacidad igual o superior al 50 % e inferior al 65 %: 700.000 euros
	Grado de discapacidad igual o superior al 65 %: 800.000 euros

Galicia	700.000 euros
Islas Baleares	3.000.000 de euros para sujetos pasivos por obligación personal de contribuir que residen habitualmente en las Islas Baleares (se elevó de 700.000 euros a la cifra indicada por medio de la Ley 12/2023. de 29 de diciembre, con entrada en vigor el 1 de enero de 2024)
Islas Canarias	700.000 euros
Murcia	Se fija en 3.700.000 euros en relación con los devengos del IP que se produzca en fecha 31 de diciembre de 2023 y 31 de diciembre de 2024 (según la disposicion adicional octava del Decreto Legislativo 1/2010, de 5 de noviembre, introducida por la Ley 12/2022, de 30 de diciembre, y luego modificada por la Ley 4/2023, de 28 de diciembre.

Además, las comunidades autónomas pueden establecer bonificaciones y deducciones en este impuesto. Así, las comunidades autónomas han regulado las siguientes bonificaciones y deducciones en el Impuesto sobre el Patrimonio que pueden incidir en este ámbito:

Comunidad autónoma	Bonificaciones o deducciones IP
Andalucía	Bonificación del 100 % de la cuota si es positiva (bonificación general). Ahora bien, por medio de la Ley 12/2023, de 26 de diciembre, esta CA introdujo un régimen específico para la bonificación durante la vigencia del ITSGF (nueva DT 5.ª de la Ley 5/2021, de 20 de octubre, en vigor desde el 30 de diciembre de 2023). Así, mientras el ITSGF esté vigente, el contribuyente podrá aplicar una de las dos siguientes bonificaciones en la cuota resultante del IP: • Una bonificación determinada por la diferencia, si la hubiere, entre la total cuota íntegra del propio impuesto, una vez aplicado el límite conjunto establecido en el artículo 31 de la LIP, y, en su caso, la total cuota íntegra que correspondería al ITSGF, una vez aplicado el límite conjunto del artículo 3.Doce de la Ley 38/2022, de 27 de diciembre. • La bonificación general del IP antes indicada.
Aragón	Bonificación del 99 % en la parte de la cuota que proporcionalmente corresponda a los bienes o derechos incluidos en el patrimonio protegido de las personas con discapacidad con un límite de 300.000 euros; para el resto del patrimonio, no cabrá bonificación alguna.
Asturias	Bonificación del 99 % en la parte de la cuota que proporcionalmente corresponda a bienes y derechos que forman parte del patrimonio especialmente protegido del contribuyente.
Cantabria	Bonificación del 100 % cuota. Sin embargo, esa bonificación general no será de aplicación cuando el patrimonio neto del sujeto pasivo sea superior a 3.000.000 euros una vez descontado el mínimo exento de 700.000 euros y su mera tenencia constituya el hecho imponible de un impuesto estatal. Tanto la bonificación general como esta segunda previsión fueron incorporadas por la Ley de Cantabria 3/2023, de 26 de diciembre, con entrada en vigor el 1 de enero de 2024.

Cataluña	Bonificación del 99 % en la parte de la cuota que proporcionalmente corresponda a bienes o derechos que formen parte del patrimonio protegido de las personas con discapacidad.
	Bonificación del 95 % en la parte de la cuota que corresponda proporcionalmente a las propiedades forestales, siempre y cuando dispongan de un instrumento de ordenación debidamente aprobado por la Administración forestal competente de Cataluña.
Extremadura	Bonificación del 100 % cuota (esta bonificación general fue introducida por el Decreto-ley 4/2023, de 12 de septiembre, con efectos desde el 1 de enero de 2023).
Comunidad de Madrid	Bonificación general del 100 % cuota.
	Sin embargo, de acuerdo con la disposición transitoria séptima del Decreto Legislativo 1/2010, de 21 de octubre (introducida por la Ley 12/2023, de 15 de diciembre, con efectos desde el 1 de enero de 2023) mientras esté vigente el ITSGF no será aplicable la bonificación general del IP mencionada. En su lugar, el contribuyente podrá aplicar una bonificación autonómica determinada por la diferencia, si la hubiere, entre la total cuota íntegra del propio impuesto, una vez aplicado el límite conjunto establecido en el artículo 31 de la LIP, y la total cuota íntegra correspondiente al ITSGF, una vez aplicado el límite conjunto establecido en el artículo 3. Doce de la Ley 38/2022, de 27 de diciembre.
Galicia	Bonificación del 50 % del importe de la cuota.
	Ahora bien, mientras resulte de aplicación el ITSGF, la disposición transitoria tercera del Decreto Legislativo 1/2011, de 28 de julio (introducida por la Ley 10/2023, de 28 de diciembre, con efectos desde el 1 de enero de 2023) suspende la vigencia de los artículos 13 bis y 13 quater de esa misma norma, referidos a la escala y bonificaciones del IP, aplicándose en su lugar el régimen que recoge dicha disposición. Sobre la cuota íntegra se aplicará una bonificación del 50 % de su importe; dicha deducción se reducirá en el importe a pagar que derive de la aplicación de la normativa del ITSGF para el mismo ejercicio, sin que el resultado pueda ser negativo. En caso de que, como consecuencia de esta reducción, se agotase el importe de esta bonificación, se reducirán en la cuantía necesaria las otras deducciones autonómicas que resulten de aplicación, sin que el resultado pueda ser negativo.
	Deducciones en la cuota del IP: por creación de nuevas empresas o ampliación de la actividad de empresas de reciente creación, por inversiones en empresas agrarias, por la afectación de terrenos rústicos a una explotación agraria y arrendamiento rústico, por la afectación a actividades económicas de inmuebles en centros históricos, por la participación en los fondos propios de entidades que exploten bienes inmuebles en centros históricos, por incorporación de bienes y derechos a los instrumentos de movilización o recuperación de las tierras agrarias de Galicia.

El Impuesto sobre el Patrimonio se devenga el día 31 de diciembre de cada año y afecta al patrimonio del que sea titular el sujeto pasivo en dicha fecha. Se presume que continúan en el patrimonio del sujeto pasivo los bienes y derechos que le hubieran pertenecido en el momento del anterior devengo, salvo que acredite su transmisión o pérdida.

De conformidad con lo dispuesto en el artículo 37 de la LIP, **estarán obligados a presentar declaración y autoliquidar el IP los sujetos pasivos cuya** cuota tributaria, determinada de acuerdo con las normas reguladoras del impuesto y una vez aplicadas las deducciones o bonificaciones que procedieren, resulte a ingresar, o cuando, no dándose esta circunstancia, el valor de sus bienes o derechos, determinado de acuerdo con las normas reguladoras del impuesto, resulte superior a 2.000.000 de euros.

La Ley 19/1991, de 6 de junio, del Impuesto sobre el Patrimonio (LIP) lleva a cabo la **regulación de las normas de valoración** en función de la fuente que genera el patrimonio. El artículo 10 de la LIP recoge las reglas para computar los bienes inmuebles de naturaleza urbana o rústica.

Como regla general, **los bienes inmuebles se valorarán por el mayor de entre los siguientes:**

- – Valor catastral.
- – Valor determinado o comprobado por la Administración a efectos de otros tributos.
- – El precio, contraprestación o valor de adquisición.

Ahora bien, dicho artículo 10 de la LIP también contiene **reglas especiales de valoración** para los siguientes supuestos:

- – Cuando los bienes **inmuebles estén en fase de construcción**, se estimará como valor patrimonial las cantidades que efectivamente se hubieran invertido en dicha construcción hasta la fecha del devengo del impuesto, además del correspondiente valor patrimonial del solar. En caso de propiedad horizontal, la parte proporcional en el valor del solar se determinará según el porcentaje fijado en el título.
- – Los derechos sobre bienes **inmuebles adquiridos en virtud de contratos de multipropiedad, propiedad a tiempo parcial o fórmulas similares**, se valorarán según las siguientes reglas:
  - • Si suponen la titularidad parcial del inmueble, según las reglas del apartado uno anterior.
  - • Si no comportan la titularidad parcial del inmueble, por el precio de adquisición de los certificados u otros títulos representativos de los mismos.

En cuanto a la titularidad de los inmuebles a efectos del Impuesto sobre el Patrimonio, el artículo 7 de la LIP dispone que se atribuirán a los sujetos pasivos según las normas sobre titularidad jurídica aplicables en cada caso y en función de las pruebas aportadas por aquellos o de las descubiertas por la Administración. La titularidad de los bienes y derechos que sean comunes a ambos cónyuges se atribuirá por mitad a cada uno de ellos, salvo que se justifique otra cuota de participación.

5.1.1. La vivienda habitual

La vivienda habitual del contribuyente estará exenta del Impuesto sobre el Patrimonio hasta un importe máximo de 300.000 euros, de conformidad con el artículo 4.Nueve de la LIP.

A efectos de esta exención, la LIP remite a la definición de vivienda habitual que se recogía en la LIRPF a efectos de la deducción por inversión en vivienda habitual en el artículo 68.1.3.º, que, a su vez, remitía al RIRPF, que en su artículo 54 recogía dicha definición. Si bien la deducción por inversión en vivienda habitual se suprimió con efectos a partir de 1 de enero de 2013 (aunque la disposición transitoria decimoctava se establece un régimen transitorio) y el artículo 68.1.3.º de la LIRPF ha sido modificado y el artículo 54 de la RIRPF ha sido suprimido, por lo que debemos estar a la definición de la vivienda habitual dada por el citado artículo vigente a enero de 2012. Así, **se considerará vivienda habitual aquella que constituya la residencia del contribuyente durante, al menos, un plazo continuado de tres años.** No obstante, la normativa de IRPF señalaba que se entenderá que la vivienda tuvo el carácter de habitual cuando, a pesar de no haber transcurrido dicho plazo, se produzca el fallecimiento del contribuyente o concurran otras circunstancias que necesariamente exijan el cambio de domicilio, tales como celebración de matrimonio, separación matrimonial, traslado laboral, obtención del primer empleo o cambio de empleo, u otras análogas justificadas.

Sin embargo, a efectos del IP, la vivienda deja de tener tal carácter cuando se deja de residir en la misma. En este sentido, la Dirección General de Tributos en la consulta vinculante (V2384-17), de 19 de septiembre de 2017, señala:

> «En cuanto a la consulta planteada, teniendo en cuenta que, según manifiesta el consultante, residió en una vivienda durante un plazo continuado de más de tres años antes del cambio de residencia, dicha vivienda tuvo la consideración de vivienda habitual, pues cumplió los requisitos exigidos por la normativa del IRPF, impuesto al que se remite la del Impuesto sobre el Patrimonio. Sin embargo, desde el cambio de residencia desde España al Perú, la vivienda en cuestión ya no cumple tales requisitos, pues no cabe considerar dicha vivienda como vivienda habitual, precisamente porque ya no reside habitualmente en ella, es decir, no la habita de forma efectiva y permanente.
>
> Por último, cabe señalar que, a efectos de la aplicación de la exención por vivienda habitual, es irrelevante el hecho de que el consultante haya optado por mantener la tributación por obligación personal, pues la pérdida del derecho a la deducción por la vivienda objeto de consulta no se produce por el hecho de trasladar la residencia al extranjero, sino por el hecho de haber dejado de habitarla de forma efectiva y permanente, con independencia de que haya trasladado su residencia al extranjero o la haya mantenido en España».

Así, aquella vivienda que constituya la residencia habitual del contribuyente, en los términos expuestos, estará exenta hasta un límite de 300.000 euros, tomando como valor el más alto entre el valor catastral, el valor determinado o comprobado por la Administración a efectos de otros tributos o el precio, contraprestación o valor de adquisición del inmueble.

No obstante, nos podemos encontrar con situaciones en las que el inmueble, a pesar de ser vivienda habitual del contribuyente, sea de su propiedad en proindiviso. En este caso, solo constituye vivienda habitual para el que reside en ella, pero no para el resto de los copropietarios.

5.1.2. Resto de casos

El artículo 4.Ocho.Uno de la LIP establece que estarán exentos los bienes y derechos de las personas físicas necesarios para el desarrollo de su actividad empresarial o profesional, siempre que esta se ejerza de forma habitual, personal y directa por el sujeto pasivo y constituya su principal fuente de renta. A efectos del cálculo de la principal fuente de renta, no se computarán ni las remuneraciones de las funciones de dirección que se ejerzan en las entidades a que se refiere el número Dos de este apartado, ni cualesquiera otras remuneraciones que traigan su causa de la participación en dichas entidades. De igual modo, establece que también estarán exentos los bienes y derechos comunes a ambos miembros del matrimonio, cuando se utilicen en el desarrollo de la actividad empresarial o profesional de cualquiera de los cónyuges, siempre que se cumplan los requisitos señalados.

Por tanto, los inmuebles dedicados al arrendamiento estarán exentos del Impuesto sobre Patrimonio cuando:

- El arrendamiento se realice como actividad económica conforme al artículo 27.2 de la LIRPF.

- El arrendador ejerza de forma habitual, personal y directamente la actividad económica.

- La actividad económica de arrendamiento constituya su principal fuente de renta.

A estos efectos, el Real Decreto 1704/1999, de 5 de noviembre, por el que se determinan los requisitos y condiciones de las actividades empresariales y profesionales y de las participaciones en entidades para la aplicación de las exenciones correspondientes en el Impuesto sobre el Patrimonio señala que se considerarán bienes y derechos afectos a una actividad económica aquellos que se utilicen para los fines de la misma de acuerdo con lo establecido en la LIRPF, sean titularidad exclusiva del sujeto pasivo o comunes con su cónyuge.

A efectos de la exención, el valor de los inmuebles se entenderá minorado por las deudas de la actividad, por lo que, en ningún caso, el importe de tales deudas se tendrá en cuenta de nuevo a efectos de determinar la base imponible del Impuesto sobre el Patrimonio.

Por tanto, solo podrán resultar exentos del Impuesto sobre el Patrimonio los **bienes y derechos afectos al desarrollo de una actividad económica, empresarial o profesional,** en los términos del artículo 29 de la LIRPF y 22 del RIRPF. A estos efectos, el artículo 29.1 de la LIRPF establece:

«1. Se considerarán elementos patrimoniales afectos a una actividad económica:

a) Los bienes inmuebles en los que se desarrolla la actividad del contribuyente.

b) Los bienes destinados a los servicios económicos y socioculturales del personal al servicio de la actividad. No se consideran afectos los bienes de esparcimiento y recreo o, en general, de uso particular del titular de la actividad económica.

c) Cualesquiera otros elementos patrimoniales que sean necesarios para la obtención de los respectivos rendimientos. En ningún caso tendrán esta consideración los activos representativos de la participación en fondos propios de una entidad y de la cesión de capitales a terceros».

Sin embargo, no se entenderán afectados aquellos inmuebles que, siendo de la titularidad del contribuyente, no figuren en la contabilidad o registros oficiales de la actividad económica que esté obligado a llevar el contribuyente, salvo prueba en contrario.

De igual forma, **no pueden considerarse afectos aquellos bienes y derechos que se utilicen simultáneamente para actividades económicas y para necesidades privadas,** salvo que la utilización para estas últimas sea accesoria y notoriamente irrelevante.

En relación con el arrendamiento, nos podemos encontrar con el supuesto en que existiendo una comunidad de bienes que se dedica al arrendamiento de inmuebles, alguna de las viviendas constituya vivienda habitual de alguno de los comuneros, y pague por la misma una renta a la comunidad de bienes. La Dirección General de Tributos, señala que, en ese supuesto, el bien inmueble no tiene el carácter de elemento afecto a la actividad económica de arrendamiento de inmuebles, siendo a dichos efectos irrelevante que se utilicen por todos los comuneros o algunos de ellos. Ello supone que se excluye la aplicación a dichos inmuebles de la exención prevista en el citado artículo 4.Ocho.Uno de la LIP. Y, a su vez, la consideración de los inmuebles ocupados por los comuneros como no afectos a la actividad económica de arrendamiento de inmuebles desarrollada por la comunidad, determina que las cantidades que unos comuneros puedan pagar a los restantes por la utilización exclusiva de los referidos inmuebles no tenga incidencia en el cálculo de los rendimientos de dicha actividad económica, ni en el cálculo de la parte de dicho rendimiento atribuible a cada comunero; no teniendo en consecuencia tampoco incidencia en dichos cálculos los gastos correspondientes o imputables a los referidos inmuebles. En este sentido se pronuncia, por ejemplo, la consulta vinculante de la Dirección General de Tributos (V4190-16), de 3 de octubre de 2016.

Por lo que se refiere al requisito de que la actividad económica constituya la **principal fuente de renta del contribuyente,** el artículo 3.1 del Real Decreto 1704/1999, de 5 de noviembre, por el que se determinan los requisitos y condiciones de las actividades empresariales y profesionales y de las participaciones en entidades para la aplicación de las exenciones correspondientes en el Impuesto sobre el Patrimonio, dispone:

«Requisitos de la exención en los supuestos de actividades empresariales y profesionales

1. La exención tan sólo será de aplicación por el sujeto pasivo que ejerza la actividad de forma habitual, personal y directa, conforme a la normativa del Impuesto sobre la Renta de las Personas Físicas, teniendo en cuenta las reglas que sobre titularidad de los elementos patrimoniales se establecen en el artículo 7 de la Ley del Impuesto sobre el Patrimonio, siempre que dicha actividad constituya su principal fuente de renta. La exención

será igualmente aplicable por el cónyuge del sujeto pasivo cuando se trate de elementos comunes afectos a una actividad económica desarrollada por éste.

A estos efectos, se entenderá por **principal fuente de renta aquélla en la que al menos el 50 por 100 del importe de la base imponible del Impuesto sobre la Renta de las Personas Físicas provenga de rendimientos netos de las actividades económicas de que se trate.** Para determinar la concurrencia de ese porcentaje, no se computarán, siempre que se cumplan las condiciones exigidas por los párrafos a), b) y c) del apartado 1 del artículo 5, todas aquellas remuneraciones que traigan causa de la participación del sujeto pasivo en las entidades a que se refiere el artículo 4 del presente Real Decreto».

A efectos de calcular la principal fuente de renta, no se tendrán en cuenta las remuneraciones que obtenga por la participación en entidades cuya titularidad corresponda directamente al sujeto pasivo, siempre que se cumplan las siguientes condiciones:

- Que la entidad no tenga por actividad principal la gestión de un patrimonio mobiliario o inmobiliario.

- Que la participación del sujeto pasivo en el capital de la entidad sea al menos del 15 %, computada de forma individual, o del 20 % conjuntamente con su cónyuge, ascendientes, descendientes o colaterales de segundo grado, ya tenga su origen el parentesco en la consanguinidad, en la afinidad o en la adopción.

Puede ocurrir que el autónomo tenga otras fuentes de ingreso distintas a su actividad económica. En este punto, debemos señalar la sentencia de Tribunal Superior de Justicia de Extremadura n.º 607/2014, de 24 de junio, ECLI:ES:TSJEXT:2014:1068, en la que se trata la reducción por adquisición de una empresa individual, negocio profesional o participaciones en entidades prevista en el artículo 20.2.c) de la LISD, en relación con el artículo 4.Ocho.Uno de la LIP, señalando:

> «(...) Cuando la Ley habla de **ejercicio habitual y directo de la profesión o actividad empresarial no debe referirse solo al último año, al igual que la renta, sino a una serie de años previos.** Que en el último año, la recurrente obtuviese rentas derivadas de ganancia patrimonial por enajenación de bienes no enerva el dato claro e inequívoco que en años anteriores y en año 2004 (el principio de autotutela también obliga a que los datos en que se basa la Administración para decidir deben constar en el expediente administrativo, y la declaración de 2004 no consta) según reconoce la Administración, obtuvo la causante por vía del ejercicio de actividades económicas una cifra 4 ó 5 veces superior a la obtenida de la pensión, que eran sus fuentes ordinarias de renta. Según se desprende de los ejercicios 2002 y 2003, la renta obtenida por la actividad agrícola superaba crecidamente a la obtenida de la pensión al igual que en el periodo de 2004 hasta su fallecimiento, sin que conste en el expediente administrativo esta última. **La ganancia patrimonial que consta,** según dice la Administración en ese

año 2004 **debe considerarse excepcional, toda vez que no existe en otros años,** y además aconseja la propia naturaleza de las cosas. Tal y como se recoge en la declaración del IRPF de los años 2002 y 2003 obrantes al expediente administrativo, ninguna razón existe para sospechar que la causante no ejerciera la actividad empresarial agrícola directa y habitualmente (...)».

Por tanto, entiende el citado Tribunal que, a efectos del Impuesto sobre el Patrimonio, no han de tenerse en cuenta las ganancias patrimoniales obtenidas excepcionalmente. Sin embargo, dicha sentencia no es vinculante para la aplicación de los tributos, pero resulta un elemento a tener en cuenta a la hora de alegar a la inspección, en su caso.

Así las cosas, la mera tenencia de bienes inmuebles sí tributará. De igual forma, cuando se arrienden los bienes inmuebles sin constituir actividad económica en los términos del artículo 27.2 de la LIRPF, es decir, cuando las rentas de dicho arrendamiento tributen como rendimientos de capital inmobiliario, los inmuebles no estarán exentos a efectos del Impuesto sobre el Patrimonio. Por lo que, en ambos casos, el contribuyente tributará en el IP por ellos en atención al mayor entre el valor catastral, el valor determinado o comprobado por la Administración a efectos de otros tributos o el precio, contraprestación o valor de adquisición del inmueble.

De igual forma, cuando el arrendamiento se realice a través de una **comunidad de bienes**, si el mismo se realiza como actividad económica en los términos del artículo 27.2 de la LIRPF, los bienes inmuebles afectos a tal actividad estarán exentos del Impuesto sobre el Patrimonio. Por contra, en el caso de que el arrendamiento de bienes a través de una comunidad de bienes no constituya actividad económica, al no tratarse de ningún supuesto de exención, los bienes inmuebles tributarán en el Impuesto sobre el Patrimonio en atención a la participación en los mismos del contribuyente y según las normas de valoración de inmuebles del artículo 10 de la LIP.

RESOLUCIONES ADMINISTRATIVAS

Consulta vinculante de la Dirección General de Tributos (V0493-19), de 7 de marzo de 2019

Asunto: consideración de los inmuebles afectos a una actividad económica de arrendamiento como patrimonio exento.

«2. El artículo 27.2 de la LIRPF establece que "A efectos de lo dispuesto en el apartado anterior, se entenderá que el arrendamiento de inmuebles se realiza como actividad económica, únicamente cuando para la ordenación de esta se utilice, al menos, una persona empleada con. contrato laboral y a jornada completa".

La finalidad de este artículo es establecer unos requisitos mínimos para que la actividad de arrendamiento de inmuebles pueda entenderse como una actividad empresarial, requisitos que inciden en la necesidad de una estructura mínima, de una organización de medios empresariales, para que esta actividad tenga tal carácter.

El requisito exigido en el citado precepto solo se entenderá cumplido si dicho contrato es calificado como laboral en la normativa laboral vigente, cuestión ajena al ámbito tributario, y es a jornada completa. No obstante, en cualquier caso, dicho requisito implica que el arrendador, o los arrendadores copropietarios de los inmuebles, en caso de existencia de una o varias comunidades de bienes, utilicen, al menos, una persona empleada con contrato laboral y a jornada completa, en la gestión de la actividad, sin que pueda entenderse cumplido por las tareas de gestión realizadas por ellos mismos.

Dicho requisito no se cumpliría en el caso consultado, ya que se manifiesta que no se va a contratar a un tercero para la gestión de la actividad de arrendamiento, sino que dicha actividad va a ser realizada por una de las consultantes, comunera, junto con la otra consultante, de comunidad de bienes integrada por la nuda propiedad de los inmuebles, por lo que en la actividad de arrendamiento no existiría esa infraestructura mínima requerida por el artículo 27.2 de la LIRPF para considerar que la actividad de arrendamiento se realiza como actividad económica.

La no consideración de la actividad de arrendamiento como actividad económica, conlleva la inaplicación al edificio arrendado de la exención prevista en el apartado Ocho. Uno del artículo 4 de la Ley 19/1991, de 6 de junio, del Impuesto sobre el Patrimonio (BOE de 7 de junio)».

Consulta vinculante de la Dirección General de Tributos (V4190-16), de 3 de octubre de 2016

Asunto: exención en el IP de un inmueble propiedad de una comunidad de bienes dedicada al arrendamiento de inmuebles como actividad económica, que cede a cambio de una renta uno de los inmuebles a una de las comuneras para constituir su vivienda habitual.

«Por tanto, dado que los inmuebles a que se refiere la consulta están destinados de forma exclusiva a las necesidades privadas de los comuneros –en el presente caso, al utilizarse como su vivienda habitual- no tienen el carácter de elementos afectos a la actividad económica de arrendamiento de inmuebles, siendo a dichos efectos irrelevante que se utilicen por todos los comuneros o algunos de ellos, como en el presente caso.

Lo anterior excluye en consecuencia la aplicación a dichos inmuebles de la exención prevista en el citado artículo 4.Ocho.Uno de la Ley del Impuesto sobre el Patrimonio.

La consideración de los inmuebles ocupados por los comuneros como no afectos a la actividad económica de arrendamiento de inmuebles desarrollada por la comunidad, determina que las cantidades que unos comuneros puedan pagar a los restantes por la utilización exclusiva de los referidos inmuebles no tenga incidencia en el cálculo de los rendimientos de dicha actividad económica, ni en el cálculo de la parte de dicho rendimiento atribuible a cada comunero; no teniendo en consecuencia tampoco incidencia en dichos cálculos los gastos correspondientes o imputables a los referidos inmuebles».

Consulta vinculante de la Dirección General de Tributos (V4994-16), de 17 de noviembre de 2016

Asunto: requisitos para la exención en el IP en caso de arrendamiento de bienes realizado por parte de una comunidad de bienes formada por dos cónyuges.

«El supuesto planteado en el escrito de consulta es la existencia de una Comunidad de Bienes (CB, en adelante) de titularidad del consultante y su cónyuge que desarrolla la actividad de arrendamiento de inmuebles y que, a su vez, participa en otra CB con igual actividad en la que a dichos comuneros le corresponde un 40 % de la titularidad y el resto a una Sociedad Limitada.

En Resolución 2/1999, de 23 de marzo (BOE del 10 de abril de 1999), así como diversas contestaciones a consultas, esta Dirección General ha reiterado su criterio en el sentido de que en supuestos de ejercicio de la actividad por comunidades de bienes el disfrute de la exención por el impuesto patrimonial exige, para el acceso de la exención de cada comunero, que cada uno, individualmente considerado, ejerza la actividad económica de que se trate de forma habitual, personal y directa.

Por tanto, es erróneo articular la exención en el Impuesto sobre el Patrimonio por la vía del apartado dos del artículo 4.Ocho. de la Ley 19/1991, de 6 de junio, reguladora de este impuesto, porque no se trata de una entidad a estos efectos, sino que ha de acudirse al apartado uno, que establece la exención en los términos siguientes:

"Los bienes y derechos de las personas físicas necesarios para el desarrollo de su actividad empresarial o profesional, siempre que ésta se ejerza de forma habitual, personal y directa por el sujeto pasivo y constituya su principal fuente de renta. A efectos del cálculo de la principal fuente de renta, no se computarán ni las remuneraciones de las funciones de dirección que se ejerzan en las entidades a que se refiere el número dos de este apartado, ni cualesquiera otras remuneraciones que traigan su causa de la participación en dichas entidades.

También estarán exentos los bienes y derechos comunes a ambos miembros del matrimonio, cuando se utilicen en el desarrollo de la actividad empresarial o profesional de cualquiera de los cónyuges, siempre que se cumplan los requisitos del párrafo anterior".

En el escrito se afirma que en la CB integrada de forma exclusiva por los cónyuges se cumplen individualmente los requisitos del apartado dos, pero, como se ha indicado, ha de ser en cada cónyuge donde concurran los requisitos referidos al ejercicio de la actividad y que la misma constituya su principal fuente de renta. Circunstancias que habrán de referirse a las dos CB, consideradas conjuntamente, ello sin perjuicio de que sea en la Comunidad de Bienes, a través de la cual los comuneros realizan la actividad económica, en la que se cumpla el requisito de contratación de persona a jornada completa exigido por el artículo 27.2 de la Ley 35/2006».

5.1.3. El régimen de empresa familiar

La empresa familiar dedicada al arrendamiento de inmuebles en el IP

En el caso de que se desarrolle actividad económica de arrendamiento de inmuebles a través de una **sociedad civil con personalidad jurídica y objeto mercantil**, se podrá aplicar en el Impuesto sobre el Patrimonio la exención prevista en el **artículo 4.Ocho.Dos de la LIP**. De igual forma, cuando el arrendamiento de inmuebles se realice a través de una **sociedad**, las participaciones que ostenten los socios podrán resultar exentas conforme al citado precepto.

El artículo 4.Ocho.Dos de la LIP dispone que estará exenta del IP la plena propiedad, la nuda propiedad y el derecho de usufructo vitalicio sobre las participaciones en entidades, con o sin cotización en mercados organizados, siempre que concurran determinados requisitos.

- Que no se trate de participaciones en una entidad que tenga por actividad principal la gestión de un patrimonio mobiliario o inmobiliario. Ahora bien, las sociedades de arrendamiento de inmuebles no se considerarán como «patrimoniales» cuando el arrendamiento tenga el carácter de actividad económica, estando más de la mitad de sus inmuebles afectos a la actividad económica. A estos efectos, para determinar si existe actividad económica o si un elemento patrimonial se encuentra afecto a ella, se estará a lo dispuesto para el IRPF. Se entenderá que una entidad gestiona un patrimonio mobiliario o inmobiliario y que, por lo tanto, no realiza una actividad económica cuando concurran, durante más de 90 días del ejercicio social, cualquiera de las condiciones siguientes:

- Que más de la mitad de su activo esté constituido por valores o

- Que más de la mitad de su activo no esté afecto a actividades económicas.

A estos efectos:

- Para determinar si existe actividad económica o si un elemento patrimonial se encuentra afecto a ella, se estará a lo dispuesto en el IRPF.

- Tanto el valor del activo como el de los elementos patrimoniales no afectos a actividades económicas será el que se deduzca de la contabilidad, siempre que esta refleje fielmente la verdadera situación patrimonial de la sociedad.

- A efectos de determinar la parte del activo que está constituida por valores o elementos patrimoniales no afectos, no se computarán los valores siguientes:

  - Los poseídos para dar cumplimiento a obligaciones legales y reglamentarias.

  - Los que incorporen derechos de crédito nacidos de relaciones contractuales establecidas como consecuencia del desarrollo de actividades económicas.

  - Los poseídos por sociedades de valores como consecuencia del ejercicio de la actividad constitutiva de su objeto.

  - Los que otorguen, al menos, el 5 % de los derechos de voto y se posean con la finalidad de dirigir y gestionar la participación siempre que, a estos efectos, se disponga de la correspondiente organización de medios materiales y personales, y la entidad participada no esté comprendida en esta letra.

- A efectos de determinar la parte del activo que está constituida por valores o elementos patrimoniales no afectos, tampoco se computarán como valores ni como elementos no afectos a actividades económicas aquellos cuyo precio de adquisición no supere el importe de los beneficios no distribuidos obtenidos por la entidad, siempre que dichos beneficios provengan de la realización de actividades económicas, con el límite del importe de los beneficios obtenidos tanto en el propio año como en los últimos 10 años anteriores. A estos efectos, se asimilan a los beneficios procedentes de actividades económicas los dividendos que procedan de los valores a que se refiere el último inciso del párrafo anterior, cuando los ingresos obtenidos por la entidad participada procedan, al menos en el 90 %, de la realización de actividades económicas.

- Que la participación del sujeto pasivo en el capital de la entidad sea al menos del 5 % computado de forma individual, o del 20 % conjuntamente con su cónyuge, ascendientes, descendientes o colaterales de segundo grado, ya tenga su origen el parentesco en la consanguinidad, en la afinidad o en la adopción.

– Que el sujeto pasivo ejerza efectivamente funciones de dirección en la entidad, percibiendo por ello una remuneración que represente más del 50 % de la totalidad de los rendimientos empresariales, profesionales y de trabajo personal.

Debemos señalar que a efectos del cálculo de los rendimientos del sujeto pasivo, no computarán los rendimientos de la actividad empresarial a que se refiere el número artículo 4.Ocho.Uno de la LIP.

Además, cuando la participación en la entidad sea conjunta con alguna o algunas personas antes referidas, las funciones de dirección y las remuneraciones derivadas de la misma deberán de cumplirse al menos en una de las personas del grupo de parentesco, sin perjuicio de que todas ellas tengan derecho a la exención. Con respecto a esta posibilidad de que las funciones de dirección y las remuneraciones se cumplan en una de las personas del grupo de parentesco, cabe tener en cuenta lo apuntado por la reciente consulta vinculante de la Dirección General de Tributos (V2390-23), de 5 de septiembre de 2023:

«(...) debe tenerse en cuenta que el precepto de referencia (letra b) del artículo 4.Ocho.Dos de la LIP) distingue dos tipos de participación del sujeto pasivo: la individual del propio sujeto pasivo, que debe alcanzar al menos el 5 por ciento, y la conjunta de dicho sujeto pasivo con lo que se denomina grupo de parentesco, constituido por su cónyuge, ascendientes, descendientes o colaterales de segundo grado, participación que en este caso debe alcanzar al menos el 20 por ciento, sin que sea necesario que la del sujeto pasivo alcance el 5 por ciento como en la participación individual. Pues bien, en este caso no podría aplicarse el requisito de la participación conjunta, porque no alcanza el 20 por ciento, pues es solo del 15 por ciento (11,5 por ciento de la consultante más 3,5 por ciento de su cónyuge). En consecuencia, **no resulta aplicable lo dispuesto en el párrafo tercero de la letra c) del artículo 4.Ocho.Dos de la LIP**, que determina que cuando la participación en la entidad es conjunta con alguna de las personas que integran el grupo de parentesco, las funciones de dirección y las remuneraciones derivadas de la misma deben cumplirse al menos en una de las personas del citado grupo, sin perjuicio de que todas ellas tengan derecho a la exención, precisamente porque no resulta aplicable el requisito de la participación conjunta, sino el de la participación individual del sujeto pasivo. Y consecuencia de ello es que no se cumple el requisito de la letra c), pues el sujeto pasivo, en este caso la consultante, no ejerce efectivamente funciones de dirección en la entidad, percibiendo por ello una remuneración que represente más del 50 por 100 de la totalidad de los rendimientos empresariales, profesionales y de trabajo personal».

Importe de la exención

Tal y como señala el último párrafo del artículo 4.Ocho.Dos de la LIP, la exención solo alcanzará al valor de las participaciones, determinado conforme a las reglas que se establecen en el artículo 16.Uno de la LIP, en la parte que corresponda a la proporción existente entre los activos necesarios para el ejercicio de la actividad empresarial o profesional, minorados en el importe de las deudas derivadas de la misma, y el valor del patrimonio neto de la entidad, aplicándose estas mismas reglas en la valoración de las participaciones de entidades participadas para determinar el valor de las de su entidad tenedora. De modo que la cuantía exenta vendría dada por la siguiente fórmula:

> **Cuantía exenta = valor de las participaciones art. 16.Uno LIP x [(valor de los activos afectos - deudas de la actividad) / valor del patrimonio neto de la entidad]**

En esa medida, para fijar el importe de la exención habría que **valorar las participaciones en los términos del artículo 16.Uno de la LIP** y que **determinar qué parte del activo de la sociedad se encuentra afecto a la actividad económica y qué parte no**. Y, justamente, en ese sentido, los apartados 2 y 3 del artículo 6 del Real Decreto 1704/1999, de 5 de noviembre, por el que se determinan los requisitos y condiciones de las actividades empresariales y profesionales y de las participaciones en entidades para la aplicación de las exenciones correspondientes en el Impuesto sobre el Patrimonio (RIP), puntualizan lo siguiente:

> «(...)
> 2. Tanto el valor de los activos como el de las deudas de la entidad, será el que se deduzca de su contabilidad, siempre que ésta refleje fielmente la verdadera situación patrimonial de la entidad, determinándose dichos valores, en defecto de contabilidad, de acuerdo con los criterios del Impuesto sobre el Patrimonio.
> 3. Para determinar si un elemento patrimonial se encuentra o no afecto a una actividad económica, se estará a lo dispuesto en el artículo 27 de la Ley 40/1998, de 9 de diciembre, del Impuesto sobre la Renta de las Personas Físicas y otras normas tributarias, salvo en lo que se refiere a los activos previstos en el inciso final del párrafo c) del apartado 1 de dicho artículo, que, en su caso, podrán estar afectos a la actividad económica. Nunca se considerarán elementos afectos los destinados exclusivamente al uso personal del sujeto pasivo o de cualquiera de los integrantes del grupo de parentesco a que se refiere el artículo 5 del presente Real Decreto o aquellos que estén cedidos, por precio inferior al de mercado, a personas o entidades vinculadas de acuerdo con lo establecido en el artículo 16 de la Ley del Impuesto sobre Sociedades».

> **A TENER EN CUENTA**. El artículo 27 de la Ley del IRPF de 1998 al que hace referencia este precepto a día de hoy se encuentra derogado, por lo que la remisión debe entenderse realizada al actual artículo 29 de la LIRPF, que encuentra su desarrollo reglamentario en el artículo 22 del RIRPF. Asimismo, la remisión al artículo 16 del antiguo TRLIS debe considerarse hecha al actual artículo 18 de la LIS, que regula las operaciones vinculadas en el marco de dicho impuesto.

Así las cosas, **a la hora de establecer si un elemento patrimonio se encuentra o no afecto a una actividad económica a los efectos de esta exención,** habrá que acudir, en principio, a la normativa del IRPF. Aunque, eso sí, sin olvidar las dos puntualizaciones específicas que establece el propio precepto que acaba de citarse: **no se considerarán elementos afectos los bienes destinados exclusivamente al uso personal del sujeto pasivo o de cualquiera de los integrantes del grupo de parentesco a que se refiere el artículo 5 del RIP o aquellos que estén cedidos, por precio inferior al de mercado, a personas o entidades vinculadas** conforme al artículo 18 de la LIS.

Por lo tanto, a los efectos de esta exención, plantea especiales problemas la afectación de los inmuebles cedidos al sujeto pasivo o a los integrantes del grupo de parentesco del artículo 5 del RIP con destino exclusivo para su uso personal, incluso en aquellos supuestos en los que la cesión o el arrendamiento en su favor se efectúe a valor de mercado. En ese sentido, el Tribunal Superior de Justicia de Cataluña viene entendiendo, como ponen de manifiesto sus sentencias n.º 716/2019, de 26 de septiembre, ECLI:ES:TSJCAT:2019:10628, y n.º 769/2019, de 10 de octubre, ECLI:ES:TSJCAT:2019:9248, que el artículo 6.3 del Real Decreto 1704/1999, de 5 de noviembre, deja bien claros esos dos supuestos: «a) Que nunca se considerarán elementos afectos a la actividad los destinados exclusivamente al uso personal del sujeto pasivo o de cualquiera de los integrantes del grupo de parentesco a que se refiere el artículo 5 del mismo reglamento (ascendientes, descendientes o colaterales de segundo grado, ya tenga su origen el parentesco en la consanguinidad, en la afinidad o en la adopción); y b) que tampoco se considerarán elementos afectos los cedidos, por precio inferior al de mercado, a personas o entidades vinculadas».

Por su parte, la Dirección General de Tributos ha apuntado lo siguiente en su **consulta vinculante (V1036-22), de 9 de mayo de 2022**:

> «En el supuesto de que la actividad de arrendamiento de inmuebles fuera considerada como una actividad económica por cumplirse lo previsto en el artículo 27.2 de la LIRPF habría que determinar cuáles de los inmuebles integrados en el activo de la sociedad estarían afectos a dicha actividad. Por lo que se refiere a la determinación de la afectación a la actividad de los elementos patrimoniales, el artículo 29.1 de la LIRPF establece en la letra c) que se considerarán elementos patrimoniales afectos, "c) Cualesquiera otros elementos patrimoniales que sean necesarios para la obtención de los respectivos rendimientos. En ningún caso tendrán esta consideración los activos representativos de la participación en fondos propios de una entidad y de la cesión de capitales a terceros". Por lo tanto, en la medida que los elementos patrimoniales sean necesarios para obtener los rendimientos y se utilicen para los fines de la actividad se considerarán bienes afectos a la misma.
>
> (...) el apartado 3 del artículo 6 del Real Decreto 1704/1999 excluye de ser considerados afectos aquellos elementos destinados exclusivamente al uso personal del sujeto pasivo o cualquiera de los integrantes de su grupo de parentesco, así como aquellos que estén cedidos por precio inferior al de mercado a personas o entidades vinculadas de acuerdo con lo establecido en la Ley del Impuesto sobre Sociedades. En el presente caso, se cuestiona si los bienes inmuebles que son arrendados por la entidad X a la consultante y a miembros del grupo familiar de la consultante

podrían ser considerados elementos afectos o si les sería de aplicación la exclusión prevista en el artículo 6.3 del RD 1704/1999. De acuerdo con los hechos descritos en el escrito de consulta, en este caso, **los bienes inmuebles serían arrendados a valor de mercado dentro de la actividad de arrendamiento desarrollada por la entidad, por lo que se pueden considerar bienes necesarios para la obtención de los rendimientos y por lo tanto, estar afectos a la actividad a efectos de lo previsto en el artículo 4.Ocho.Dos de la LIP. Cuestión distinta sería que los inmuebles fueran cedidos a miembros del grupo de parentesco o destinados al uso personal de los mismos al margen de un contrato de arrendamiento realizado a precio de mercado por la entidad dentro del desarrollo de la actividad económica de arrendamiento.** No obstante, la apreciación puntual de esa necesariedad es cuestión que escapa a las facultades interpretativas de esta Dirección General, debiendo ser valorada, en su caso, en las actuaciones de comprobación e inspección de la Administración Tributaria. Por último, en el caso de no cumplirse los requisitos previstos en el artículo 27.2 de la LIRPF, el arrendamiento de inmuebles no se considerará una actividad económica por lo que ninguno de los inmuebles destinados a ser arrendados podrán ser considerados elementos patrimoniales afectos a efectos del acceso y alcance de la exención en el Impuestos sobre el Patrimonio».

RESOLUCIÓN ADMINISTRATIVA

Consulta vinculante de la Dirección General de Tributos (V0013-21), de 8 de enero de 2021

Asunto: aplicación de la exención en el IP conforme al artículo 4.Ocho.Dos de la LIP en caso de entidad dedicada al arrendamiento de inmuebles.

«Por lo tanto, para que el consultante pueda aplicar la exención respecto de las participaciones de las que es titular en el Impuesto sobre el Patrimonio se deben cumplir las condiciones previstas en el artículo 4.Ocho.Dos de la LIP.

En primer lugar, en relación con el requisito previsto en la letra a), esto es, si dicha entidad tiene por actividad principal la gestión de un patrimonio mobiliario o inmobiliario o si, por el contrario, realiza una actividad económica, el precepto establece que "[p]ara determinar si existe actividad económica o si un elemento patrimonial se encuentra afecto a ella, se estará a lo dispuesto en el Impuesto sobre la Renta de las Personas Físicas". El artículo 27.2 de la Ley 35/2006, de 28 de noviembre, del Impuesto sobre la Renta de las Personas Físicas y de modificación parcial de las leyes de los Impuestos sobre Sociedades, sobre la Renta de no Residentes y sobre el Patrimonio (BOE núm. 285, del 1 de enero de 2007) —en adelante LIRPF— establece lo siguiente:

(...)

Como ha señalado este centro directivo en reiteradas resoluciones de la Dirección General de Tributos en respuesta a consultas vinculantes (V0638-13, de 1 de marzo de 2013; V0953-17, de 17 de abril de 2017; V2513-18, de 18 de septiembre de 2018; por todas) para que el arrendamiento de inmuebles constituya actividad económica, debe tener al menos una persona empleada con contrato laboral y a jornada completa. Este requisito sólo se entenderá cumplido si dicho contrato es calificado como laboral por la normativa laboral vigente, cuestión ajena al ámbito tributario, y es a jornada completa. En el presente caso, de acuerdo con la información facilitada en el escrito de consulta, la entidad, dedicada al arrendamiento de inmuebles, dispone de una persona empleada con contrato laboral y a jornada completa para la gestión de la actividad de arrendamiento, por lo que se entendería cumplido este requisito.

Por otro lado, de acuerdo con la información facilitada en el escrito de consulta, se cumpliría la condición prevista en el apartado b) del artículo 4.Ocho.Dos de la LIP, ya que el consultante tiene el 99,98 por ciento del capital social de la entidad.

Finalmente, en relación con el último de los requisitos para el acceso a la exención, esto es, el previsto en la letra c) referente a las "funciones de dirección en la entidad, percibiendo por ello una remuneración que represente más del 50 por 100 de la totalidad de los rendimientos empresariales, profesionales y de trabajo personal", según el escrito de consulta, estas funciones se ejercen por el cónyuge de la hija del consultante mediante el cargo de director general, percibiendo por ello una remuneración que representa más del 50 por ciento de sus rendimientos empresariales, profesionales y del trabajo personal.

De acuerdo con la doctrina de este Centro Directivo (V2317-17, de 13 de septiembre de 2017; V0036-18, de 11 de enero de 2018; V0094-19, de 15 de enero de 2019) y la jurisprudencia del Tribunal Supremo (STS 1776/2016, de 14 de julio de 2016 y STS 1198/2016, de 26 de mayo de 2016), no se exige que el sujeto que ejerza las funciones de dirección tenga que ser titular de las participaciones, pudiendo pertenecer estas al grupo familiar. Por lo tanto, el consultante, titular de las participaciones en la entidad y sujeto pasivo del Impuesto sobre el Patrimonio, podrá aplicar la exención de las participaciones ya que las funciones de dirección, debidamente remuneradas, se ejercen por una de las personas del grupo de parentesco».

5.2. Impuesto sobre Sucesiones y Donaciones

El artículo 3 de la Ley 29/1987, de 18 de diciembre, del Impuesto sobre Sucesiones y Donaciones (LISD) establece los tres supuestos que conforman su hecho imponible, que son los siguientes:

- La adquisición de bienes y derechos por herencia, legado o cualquier otro título sucesorio.

- La adquisición de bienes y derechos por donación o por cualquier otro negocio jurídico a título gratuito e *inter vivos*.

- La percepción de cantidades por los beneficiarios de contratos de seguros sobre la vida, cuando el contratante sea persona distinta del beneficiario.

Establece el propio artículo 3 de la LISD la exclusión de las operaciones mencionadas cuando el sujeto beneficiario de las mismas sea una persona jurídica, ya que estas se encuentran sometidas al Impuesto sobre Sociedades.

El sujeto pasivo en el Impuesto sobre Sucesiones y Donaciones se configura en función del hecho imponible que determina la obligación de tributar.

Así, conforme al artículo 5 de la LISD, serán sujetos pasivos del impuesto:

- En las adquisiciones *mortis causa*, los causahabientes.

- En las donaciones y demás transmisiones lucrativas *inter vivos* equiparables, el donatario o favorecido por ellas.

- En los seguros de vida, los beneficiarios.

En el ISD se podrá tener que tributar:

- Por obligación personal. A los contribuyentes que tengan su residencia habitual en España se les exigirá el impuesto por obligación personal, con independencia de dónde se encuentren situados los bienes o derechos que integren el incremento de patrimonio gravado.

- Por obligación real, por la adquisición de bienes y derechos, cualquiera que sea su naturaleza, que estuvieran situados, pudieran ejercitarse o hubieran de cumplirse en territorio español, así como por la percepción de cantidades derivadas de contratos de seguros sobre la vida cuando el contrato haya sido realizado con entidades aseguradoras españolas o se haya celebrado en España con entidades extranjeras que operen en ella.

Por tanto, **la transmisión *mortis causa*, por donación o por cualquier otro negocio jurídico a título gratuito e *inter vivos* de inmuebles situados en España estará sujeta al ISD.**

A los efectos de la transmisión de inmuebles, constituye la base imponible del ISD:

- En las transmisiones *mortis causa*, el valor neto de la adquisición individual de cada causahabiente, entendiéndose como tal el valor de los bienes y derechos minorado por las cargas y deudas que fueren deducibles.

- En las donaciones y demás transmisiones lucrativas *inter vivos* equiparables, el valor neto de los bienes y derechos adquiridos, entendiéndose como tal el valor de los bienes y derechos minorado por las cargas y deudas que fueren deducibles.

A efectos del ISD, en el caso de los bienes inmuebles, su valor será el

valor de referencia previsto en la normativa reguladora del catastro inmobiliario, a la fecha de devengo del impuesto. No obstante, si el valor del bien inmueble declarado por los interesados es superior a su valor de referencia, se tomará aquel como base imponible. En los casos en los que no exista valor de referencia o este no pueda ser certificado por la Dirección General del Catastro, la base imponible será la mayor entre:

- El valor declarado por los interesados.

- El valor de mercado.

> **A TENER EN CUENTA**. Con fecha de entrada en vigor de 11 de julio de 2021, la Ley 11/2021, de 9 de julio, de medidas de prevención y lucha contra el fraude fiscal ha modificado el valor de los bienes y derechos

para el cálculo de la base imponible del ISD. La modificación supone la sustitución del valor real de los bienes y derechos por el valor de mercado de estos por el valor de referencia emitido por la Dirección General del Catastro. A estos efectos, el valor de referencia solo se podrá impugnar cuando se recurra la liquidación que en su caso realice la Administración tributaria o con ocasión de la solicitud de rectificación de la autoliquidación.

5.2.1. La vivienda habitual

El artículo 20 de la LISD regula una serie de reducciones en el impuesto. Unas de carácter subjetivo, en función del contribuyente, como son la de parentesco y la de discapacidad; y otras de carácter objetivo. Entre las de carácter objetivo encontramos la reducción por adquisición de la vivienda habitual del causante.

Tal y como recoge en su párrafo tercero el artículo 20.2.c) de la LISD, para las adquisiciones *mortis causa* de la vivienda habitual del causante por parte del cónyuge, ascendientes o descendientes del fallecido, o bien por parte de un pariente colateral mayor de 65 años que hubiese convivido con él durante los dos años anteriores al fallecimiento, existirá una reducción del 95 % del valor del bien inmueble, con el límite máximo de 122.606,47 euros.

Por otra parte, como requisito para la reducción se exige el mantenimiento de la adquisición durante los 10 años siguientes al fallecimiento del causante, salvo que el adquirente falleciera dentro de dicho período. En caso de incumplirse este requisito, deberá pagarse la parte del impuesto que se hubiese dejado de ingresar como consecuencia de la aplicación de esta reducción, así como los intereses de demora que correspondan.

Si bien, al tratarse de un impuesto cedido, la mayoría de las comunidades autónomas han mejorado esta reducción, ya sea aumentando el porcentaje de reducción, ya sea reduciendo los años de mantenimiento de la adquisición o bien aumentando el límite máximo de la deducción. A continuación, mostramos un pequeño resumen de las comunidades de régimen común que han mejorado la reducción por adquisición de vivienda habitual *mortis causa*:

Andalucía	Aragón	Asturias	Cantabria	Cataluña	C. Valenciana	Galicia	Baleares	Canarias	La Rioja	Madrid
99 % del valor Mantenimiento a adquisición 3 años	100 % valor vivienda, límite 200.000 euros, mantenimiento vivienda 5 años	Hasta 90.000- 99%; 90.001 a 120.000 - 98%; 120.001 a 180.000 - 97%; 180.001 a 240.000 - 96%; Más de 240.000 - 95%; Mantenimiento adquisición 3 años	Grupos I, II y III: 95% y límite 125.000 euros/sujeto pasivo; Mantenimiento adquisición 5 años	95% (límite: 500.000 euros) Límite individual no menor de 180.000 euros; Mantenimiento adquisición 5 años	95% del valor (Límite 150.000 euros por sujeto pasivo); Mantenimiento adquisición 5 años	Límite: 600.000 euros Porcentajes: Cónyuge: 100%; Resto: Hasta 150.000 - 99%; 150.001 a 300.000 - 97%; Más de 300.000 - 95%; Mantenimiento adquisición 5 años	100%, límite 270.151,20 euros por sujeto pasivo; Mantenimiento a adquisición 5 años	99%, límite 200.000 euros; Mantenimiento adquisición 5 años	95% del valor de la vivienda Límite 122.606,47 euros por sujeto pasivo; Mantenimiento adquisición 5 años	95% del valor de la vivienda Límite 123.000 euros por sujeto pasivo; Mantenimiento to adquisición 5 años

Respecto del mantenimiento de la adquisición, en la Resolución 2/1999, de 23 de marzo, de la Dirección General de Tributos, relativa a la aplicación de las reducciones en la base imponible del Impuesto sobre Sucesiones y Donaciones, en materia de vivienda habitual y empresa familiar, se indica:

«La Ley únicamente habla de que la adquisición se mantenga durante los diez años siguientes al fallecimiento, pero no exige el destino de la misma como vivienda habitual del causahabiente».

Por tanto, **el adquirente de la vivienda habitual que, cumpliendo los requisitos del artículo 20.2.c) de la LISD, aplique esta reducción, podrá dedicar la vivienda al arrendamiento, sin que ello suponga la pérdida de la reducción.**

Igualmente, en la citada resolución de la Dirección General de Tributos, se pone de manifiesto que para aplicar el porcentaje del 95 % del valor de la vivienda deben deducirse las cargas o gravámenes de naturaleza perpetua, temporal o redimible que aparezcan directamente establecidos sobre aquella disminuyendo su valor, así como la parte proporcional de deudas y gastos generales que formen parte del caudal relicto.

5.2.2. Resto de casos

El **artículo 20.2.c) de la LISD** establece la **reducción** aplicable en los casos en los que en la base imponible de una adquisición *mortis causa* que corresponda a los **cónyuges, descendientes o adoptados de la persona fallecida, estuviese incluido el valor de una empresa individual, de un negocio profesional o participaciones en entidades,** a los que sea de aplicación la exención regulada en el apartado octavo del artículo 4 de la LIP, o el valor de derechos de usufructo sobre los mismos, o de derechos económicos derivados de la extinción de dicho usufructo, siempre que con motivo del fallecimiento se consolidara el pleno dominio en el cónyuge, descendientes o adoptados, o percibieran estos los derechos debidos a la finalización del usufructo en forma de participaciones en la empresa, negocio o entidad afectada.

La reducción consistirá en que para obtener la base liquidable se aplicará en la imponible, con independencia de las reducciones que procediesen conforme a los apartados anteriores del artículo 20 de la LISD, otra del **95 % del mencionado valor,** siempre que la adquisición se mantenga durante los 10 años siguientes al fallecimiento del causante, salvo que falleciera el adquirente dentro de ese plazo. Asimismo, por remisión del artículo 20.6 de la LISD, el adquirente no podrá realizar actos de disposición y operaciones societarias que, directa o indirectamente, puedan dar lugar a una minoración sustancial del valor de la adquisición.

> **A TENER EN CUENTA**. De no cumplirse el requisito de permanencia indicado, habrá que pagar la parte del impuesto que se hubiese dejado de ingresar como consecuencia de la reducción practicada, más los intereses de demora que correspondan.

Cuando no existan descendientes o adoptados, la reducción será de aplicación a las adquisiciones por ascendientes, adoptantes y colaterales, hasta el tercer grado y con los mismos requisitos recogidos anteriormente. En todo caso, el cónyuge supérstite tendrá derecho a la reducción del 95 %.

Por su parte, el **artículo 20.6 de la LISD** regula una **reducción del 95 %** para los casos de transmisión de participaciones *inter vivos* en favor del **cónyuge, descendientes o adoptados, de una empresa individual, un negocio profesional o de participaciones en entidades del donante** a los que sea de aplicación la exención regulada en el apartado octavo del artículo 4 de la Ley 19/1991, de 6 de junio, del Impuesto sobre el Patrimonio.

Debemos señalar que el artículo 20.6 de la LISD no se refiere expresamente a la inclusión de los parientes por afinidad, pero la Dirección General de Tributos, por ejemplo, en la consulta vinculante (V0713-17), de 17 de marzo de 2017, señala que también deben entenderse incluidos los yernos o las nueras, como descendientes de primer grado por afinidad.

Para la aplicación de la reducción prevista en el artículo 20.6 de la LISD se deben cumplir los siguientes requisitos:

- Que el donante tuviese 65 o más años o se encontrase en situación de incapacidad permanente, en grado de absoluta o gran invalidez.

- Que, si el donante viniere ejerciendo funciones de dirección, dejara de ejercer y de percibir remuneraciones por el ejercicio de dichas funciones desde el momento de la transmisión. A estos efectos, no se entenderá comprendida entre las funciones de dirección la mera pertenencia al consejo de administración de la sociedad.

- El donatario, deberá mantener lo adquirido y tener derecho a la exención en el Impuesto sobre el Patrimonio durante los 10 años siguientes a la fecha de la escritura pública de donación, salvo que falleciera dentro de este plazo. Asimismo, el donatario no podrá realizar actos de disposición y operaciones societarias que, directa o indirectamente, puedan dar lugar a una minoración sustancial del valor de la adquisición [obligación que también será de aplicación a los casos de adquisiciones *mortis causa* a que se refiere el artículo 20.2.c) de la LISD].

En este punto debemos señalar que el Tribunal Supremo se ha pronunciado recientemente acerca del requisito de edad exigido por el artículo 20.6 de la LISD en los supuestos de transmisión *inter vivos* de participaciones en la empresa familiar efectuada por ambos cónyuges. En particular, lo ha hecho en sus sentencias n.º 1148/2023, de 19 de septiembre, ECLI:ES:TS:2023:3674, y n.º 1149/2023, de 19 de septiembre, ECLI:ES:TS:2023:3676 en donde ha dictaminado:

> «(...) en los casos de transmisión de participaciones "ínter vivos", en favor del cónyuge, descendientes o adoptados, de una empresa individual, un negocio profesional o de participaciones en entidades del donante, el requisito de la edad contemplado en el artículo 20.6.a) de la ley de Sucesiones y Donaciones para la aplicación de la reducción en la base imponible para determinar la liquidable del 95 por 100 del valor de adquisición,

debe exigirse a cada uno de los cónyuges, de forma separada, en tanto que cada cónyuge dona su parte sin consideración al otro».

La diferencia sustancial entre la adquisición *mortis causa* e *inter vivos* es que, en el caso de la adquisición *inter vivos*, los bienes deberán estar afectos a la actividad económica para continuar exentos del Impuesto sobre el Patrimonio conforme a la LIP.

Al igual que ocurría con la reducción por adquisición de la vivienda habitual, las comunidades autónomas también han regulado esta reducción dentro de sus competencias. A continuación, realizamos un pequeño resumen de dichas regulaciones autonómicas:

Andalucía	Aragón	Asturias	Cantabria	Castilla-La Mancha	Castilla León	Cataluña	C. Valenciana	Extremadura	Galicia	Baleares	Canarias	La Rioja	Madrid	Murcia
99% Mantenimiento adquisición 3 años	(mortis causa) 99% Mantenimiento adquisición 5 año (inter vivos) 99% Mantenimiento adquisición 5 años	(inter vivos y mortis causa) 4% (compatible con la reducción estatal) Requisitos + mantenimiento 5 años (inter vivos y mortis causa) Sin relación de parentesco + relación laboral con la entidad: 95% Requisitos + mantenimiento 5 años	99%, mantenimiento adquisición 5 años En inter vivos si no hay familiares adquirentes, cabe deducción por donatarios extraños	4% (compatible con la reducción estatal) Mantenimiento adquisición 5 años	(mortis causa) 99%, mantenimiento adquisición 5 años (inter vivos) Donación de empresas individuales o negocios profesionales: 99%, mantenimiento empresa o negocio 5 años Si es de aplicación la reducción por transmisión participaciones en entidad del art. 20.6 LISD y se mantiene plantilla global trabajadores tres años: 99%	95%, mantenimiento adquisición 5 años Sin relación de parentesco + relación laboral con la entidad: 95% Si participaciones en sociedad laboral: 97%	99% 90% si causante jubilado entre 60 y 64 años Mantenimiento 5 años	(mortis causa e inter vivos) Grupos I, II y III parentesco: 99% Grupo IV con relación laboral: 99 % (requisitos) Mantenimiento adquisición 5 años	99% del valor Mantenimiento adquisición 5 años	(mortis causa) 99% para mecenazgo resto de casos 95% Mantenimiento adquisición 5 años (inter vivos) 95% Mantenimiento adquisición 5 años Si a favor del cónyuge o descendientes y exento en IP + mantenimiento plantilla: 99%	(mortis causa) 99% para cónyuge, descendientes o adoptados 95% para ascendientes, adoptantes y colaterales hasta tercer grado Mantenimiento adquisición 5 años (inter vivos) 95% Mantenimiento adquisición 5 años	99 % Mantenimiento adquisición 5 años	(mortis causa) 95% Mantenimiento adquisición 5 años	(mortis causa e inter vivos) 99% del valor Mantenimiento adquisición 5 años

201

Por otra parte, el artículo 20.7 de la LISD recoge una reducción del 95 % de la base imponible, con las mismas condiciones de las letras a) y c) del artículo 20.6 de la LISD, en caso de donación a favor del cónyuge, descendientes o adoptados, de los bienes integrantes del Patrimonio Histórico Español o del patrimonio histórico o cultural de las comunidades autónomas exentos de IP conforme al artículo 4.Ocho apartados Uno, Dos y Tres de la LIP. En este sentido, dentro de dichos bienes integrantes del Patrimonio Histórico Español o de las CCAA, pueden estar incluidos inmuebles. No existiendo ningún límite respecto de que dichos inmuebles entregados en donación puedan estar arrendados.

A los efectos de las adquisiciones gratuitas de los bienes integrantes del Patrimonio Histórico Español o del patrimonio histórico o cultural de las comunidades autónomas, se considerará que el donatario no vulnera el deber de mantenimiento de lo adquirido cuando done, de forma pura, simple e irrevocable, los bienes adquiridos con reducción de la base imponible del impuesto al Estado o a las demás Administraciones públicas territoriales o institucionales.

El incumplimiento de los requisitos exigidos llevará consigo el pago del impuesto dejado de ingresar y los correspondientes intereses de demora.

5.2.3. El régimen de empresa familiar

En el caso de que se desarrolle actividad económica de arrendamiento de inmuebles a través de una sociedad civil con personalidad jurídica y objeto mercantil, o bien a través de una sociedad mercantil, la transmisión *mortis causa* o mediante donación (en este caso, siempre que las participaciones resulten exentas en el Impuesto sobre el Patrimonio, conforme al artículo 4.Ocho. Dos de la LIP) podrá ser objeto de reducción en el ISD, de conformidad con los artículos 20.2.c) y 20.6 de la LISD. Si bien los requisitos como hemos señalado en los apartados anteriores difieren si se trata de transmisiones *mortis causa* o *inter vivos*, incluido el atinente al mantenimiento de lo adquirido.

La jurisprudencia se ha pronunciado sobre diferentes supuestos y, a pesar de las peculiaridades, se puede señalar un denominador común: el de la continuidad de la actividad económica. En este sentido, en relación con el artículo 20.2.c) de la LISD, el Tribunal Supremo ha señalado en la sentencia en recurso de casación n.º 6739/2004, de 18 de marzo de 2009, ECLI:ES:TS:2009:1657, ha señalado:

> «La reducción prevista en este precepto es consecuencia de la preocupación por la continuidad de las empresas familiares, también demostrada por la Unión Europea, pues la recomendación de la Comisión de 7 de diciembre de 2004 sobre la transmisión de pequeñas y medianas empresas pone de manifiesto la necesidad de que los Estados adopten una serie de medidas tendentes a tener en cuenta la disminución del valor que se produce en la empresa por el hecho de la transmisión, y a que se dispense un trato fiscal adecuado en sucesiones y donaciones, cuando la empresa siga en funcionamiento».

Ahora bien, a pesar de que el espíritu de la norma es el mantenimiento de la actividad económica, tal y como señala el Tribunal Supremo en la sentencia n.º 776/2021, de 2 de junio de 2021, ECLI:ES:TS:2021:4108, «en ninguno de los casos en los que se produce la sucesión de la empresa familiar y se tiene derecho a la reducción, tanto por adquisición de bienes y derechos de empresa o negocio profesional o por adquisición de participaciones mortis causa o por donación, se prevé legalmente **que se tenga que conservar o mantener la misma actividad, ni siquiera la conservación de los mismos activos, sino que resulta factible mantener el valor de la unidad económica**, y, aún en algún caso, ningún reparo cabe realizar para reinvertir en fondos de inversión».

En cuanto a las transmisiones *inter vivos* la Resolución 2/1999, de 23 de marzo, señala que es posible reducir la base imponible por la donación de la nuda propiedad de las participaciones exentas en patrimonio, siempre y cuando se cumplan los requisitos exigidos por la Ley del Impuesto de Sucesiones, tanto por el donante como por el donatario. Además, el requisito de que el donatario tenga derecho a la exención en su correspondiente Impuesto sobre el Patrimonio, en principio, puede cumplirse al permitir la normativa reguladora de este Impuesto que disfrute de la exención el nudo propietario. Por el contrario, no cabe que el usufructuario se beneficie de la reducción en el Impuesto sobre Sucesiones y Donaciones, ya que no tiene derecho a exención en el Impuesto sobre el Patrimonio.

RESOLUCIÓN ADMINISTRATIVA

Consulta vinculante de la Dirección General de Tributos (V1802-17), de 10 de julio de 2017

Asunto: requisitos necesarios para que procedan las reducciones de los artículos 20.2.c) y 20.6 de la LISD en caso de arrendamiento de inmuebles por parte de una comunidad de bienes.

«En un supuesto de actividad de arrendamiento de inmuebles con existencia de persona contratada con contrato laboral y a jornada completa para la gestión de dicha actividad, no plantearía problema su calificación como económica desde la perspectiva del Impuesto sobre la Renta de las Personas Físicas y, consecuentemente, en el Impuesto sobre el Patrimonio, que se remite al primero para atribuirle tal consideración.

Ahora bien, en Resolución 2/1999, de 23 de marzo (BOE del 10 de abril de 1999), así como diversas contestaciones a consultas, esta Dirección General ha reiterado su criterio en el sentido de que en supuestos de ejercicio de la actividad por comunidades de bienes el disfrute de la exención por el impuesto patrimonial exige, para el acceso de la exención de cada comunero, que cada uno, individualmente considerado, ejerza la actividad económica de que se trate de forma habitual, personal y directa.

Por tanto, ha de acudirse al apartado uno del artículo 4.Ocho. de la Ley 19/1991, de 6 de junio, reguladora de este impuesto, que establece la exención en los términos siguientes:

"Los bienes y derechos de las personas físicas necesarios para el desarrollo de su actividad empresarial o profesional, siempre que ésta se ejerza de forma habitual, personal y directa por el sujeto pasivo y constituya su principal fuente de renta. A efectos del cálculo de la principal fuente de renta, no se computarán ni las remuneraciones de las funciones de dirección que se ejerzan en las entidades a que se refiere el número dos de este apartado, ni cualesquiera otras remuneraciones que traigan su causa de la participación en dichas entidades.

También estarán exentos los bienes y derechos comunes a ambos miembros del matrimonio, cuando se utilicen en el desarrollo de la actividad empresarial o profesional de cualquiera de los cónyuges, siempre que se cumplan los requisitos del párrafo anterior".

No consta de forma expresa que los rendimientos por la actividad empresarial constituyan la principal fuente de renta del consultante y de su padre —es decir, que representen un mínimo del 50 % de su base imponible por el Impuesto sobre la Renta de las Personas Físicas— ni que ninguno de ellos ejerza la actividad "de forma habitual, personal y directa".

Ambas circunstancias, se insiste que de forma individual para cada comunero, habrán de cumplirse para la exención en el impuesto patrimonial y como condición sine qua non para la aplicación de las reducciones previstas en los supuestos de adquisición mortis causa e inter vivos entre ambos, de conformidad con el artículo 20.2.c) y 20.6, respectivamente, de la Ley 29/1987, de 18 de diciembre, del Impuesto sobre Sucesiones y Donaciones».

5.2.4. El requisito del mantenimiento de la actividad y las consecuencias de su incumplimiento

Respecto de la adquisición *mortis causa*, la ley establece, únicamente, la obligación de mantener la adquisición, durante diez años, pero no exige la continuidad en el ejercicio de la misma actividad que viniera desarrollando el causante; por tanto, simplemente debe mantenerse la titularidad y no se exige al adquirente que siga con la actividad.

En el caso de las adquisiciones *inter vivos* es necesario que el donatario tenga derecho a la exención en el Impuesto sobre el Patrimonio, es decir, que ejerza una actividad empresarial o profesional a la que sea de aplicación la citada exoneración (artículo 4.Ocho.Uno de la LIP) o que ostente las participaciones con derecho a la exención en el Impuesto sobre el Patrimonio (artículo 4.Ocho.Dos de la LIP). Por lo tanto, **debe mantenerse el valor de la adquisición, así como una actividad, aunque no sea la misma desarrollada por el causante, pero no la titularidad de todos los bienes.**

En este sentido, en relación con la reducción prevista para la transmisión *mortis causa*, respecto de la actividad de arrendamiento, la Dirección General de Tributos en la consulta vinculante (V0717-05), de 28 de abril de 2005, ha señalado:

«(...) la adjudicación de concretos bienes y continuación de la actividad de arrendamiento de forma separada e independiente por cada heredero no afectará al requisito de permanencia exigido por la Ley, siempre que se mantenga el valor de adquisición que se integró en la base imponible por el Impuesto sobre Sucesiones y Donaciones de cada uno de ellos».

Respecto de la transmisión de participaciones exentas en el Impuesto sobre el Patrimonio, la Dirección General de Tributos en la Resolución 2/1999, de 23 de marzo, señala que cuando el fallecimiento del causante ocurra en una fecha distinta al 31 de diciembre, no es necesario esperar al 31 de diciembre, momento en que se produce el devengo del Impuesto sobre el Patrimonio correspondiente a ese año, para poder aplicar la reducción del ISD. Dado que las reducciones se aplican en la fecha del devengo del ISD, si se cumplen en dicha fecha todos los requisitos exigidos para poder disfrutar de la exención en el Impuesto sobre el Patrimonio, podrán aplicarse las reducciones en el ISD, y ello con independencia de que el 31 de diciembre anterior se tuviera o no derecho a la exención en el Impuesto sobre el Patrimonio.

Respecto de las trasmisiones *inter vivos*, señala la citada resolución que el requisito del porcentaje familiar de control debe cumplirse en el momento del devengo del Impuesto sobre Sucesiones y Donaciones. No obstante, dado que en los supuestos de donación no se interrumpe el período impositivo, a efectos del IRPF, para el cómputo de las rentas, habría que atender al último período impositivo anterior a la donación.

En el caso de que no se mantuviese el valor de la unidad económica se deberá pagar la parte del impuesto que se hubiere dejado de ingresar como consecuencia de la reducción practicada y los intereses de demora.

Por otra parte, el **artículo 33.3.c) de la LIRPF establece que no existe ganancia o pérdida patrimonial que se pueda poner de manifiesto respecto de una donación en la que resulte aplicable el artículo 20.6 de la LISD.** Se produce un diferimiento de la tributación, dado que el donatario se subrogará en la posición del donante respecto de los valores y fechas de adquisición de dichos bienes. Ahora bien, **en caso de incumplimiento del deber de mantenimiento por parte del donatario, el donante debe tributar por la ganancia patrimonial que se pusiese de manifiesto con la donación, y el donatario tributará por la ganancia patrimonial que se ponga de manifiesto por la transmisión que él realiza,** en cuyo caso de tomará como valor del bien el del ISD y como fecha de adquisición la de la donación.

A TENER EN CUENTA. En particular, según el artículo 33.3.c) de la LIRPF se estima que no existe ganancia o pérdida patrimonial «con ocasión de las transmisiones lucrativas de empresas o participaciones a las que se refiere el apartado 6 del artículo 20 de la Ley 29/1987, de 18 de diciembre, del Impuesto sobre Sucesiones y Donaciones». La Dirección General de Tributos ha señalado en múltiples ocasiones que la procedencia de este precepto, dada su dicción literal, depende de los requisitos de aplicabilidad del artículo 20.6 de la LISD, siendo irrelevantes los que pueda establecer la normativa autonómica en cada caso. Así las cosas, tal y como apuntó, por ejemplo, en su **consulta vinculante (V0108-22), de 24 de enero de 2022,** «en la medida en que se cumplan los requisitos establecidos en este último artículo [el artículo 20.6 de la LISD], con independencia de que el donatario aplique o no la referida reducción, se estimará la inexistencia de ganancia o pérdida patrimonial para el donante como consecuencia de la transmisión de la parte de cada uno de los elementos patrimoniales afectos que se dona, siendo irrelevantes a dichos efectos los requisitos que establezca la normativa autonómica».

RESOLUCIONES ADMINISTRATIVAS

Consulta vinculante de la Dirección General de Tributos (V0360-04), de 30 de noviembre de 2004

Asunto: necesidad de ejercicio de actividad para mantenimiento del derecho a la reducción prevista en el artículo 20.2.c) de la LISD.

«En su interpretación del requisito de permanencia de la reducción practicada en adquisiciones "mortis causa" que exige el artículo 20.2.c) de la Ley 29/1987, de 18 de diciembre, del Impuesto sobre Sucesiones y Donaciones, el epígrafe 1.2.d) de la Resolución 2/1999, de 23 de marzo (B.O.E. del 10 de abril), dictada por esta Dirección General, señala literalmente lo siguiente:

"La Ley establece únicamente la obligación de mantener la adquisición durante diez años, pero no exige la continuidad en el ejercicio de la misma actividad que viniera desarrollando el causante, por tanto, simplemente debe mantenerse la titularidad y no se exige al adquirente que siga con la actividad.

Solamente cuando se trate de una adquisición "inter vivos" es necesario que el donatario tenga derecho a la exención en el Impuesto sobre el Patrimonio, es decir, que ejerza una actividad empresarial o profesional a la que sea de aplicación la citada exoneración o que ostente las participaciones con derecho, asimismo, a la exención en el Impuesto sobre el Patrimonio. Por lo tanto, debe mantenerse el valor de la adquisición, así como una actividad, aunque no sea la misma desarrollada por el causante, pero no la titularidad de todos los bienes."

De acuerdo con lo anterior y en particular con el primer párrafo reproducido, el criterio de esta Dirección General es considerar que el artículo 20.2.c) de la Ley 29/1987 exige, para el supuesto de transmisiones "mortis causa", exclusivamente el mantenimiento del valor de adquisición por el que se practicó la reducción, no que se prosiga en el ejercicio de una actividad económica, sea esta o no la ejercida por el causante».

Consulta vinculante de la Dirección General de Tributos (V0193-21), de 8 de febrero de 2021

Asunto: consecuencias derivadas del incumplimiento de los requisitos para aplicar la reducción prevista en el artículo 20.6 de la LISD.

«(...) en el caso de transmisiones lucrativas "inter vivos" de participaciones en entidades, se produce un diferimiento en la tributación de la ganancia o pérdida patrimonial hasta el momento en que el adquirente transmita las citadas participaciones, diferimiento que está condicionado al cumplimiento de los requisitos que determinen la aplicación de la reducción en la base imponible del Impuesto sobre Sucesiones y Donaciones.

Según manifiesta el consultante, incumplió uno de los requisitos exigidos en el artículo 20.6 de la LISD; en concreto, el recogido en su letra c), ya que la mayor parte de las participaciones en las sociedades resultantes de la escisión total de la sociedad cuyas participaciones le fueron donadas dejaron de estar exentas en el Impuesto sobre el Patrimonio.

A este respecto, cabe precisar que los requisitos exigidos en el artículo 20.6 de la LISD deben cumplirse de forma absoluta, de manera que el incumplimiento de alguno de ellos supone la pérdida total del derecho a la reducción regulada en el precepto. Es decir, los requisitos se cumplen o no se cumplen, no existe el incumplimiento parcial, ni desde un punto de vista temporal, ni desde el punto de vista del importe de la base de la reducción. Por ello, si se incumplen los requisitos, la pérdida de la reducción será total, y no proporcional al número de años en que se ha incumplido ni a la parte de las participaciones que han dejado de estar exentas del Impuesto sobre el Patrimonio.

El incumplimiento de los requisitos antes citados tiene como consecuencias:

- En el donante, que tenga que tributar por la ganancia patrimonial generada con ocasión de la donación.

- En el donatario la tributación de la ganancia o pérdida patrimonial generada con ocasión de la venta de las participaciones, tomando como valor de adquisición el valor de las participaciones a efectos del Impuesto sobre Sucesiones y Donaciones y como fecha de adquisición la de la donación.

No obstante lo anterior, si en el caso planteado hubiese prescrito el derecho de la Administración para determinar la deuda tributaria nacida por el incumplimiento de tales requisitos, no existirá la posibilidad regularizar la situación tributaria del donante en relación con el beneficio fiscal aplicado y, por lo tanto, la exención de la ganancia patrimonial derivada de la donación será válida a efectos fiscales. Ello implica que, conforme a lo previsto en el segundo párrafo del artículo 36, el donatario se subrogará en la posición del donante respecto del valor y la fecha de adquisición de las participaciones donadas».